社会的養護から旅立つ若者への自立支援

マイク・スタイン 著
池上和子 訳

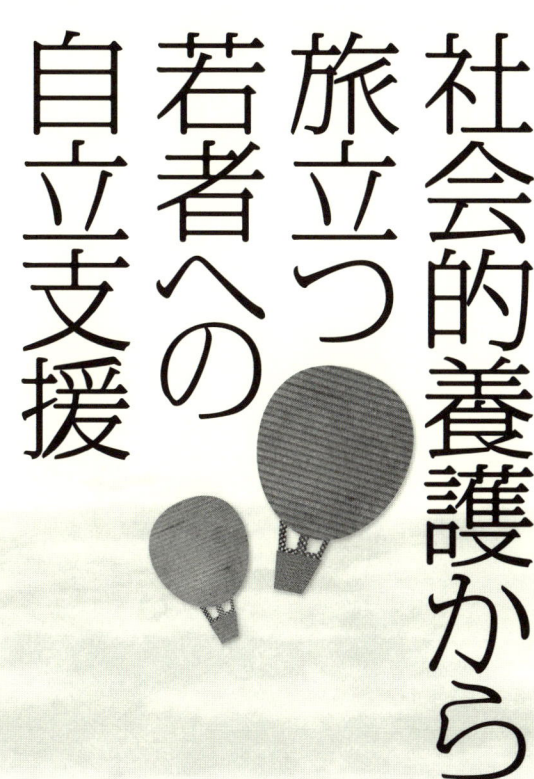

英国の
リービングケア制度と実践

福村出版

Young People Leaving Care
Supporting Pathways to Adulthood
by Mike Stein

Copyright © Mike Stein 2012
First Published in the UK in 2012
by Jessica Kingsley Publishers Ltd
73 Collier Street, London N1 9BE, UK
www. jkp. com
All rights reserved
Printed in Japan

Japanese translation rights arranged
with Jessica Kingsley Publishers Ltd
through Japan UNI Agency, Inc., Tokyo

社会的養護から旅立つ若者への自立支援
英国のリービングケア制度と実践

目　次

謝辞　7

第1章　序論　9

第Ⅰ部　状況を整えてゆくこと

第2章　リービングケア法および政策の策定 1948〜2012　14

第3章　リービングケアサービスの組織化　32

第Ⅱ部　成人期への道のり

第4章　落ち着いた，安全な住居　44

第5章　ケアラーたちと住居　64

第6章　ホームレス，住宅事情，リービングケアサービス　79

第7章　学校教育——将来のキャリアの基盤を築く　91

第8章　継続教育，高等教育，職業訓練，雇用　104

第9章　健康とウェルビーイング　122

第10章　さらなる支援を必要とする若者たち　138

第Ⅲ部　結　論

第11章　思慮に富む旅路　168

第12章　社会的養護から大人へのレジリアンスを促進する　179

補遺1　関係する子どもおよびかつて関係した子どものニーズのアセスメントと自立計画の内容　191
補遺2　教育，職業訓練，およびキャリアのために計画すること　193

参考文献　196

解題　わが国の児童養護における自立と自立支援　草間吉夫　209
訳者あとがき　228

略語一覧　230
索　引　232

謝　辞

　私はこれまで，養護を離れる若者に関する調査研究，政策，実践の発展に重要な貢献をしてきた多くの最高のメンバーと共に仕事をするという幸運に恵まれてきました。リーズ大学で30年以上にわたって初期からの共同研究者であるケイト・ケアリー（Kate Carey），そして1995年にヨーク大学に転任してからはニーナ・ビーハル（Nina Biehal），ジャスミン・クレイデン（Jasmine Clayden），ジョー・ディクソン（Joe Dixon），そしてジム・ウェード（Jim Wade）には，重要な助言をいただきました。またヨーク大学ソーシャルワーク調査研究発達ユニットで活動していた同僚，とりわけ共同所長のイアン・シンクレア（Ian Sinclair），そしてレスリー・ヒックス（Leslie Hicks）には大変お世話になりました。社会政策研究ユニットのサリー・プレイン（Sally Pulleyn）には本書の出版にあたり，優れて実際的なサポートをいただきました。本書に含まれている溢れんばかりの考えの多くはクイーンズ大学ベルファストのジョン・ピンカートン（John Pinkerton）と共に長年探究してきたものです。彼には外側から賢明な助言をいただきました。

　私はまた，養護から成人期への移行に関する国際調査研究グループ（Transitions from Care to Adulthood International Research Group : INTRAC）[1]のメンバーの皆さまに大いに鼓舞されました。この調査研究グループは，ヨーロッパ，中東，オーストラリア，カナダそしてアメリカ合衆国の研究者たちが2003年に一堂に会して以来，現在も精力的に活動しています。このグループに多大な貢献をしているラフバラ大学のハリエット・ウォード（Harriet Ward）とエミリー・マンロー（Emily Munro）により，私たちは適切な時期に適切な場に出会う恩恵にあずかりました！

　私の政策と実践における知識は，全英基準評価フォーラム（National Benchmarking Forum）のメンバーの皆さまと，クレア・ベイカー博士（Dr. Claire Baker），リンダ・ブリハイム－クルッコール（Linda Briheim-Crookall）そしてマ

ーティン・ヘイズルハースト（Martin Hazlehurst）を含めた全英養護諮問事業（National Care Advisory Service : NCAS）との密接な活動により培われてきています。本書でも後者による実践事例を多く提供しています。

　最後に，だれよりも，その人生は平坦ではないにもかかわらず自分の人生を研究者たちと無私無欲で共有し，そして本書の出版を可能にした若者たち皆のおかげです。リービングケアについて私が最初に面接した若者との出会い，そして折々に彼と交流を重ねてきたことは，私の大きな喜びです。彼は今40歳となり，「順調に」彼のパートナーと家族とともに落ち着いた生活をおくっています。

◆訳注
（1）正式には，International Research Group Transitions from Care to Adulthood の略称。INTRAC の目的と事業等については，本書 189 頁を参照。

第1章

序　論

養護から離れること……それは大人になることであり，自分がすることにさらに責任を負い，自分で出かけることができ，自分で仕事をみつけることができ，そして自分で自分の面倒をみることができ，養護に戻る必要がなく，そして精神的にも経済的にも大丈夫な状態になることだと思う。

　本書は，若者たちが社会的養護を終えてから大人になってゆくまでの旅路について著している。今日の多くの若者たちが時間をかけてこの旅をし，それは様々な違いがありながらも，その道のりは，繋がり，強められて，この行路を旅している。すなわち，自分が選択した住まいへと引っ越してゆくこと，さらに上級の高等教育や訓練に進んでゆくこと，納得した雇用をみつけてゆくこと，健康とより良く生きる肯定的な感覚をもつこと，そして一部の若者たちの場合は，親になることである。この旅路は，たいていは，不安や不確かさと同時に期待と高揚を経験する時期である。

　社会的養護を離れる若者たちは，成人期への途上で，そうではない若者たちよりも，さらに困難に直面するかもしれない。彼らの旅路は，自分の家族の家から離れてゆく若者たちの旅路よりも，短く，より深刻かつしばしばより困難に出会うであろう（Stein 2006a, 2009a）。また彼らは不適切な養育や社会的な不利も含め，劣悪な養育による乳幼児期の負の経験により重荷を背負わされ続けているかもしれない（Davis and Ward 2011; Rees et al. 2011）。さらに，一部の若者たちにとり，彼らが経験してきた養護の質は，過去の困難を補償するには足りないかもしれない（Hannon, Wood and Bazalgette 2010; Sinclair et al. 2007）。

　こうした文脈において，ある者は大人への旅路でとてつもない障害に遭遇し，ある者はなんとか生き残り，またある者はしばしば時間がかかったとしてもうまくやり遂げていたりすることは驚くことではない。むしろ，より驚くべきことは，一部の若者たちが旅路で課せられる課題にとても上手く対応しているこ

とである——彼らは成人期までの道のりで出会う障がいに打ち克つべく十分な準備をしている (Stein 2005, 2008a)。若者たちが向き合い，前進してゆく過程における違いを理解することは——また彼らが旅路の期間に出会う障害と同様に，何が若者たちの助けとなるかを理解することは——彼らの社会的養護から成人期への旅路において，どのように彼らのレジリアンスが促進されるかという面で，重要な政策的かつ実践的意味がある。環境的観点から言うと，レジリアンスについては，個人の発達と社会的文脈との相互作用が認められる。若者たちが社会的養護で生活しているとき，そしてそれ以前にそれぞれの家庭，学校，コミュニテイで起こったことは，若者たちの成人期への旅路に上手く対応するやり方に，著しい違いを生み出している。

　本書は，若者たちの主な道のり——住まい，キャリア，健康とウェルビーイング——を通して，リービングケアから成人期までに至る旅路を論じている。これらの道のり一つひとつには，若者たちが旅路で出会う問題について調査研究が明らかにしていることのまとめ，および彼らがこうした挑戦に遭遇した時にどのように援助されたのか——あるいは彼らが受ける事業が成人初期にその可能性を開花させる助けとなっているかということを含んでいる。このレジリアンスのアプローチは適切な実践例によって説明され，政策と実践のさらなる進歩を推奨している。

　社会的養護を離れる若者たちの声が，第1章から第10章までと，さらに第12章（ここでは3つの引用がある）の冒頭に引用されている。そして第Ⅱ部の導入は，1986年から2011年の間に発表された調査研究から引用している。これらの研究は，調査に自由に参加した若者たちの意見を大いに汲み取っている (Stein and Carey 1986; Stein 1990; Biehal *et al.* 1995; Clayden and Stein 2005; Dixon and Stein 2005; Morgan and Lindsay 2006; Stein 2011)。

本書の概要

　本書の焦点は英国の法的および政策的文脈に当てているものの，それは英国および海外諸国を含めた様々な法的状況下で若者たちの成人期への道のりを支援することにおける国際的な調査の成果に依っている。

第1部は，若者たちの社会的養護から成人期への道のりにおける政策と構成的な準拠枠を取り上げている。第2章では，アフターケアの最初の法的枠組みが実施された1948年の児童法から2008年の児童青少年法と2010年のケアリーバーのための成人期移行計画（Department for Education, 2010a）という新たな指針と法が実施された2011年までの英国のリービングケア政策の主要な発展をたどることから始まっている。第3章は，若者たちのリービングケアを援助するために導入されている事業が，包括的な児童養護を提供するなかでの協働からリービングケアサービスの専門家へと移ることを含めどのように組織化され区分けされてきたか，また機関内および機関間の過程で形成される個別アドバイザーによる法的責任を伴った「社会的共同親ケースモデル」の発展を概説している。

　第Ⅱ部は，若者たちの社会的養護から成人期までの道のりを，住まいの問題を端緒に論じている。第4章は，若者たちが自分で選んだ「落ち着いた，安全な住居」を見つけ維持してゆくのに，いかなる援助ができるか論じている。第5章では，この過程におけるケアラーと職員——すなわち里親および施設養育者，親族養育者，実家族，家事作業者——の役割を取り上げている。第6章はホームレスの問題，およびどのような事業が社会的養護を離れる若者たちがホームレスになることを防止できるか，そして彼らがホームレス状態から脱却するにはどのような援助が可能かを検討している。

　第7章と第8章は，キャリアへの道のりを検証している。第7章では若者たちの学校教育の経験が，いかに彼らのその後のキャリアの基盤となり得るかを探究することから始まる。第8章は，職業訓練，さらに上級の高等教育，就労を含めた16歳以後のキャリアへの道のりに焦点を当てている。

　第9章と第10章は，健康とウェルビーイングの道のりについて論じている。第9章では，若者たちが養護で生活している時と養護を離れてからの身体的かつ精神的健康の調査結果を探究している。第10章では，養護から成人期へと歩み出すにあたり，ウェルビーイングを堅固にするには，さらなる支援を必要とする環境やニーズがある特別なグループの若者たちに焦点を当てている。ここには，障がいがある若者たち，若年の親たち，少数民族を背景にもつ若者たち，大人の同伴者がいない難民申請中の児童と青少年，レスビアン，ゲイ，バ

イセクシュアル，トランスジェンダーの若者たち，少年犯罪を経験した若者たち，物質濫用の若者たちが含まれる。

　第Ⅲ部は，本書がそれまで述べてきた主要なテーマと考えについて検討している。第11章では，社会的包摂，参加，ライフコース，愛着，安定性と社会的移行を取り上げている。

　最終章である第12章は，レジリアンスはこれらの概念と首尾一貫するものであり，若者が自分たちの経験を理解するために全人生にわたるレジリアンスの枠組みを提案し，政策や実践的介入を通じて，養護を離れてから大人になるまでの彼らの生活を向上させていくことを示唆している。

第 I 部

状況を整えてゆくこと

過去を思い出せない人は，それを繰り返すことで滅んでゆく。
(George Santayana*, 1905)

* George Santayana はスペイン生まれ。米国で活動した詩人，ハーバード大学教授。

第2章

リービングケア法および政策の策定
1948 〜 2012

私たちが養護を離れると，
なぜ彼らは世話をするのをやめなければならないの？

　本章は，英国における1948年から2012年までのリービングケアについての法律および政策の主要な発展を説明している[1]。法的なアフターケアサービスの開始に先鞭をつけた1948年児童法に始まり，2008年児童青少年法の導入および『ケアリーバーのための成人期への移行計画』(*Planning Transition to Adulthood for Care Leavers*, Department for Education 2010a) における法的または政策的に主要な点について解説する。後者は，本書では『移行指針』(*Tramsitions Guidance*) として言及されている。いずれも2010年4月に施行されている。ここでは，60年以上にわたり法的および政策的文脈は養護から成人期への旅路にある若者をどのように助けたのか，あるいは彼らの邪魔をしてきたかについて解明してゆく。

　これは，すべての若者に共通する機会や制約を含めた広範な状況が，児童福祉分野におけるより地域的な課題や機関そして養護にある若者自身も含めた多くのリービングケア政策の作成に携わる活動で，どのように影響しあっているかの物語である。たとえば，失業やホームレス化に対するケアリーバーの脆弱性は，それぞれの時代における社会でより若者に影響を与える主な構造的，経済的，社会的，政策的な変化という広範な文脈において考慮されなければならない。これらの変化もまた，より幅広い巨視的な文脈において理解されなければならず，それには若者の失業と福祉事業の削減の打撃に加えて，難民申請中

---

[1] 本章は，参考文献に掲載しているSteinの先行研究 (1999, 2004, 2008b) より引用し，さらに展開している。

の若者への人道的配慮という対応も含んでいる（Pinkerton 2011; Wade 2011）。

児童部局とアフターケア（1948～1968）

　カーティス委員会の勧告を基盤とした1948年児童法は、新しい児童局を設置した。単独の委員会と部局は初めてであり、通常の家庭生活を剥奪されたすべての子どもたちの継続的な養育の責任を負わなければならなかった。1945年の改革精神と労働党が打ち出した新たな社会民主的政策は、社会福祉政策を歓迎するイデオロギーの高まりをもたらし、それまでなされてきたものよりも、より人間的でリベラルなアプローチを反映していた。救貧法は慈善組織協会の厳格な道徳理論と結びつき、「援助に値しない人々」と「援助に値する人々」を選り分け、宗教的および生物学的決定論で貧民を運命づけた。

　新たな考え方を維持しながら、1948年児童法第12条はついに、救貧法のもとでは「適格に及ばず」とされていた養護の子どもたちの苦難の状態を打開した。1930年代に施設型児童養護の多くを形づくった救貧法のあり方は、内務省監査報告に書き記されていた。

　　施設型ホームでは、法で定められたスタッフもボランティアスタッフも、市民生活の通常の水準には値しない「より低い位置にあるもの」として子どもたちを取り扱っていることが明らかになった。あるホームでは、子どもたちが鼻を拭くという怖れから窓にカーテンがなかった。子どもたちはハンカチを持たされていなかった。聖公会女子修道院のホームでは、月経を告げることができず、少女たちはそれに対応するものが何も支給されなかったため、自分のタオルやシーツを引き裂いていた。子どもたちは、自分の衣服を持っていなかった。たいてい彼らは背の高い順に集合させられ、翌日の衣服を受け取るための場所(コーナー)に並ばされた。（Barnardo's 1987, p.9）

　1948年児童法は、地方自治体に「特性と能力の適切な発達のために最善の利益と……機会を促進する」ことと「親の養育のもとにある子どもたちのために利用可能な施設やサービスを活用する」という新たな義務を課した（1948年

児童法第 12 条（1）(2))。これには若者のアフターケアに関する新しい法的準拠枠を含んでいる——助言し力を貸す義務，住宅供給の権限，そして住宅，生活，教育および職業訓練のための金銭的援助に関する権限である。

児童局が多くの領域で活動した，豊かな歴史(Heywood 1978; Packman 1981 参照)と対照的に，この時代のケアリーバーの運命を含めたアフターケアの政策と実践についてはほとんど知られていない。第 2 次世界大戦後と戦後の緊縮期に続く 1950 年代から 1970 年半ばにかけては，経済状況はきわめて好調で，好景気——全盛期——だったことはよく知っている。すべての若者に就労の機会が提供されたが，それは社会階級と性別の区分が存在していることを反映し，かつそれを再生産している労働市場に限られていた。

この時期のほとんどで，若者雇用が充分になされていた。全国児童発達研究(National Child Development Study) のデータ分析では，1976 年に至ってもなお，ほとんどの若者は 16 歳という最低年齢で学校教育を終え，10 人中 9 人は卒業後半年以内に雇用が確定していたことを明らかにしている (Kiernan 1992)。1972 年には 16 歳に引き上げられたが，15 歳で学校を終えた者や，養護で生活している者にも仕事が与えられた。そして実際に，1948 年法第 13 条のもと設置されたホームは，「性産業に従事した少年少女」の感化院（'working boys' and 'working girls' hostels）として広く知られるようになった。1948 年から 1962 年の間，18 歳で養護を離れると，若い男性は 2 年間の兵役が課せられた。そして 1971 年に 1969 年児童青少年法が施行されるまでは若い男性を陸軍や海軍のために訓練する専門要員の少年更生施設だった。

実践への新たなアプローチ——児童ケア担当者によるソーシャルケースワーク——もまた，この時代に発展した。ソーシャルケースワークは，精神分析的理論より展開され，新たな，非強制的な対応という可能性を提案した (Donzelot 1980)。アンナ・フロイト，ドナルド・ウィニコット，ジョン・ボゥルビィ等児童精神科医の活動は，きわめて影響力があった (Packman 1981 参照)。『児童の養護と愛の成長』(*Child Care and the Growth of Love*) で公表されたボゥルビィの「母性の剥奪」理論は，児童ケア担当者の研修において中心的な理論となった (Bowlby 1953; Packman 1981)。彼の調査研究からのメッセージは明白だった。子どもは母親ないし母親の代わりとなる人とのあたたかく，愛情深く，継続し

た関係を必要としている。概念および発達理論としての愛着は，新たなケースワークの中核となった。

　これらの知見と1948年法の範囲内での法的具体化が一致したことで，子どもたちを施設養育から里親養育者による「里親制度」へ移行させるか，家庭に戻すことにより救済することが指針となり実行された。しかし剥奪された子どもと若者のニーズにより広く応えることは，児童ケア担当者による新しく発展していくソーシャルケースワークの基本原理であった。そしてこうしたケースワークは，養護で生活する，そして養護を離れる子どもや若者と共に活動することを意味していた。

　通常，家庭に戻ることができない若者は18歳になるまで養護にとどまり，養護を離れる準備にあたった。実際，18歳という年齢は法的な自治体から離れ，児童局の養護を離れる正しい年齢として受け入れられるようになった——親権解除の年齢でありそしてその者自身に法が適用となる年齢である。この点で，法律と児童ケアの実践はいずれも，この年齢が当時のほとんどの労働者階級の若者にとり「通過儀礼」の過程であることを映し出していた。18歳は徒弟見習い期間が終わる年齢であり，大人の賃金の支払いが始まる年齢であり，徴兵される年齢であり，親の同意なく結婚できる年齢であった。

　「性産業に従事した少年少女」の感化院では，実務的スキルと社会的スキルに焦点を当てた準備をすること，住居と仕事を見つけること，そして養護を離れた後の若者の支援がなされた。一部の地方自治体では，児童ケア担当者は，養護を離れた若者を含めてこうした若者のみを担当することが定められていた。全国的には，指定された児童ケア担当者，保護観察者，そして「アフターケア」担当者が，特に教護院[1]（approved school）から戻った若者を担当した（Stein 1999）。

　この時期のリービングケアに関係する法で唯一変化したことは，1963年児童青少年法をもたらしたことである。同法の第58条は，養護で生活している17歳（以前は18歳だったが）の若者と養護を離れた若者に対して，地方自治体に新たな権限を与えている。これには，養護を離れた若者に「助言し，力を貸す」と同時に「訪問する」権限を含んでいた。

第2章　リービングケア法および政策の策定　1948〜2012　17

社会福祉事業とリービングケア政策：1968〜1989

　1968年，個別的ソーシャルサービスの再組織化に関するシーボーム報告は，包括的なアフターケアサービスは，「多くの保護観察とアフターケア担当職員が……社会福祉事業担当部局へと」移行することにより，新しい社会福祉事業担当部局により提供することを構想していた（House of Commons 1968, para. 265）。重要な点は——1968年までは児童と若者の半数が少年更生施設の許可に基づいて保護観察およびアフターケアサービスにより監護されていたことである（House of Commons 1968, para. 257）。

　1970年代初期までに，ソーシャルワークは，専門家としての強いアイデンティティと将来への明確な展望を成長させていた。ソーシャルワークの興隆する影響と力は，社会福祉事業の将来的な組織を決定してゆく中でシーボーム報告に従い，1969年児童青少年法を形成するうえで，児童ケアの専門性の中核的な役割を具体化していた。しかし同時に，専門性の統一と成長のための内的力動がその頂点に達したとき，外部の文脈は変化してきていた。良き社会に価値をおくという合意は，雲散霧消していった。

　貧困の再発見，スラム化した地区の剥奪状況，ホームレス，民族的対立そして教育のアンダーアチーバーの問題を含めた広範な社会的問題の大幅な再認識は，自治体の伝統的な形態や新たな圧力団体や社会運動と関連する自治体への課題と組み合わさって，よりいっそう不確実な将来への課題となった。精神力動的世界観に立脚し，原因も解決も個人または家族の病理に特化して焦点を当てている知的職業の文化は，異議を問われている状態にあった。新しいカリキュラムには，反精神医学，逸脱理論，マルクス主義，新しい福祉受給権の実践地域活動とアドボカシーを含んでいた。全体的に，革新的ソーシャルワークに等しかった（Pearson 1975）。

　さらに特化し，個別的な社会福祉事業の再編化と1969年児童青少年法の導入どちらも1971年になされたが，新たな部局において包括的なアフターケアサービスをけん引するにはほど遠く，多くの地方自治体において専門家によるアフターケア活動が低下するに至った。シーボームにより予想されたように，新

たな社会福祉事業担当部局に資源を同等委譲しないでアフターケアへの保護観察事業の関わりを終了したこと，少年更生施設の体系を新たに全目的型養護体系へ置き換えたこと，そして少年更生施設を教育機関に属するコミュニティホーム（Community Homes）に再改編したこと，これらすべては，アフターケア職員を終焉へと至らせた。

　チルドレンズホーム（現在はコミュニティホーム）で生活する若者ないしは養護を離れた後の若者への専門職による支援の優先順位もまた，新たに最前線に立つ総合的なソーシャルワーカーたちのなかで著しく優先性が下がることとなった――そして，シーボーム以後の官僚主義的社会福祉事業に従って，現場にいる多くの実務家は経験もなく訓練も受けていない人々だった。ケアリーバーは，忘れられたグループとなった。しかし彼らの声に耳を傾けられるようになるまでに，それほど長い時間はかからなかった。これまで概説したような大きな社会的変化を背景に，子どもの人権運動の芽生えと同時に，専門家や政治家のリービングケアに対する意識が再び高まった。

　1973年初めより養護で生活する若者の少数のグループは，チルドレンズホームで生活していた経験や「養護の終わり」を迎えている状態にいることについて互いに語るようになってきた。地域の「イン・ケア」グループである『養護児童の声』（Who Cares?）プロジェクト，非白人[2]とインケア（Black and In Care），そして全国社会的養護児童協会（National Association of Young People in Care：NAYPIC）は，様々な方法で，養護について，特に彼らの養護での生活と養護後の生活とのつながりについて若者の心情と意見について封印を解き始めた（Stein 2011）。若者の声から浮かび上がった大きなテーマは，自分たちの人生を取り巻く事柄に対して力不足であることだった。具体的には，金銭管理や自分たちを評価すること，買い物することや料理をすること，そして養護にいる間ふつうに参加することに関することだった。そして養護によって作りだされた依存は，養護を離れる不安と関係していた。

　　彼らは何でもしてくれるけど，私は自分自身をどう世話したらいいかほんとうにわからない……外に出てみたいけど，知っている人がいないから出て行きたくない……もし自分の両親と一緒に生活していたら，家を離れる

かどうかは自分で決められる。養護だと追い出されて，ひとたび離れたら自分がどこに属しているのか感じられなくなる。(Stein 2011, p.23 において引用された若者の意見)

　第2次世界大戦後の私たちの知識の大きな欠陥は，リービングケアについての調査研究がまったくなされていなかったことによる。しかしこのことは，主に小規模な記述説明や研究の発表により1970年代後半から変化し始めた (Burgess 1981; First Key 1987; Godek 1976; Kahan 1976; Lupton 1985; Millham *et al.* 1986; Morgan-Klein 1985; Mulvey 1977; Page and Clark 1977; Stein and Ellis 1983; Stein and Carey 1986; Stein and Maynard 1985; Triseliotis 1980)。これらの研究の主要な影響は，養護を離れる若者が経験する問題と課題に初めて光を当てたことである。こうした知見は，多くの若者が16歳になると養護を離れ，独立して生活することを期待されていたこともまた示していた。

　1970年代に導入された児童ケアの法と実践における変化は（1969年児童青少年法の結果として），ここで成果を上げた。なぜなら，旧来の少年更生施設では，親権問題の解決と個別ニーズにかなうことは，退所を決定する際の標準的な見込みと，法的規定および自治体からの高度な介入とが組み合わさっていたからである。しかし新たな養護体系で具体化された裁量的福祉事業では，個別のソーシャルワーク的判断と外部の圧力に負うところが多かった——後者には，施設養育へ圧力をかけるという実際的な懸念を含んでいた。皮肉なことに，新しい福祉の考え方に向けられた希望は，よりニーズからくる実践へと至らしめた。

　新生した社会福祉事業担当部局における若者への優先性の低さは，すでに述べたとおりである。児童虐待事件が絶えない背景に対応して児童保護活動がますます主要な専心活動となっていた1970年代および1980年代初期，アフターケアサービスでは，いささかも改善が見られなかった（Parton 1985）。加えて，新興の福祉モデルが，こうした若者を援助するシーボーム以前の児童ケア担当者と手に手を取って関与するようになる一方で，子どもの人権の言説の展開を含めた革新的ソーシャルワークと新たなカリキュラムは相対立する力となった。これまで議論されてきたように，特にアドボカシーと養護中のグループへの支援を通して，リービングケアに対する政治家と専門家の意識を再び高めてゆく

機運をもたらした。しかしこれはマルクス主義をきわめて基本だけに絞り込むことで出来上がった粗削りな実践だった（Pearson 1975）。施設養育については，壁にはめこまれたレンガのごとく知ろうとしなかった。まして壁の向こうにあるものについてや，である。

また，次に続く政策的展開は，それ自体においては進歩的ではあるものの，こうした若者には十分ではなかった。一部の学術研究者や政治家によりなされるおきまりの施設批判，それと密接に結びつくコミュニティケアへの変わらぬ支持，養子と里親の急増となるパーマネンシー運動，そして若者が養護に入ることを阻止したり転換させようとしたりする管理者や専門家の動き，これらすべては，施設養育は悪いという同じメッセージを強化していた。それは，当時，それに続いて明らかになった身体的虐待や性的虐待よりも，はるかに悪いこととされた（Colton 2002; House of Commons 2000; Stein 2006b; Utting 1991, 1997）。

この時期，施設養育は，哲学的かつ理論的欠落と同様に，拒否感の高まりと福祉計画の破滅の中で活動し続けた。しかし里親養育者の支援が継続しているであろうという憶測から，「養護を離れた」はずの若者もまた，正式にはそうは認められなかった。この文脈においては，里親養育を離れる準備あるいは必要とされるアフターケアの支援のタイプや延長について，いささかも考えられていなかった。社会福祉事業担当部局は，このように，ケアリーバーの人生に重要な影響を与えるであろう社会と社会的法制度における大きな変化に向けて準備をしなかったためだった。

1970年代後半から経済的かつ社会的な変化が著しく進行し続け，その変化はポスト・フォーディズムおよびその他の「ポスト」――ポストモダニズムとして説明され，分析された（Clarke 1996）。そして前者は進展した産業社会における経済的再組織化の過程を捉え，後者は新たなポスト――または後期？――社会的，経済的，文化的そして技術的領域における根源的かつ複合的改編の現代領域を示唆している（Giddens 1991）。1980年代の伝統的産業の凋落，新たな技術の発展そして若者の失業の急増は，多くの若者の生活に多大な影響を与えた。そして過去における高度に階層化された労働市場は，いかなる教育水準であれ，すべての者に機会を提供することができていたが，そのほとんどが学力の低いケアリーバーは，競争が激しい現代の若者の労働市場において勝ち抜く

ことは難しかった。その結果，ケアリーバーは高い割合で無職で，何らかの福祉給付に依存し，貧困あるいは貧困に近い生活をしていた (Stein 1990)。

1980年3月，シェルター定期刊行雑誌『ルーフ』(*Roof*) に掲載されたクリスチャン・ウォルマーの「養護を出ること」(Out of Care) という記事をメディアが取り上げたのを受け，ホームレスの若者の窮状が初めて冒頭記事となった (Wolmer 1980)。感化院から鉄橋で過ごす生活へと転落し，ホームレスとなったロンドンでの養護を終えた若者についての著者の闘争的な暴露記事が，地方自治体によるケアリーバーへの不適切な住宅供給策への対応としてシェルター設立拠点（Shelter setting up Homebase）の設置につながった。(拠点はその後ファーストキー [First Key] となり全英リービングケア諮問事業 [National Leaving Care Advisory Service] を経て現在は全英養護諮問事業 [National Care Advisory Service] となっている）(Wolmer 1980)。ウォルマーの告発に続き，1980年に発表された2つの研究は，単身ホームレスの3分の1は地方自治体の養護を経験していたことを示していた (Department of the Environment 1981; Scottish Council for Single Homeless 1981)。

若者たち自身の行動と当事者組織化，調査研究から新たにわかったこと，ケアリーバーが直面していた問題への実務家と監督者の認識の高まり，そしてシェルターとファーストキーのキャンペーン活動は，1948年児童法とほぼ同じままだったリービングケア関連法に変化の契機を提供した。

1980年代に実施された児童ケア法の大幅な改革により，機会が到来した。しかし実証が考察され法が総括されたものの，法的に拘束力のある変更は，1989年児童法と「古い」1948年児童法との間のリービングケアに関するもの1つのみであった。これは，第24条 (1) の「彼らが社会的養護をやめたとき彼らの福祉を促進することを考慮に入れて，世話をされる若者に助言し，援助し，力を貸す」という新たな義務だった。

第24条で「家庭を離れて養護を受けていた21歳以下のその他の若者に助言し力を貸すこと」という新たな任意的な権限が，導入された——かくしてアフターケア支援の対象となるグループを拡大し，かつ第27条では「いずれの地方住宅局も住宅を供給する義務が果たせることを含め，その他の自治体の援助を要請する権限」が与えられた。しかしその他は，1989年法における新しさ

と比べるとはるかに古いものであった——財政的援助を供給する任意の権限と，また世話をされている21歳以下の若者に助言し力を貸す古い義務は残った。

公平を期すならば，1989年児童法は，家庭にいる若者，養護中および養護後の若者の生活を密接に結びつけ，ケアリーバーのための基本的な文脈としてはるかに進歩的な法的準拠枠を導入したと言えるかもしれない。この意味では，障がいがある子どもの包摂，文化，言語，民族的出自や宗教の承認，相談する権利，必要がある子どもへの住居の提供，異議申立てをする新たな権利といった家庭支援サービスの新たな対策は，すべて歓迎されるはずだった。しかしこうしたことで，ソーシャルワーク政策や実践がこの時期を過ごしてきた若者の多くを見捨ててきたということから目をそらしてはならない。

1989年児童法の施行

1989年児童法は，ケアリーバーにとってこれ以上の困難な時期はないという時期に施行された——従来の労働市場の実質的終焉，住宅供給選択肢が縮小，福祉給付特典[3]の大幅カット，公共事業への支出の削減である。

若者の職業訓練の「保証」と，家庭は自分たちが抱える若者に金銭的な責任を負うべきであるという想定を基盤とした社会保障改革（1986年と1988年社会保障法による）は，困窮状態にある者を除いて，16歳と17歳の若者に対する所得援助を打ち切った。所得援助の割合を引き下げ，25歳以上の「世帯主資格」も廃止した。ケアリーバーによるキャンペーン活動が，例外として16歳と17歳の若者は，限局された期間は所得援助を受け取ることに至ったが，極端な貧困，剝奪そしてホームレス状態に陥らないよう社会福祉事業が「必要補てん」することで，年齢による所得援助の割合はそのままとなった（Stein 1990）。

1980年代半ばから，養護を離れた多くの若者が直面している絶望的な状況に対し，いくつかのボランティア団体と地方自治体——すべてではないが——は専門家によるリービングケアの枠組みとプロジェクトに先駆的に取り組んだ（第3章参照）。1989年法の立案もまた，多くの地方自治体においてリービングケアの認識を高め，調査データを増加させた。そして専門家による枠組みの導入は1989年児童法に基づく新たな法的責任に適うひとつの方法であると社会

福祉事業によりみなされていた。

　一部の地方自治体にとり，1989年法は専門家によるリービングケアの枠組みを通して，養護とアフターケアを結びつける総合的な児童養護戦略を統合し，包括的なリービングケアのための法定枠組みを定めた（Biehal *et al*. 1995; Stein and Wade 2000）。しかし，イングランドとウェールズにおけるより一般的な状況は，複雑で一貫性がなく，失望させる社会政策的枠組みと同様に，事業対策の予算，範囲，質が多岐にわたったことは——ソーシャルサービス検査機構（Social Service Inspectorate）とアフターケア協会活動（Action on Aftercare Consortium）が行った調査研究における新たな知見を含めた広範な情報資源によって裏づけされた。スコットランドおよび北アイルランドの調査研究知見も，類似の状況を示している（Biehal *et al*.1995; Broad 1998; Department of Health 1997; Dixon and Stein 2005; Garnett 1992; Pinkerton and McCrea 1999; Stein, Pinkerton and Kelleher 2000）。

2000年児童（リービングケア）法

　1997年に与党となった労働党政府は，チルドレンズホームで蔓延していた虐待を明るみにしたことに続き，児童安全保障報告書（Children's Safeguards Review）への対応として，ケアリーバーのための新たにして強力な義務を備えた立法に自ら携わった。報告書の委員長であるウィリアム・アッティング卿は，「金銭的にも情緒的にも支援がなく，苦境にあっても救いの希望がない」16歳のケアリーバーに着目した（Utting 1997）。加えて，これまで言及した調査研究による実証結果には説得力があった。

　『生き抜いて歩み出す』（*Me, Survive, Out There?*）という諮問報告書に詳述されているが，ここで提言されている改革は，英国における労働党政権の児童事業現代化プログラムを基に構築されたものである（Department of Health 1999）。これは英国で1998年に導入されたクオリティ・プロテクツ（Quality Protects）事業を含み，特定のサービス目標と連結し，かなりの中央政府予算が投入された。養護を離れる若者に関連して，Objective 5は「養護を離れる若者が成人期に入るとき，市民として社会的にも経済的にも孤立せず，参加できることを

保証する」ことだった。この目的と結びついた三つの達成指標は、「16歳で社会的養護にいる若者が、19歳の時には教育、職業訓練または雇用に携わっている人数が最大限になっていること、16歳の誕生日に養護を離れた若者がその後も……19歳の誕生日を迎えた時も……まだ関わりが続いている若者の数が最大限になっていること、16歳の誕生日を迎えた時または迎えた後に養護を離れた若者が19歳の誕生日には適切な住居がある若者の数が最大限になっていること」だった（Department of Health 2000, Objective 5.0, 5.1-5.3）。

英国ではまた、コネクションズ・サービス（Connexions Service）[4]の導入を含めた社会的排除を撲滅するための幅広い政府戦略および若者ホームレス、雇用や職業訓練、教育におけるアンダーアチーバー、そして若年の親の問題に対する戦略は、ケアリーバーへの影響がねらいとされた（SEU 1998, 1999）。実際、景気の変化は、16歳以降の教育と職業訓練の再構築と組み合わさって若者の失業を減少させた——階級、性差、障がいおよび民族性の成層化と同じく地域による違いが存在し、サービス産業における低賃金労働が引き続き拡大されていたにもかかわらず、である。チャンスが増えるとリスクも増えるのだろうか？

こうした背景に対抗し2000年児童（リービングケア）法が、イングランドとウェールズで2001年10月に導入された。その目的は、若者が養護を離れる準備を整えるまで、養護からの移行を遅らせること、リービングケアのためのアセスメント、準備・計画を強化すること、養護後の若者のためによりよい個別的支援を提供すること、ケアリーバーのための資金調達を改善することである。

これらの目的に則したとき、法の主要な責任は、21歳になるまで、または教育および職業訓練のプログラムに参加していると認められた場合は24歳になるまで、若者たちを援助する義務、養護にいる若者と養護を離れる若者のニーズをアセスメントし適える義務、自立計画、金銭的支援、適切な住居を維持すること、そして「責任ある自治体」が接触を続けてゆく義務である。

2000年児童（リービングケア）法は、事業および養護を離れる若者のためのサービスと支援のレベルを改善する機会を提供した。財政的支援の強化に焦点を当てた、同法施行前と施行後に実施されたリービングケアチームの活動についての調査では、16歳以降の教育に参加する若者の割合が増加し、それは教育にも雇用にも職業訓練にもつかない（NEET）若者の割合の低下と関連して

いた（Broad 1998, 1999, 2005）。ニーズのアセスメントと自立計画，また機関内連携におけるよりいっそうの関与を通して，ケアリーバーのための役割の強化と分類化もまた，なされた（Hai and Williams 2004）。しかしながら，調査の実証結果では事業予算，範囲，サービスの質における度合いは地方自治体により様々であることも示している（Broad 2005）。同法が若者の成人期への道のりに及ぼした影響については，次章において取り上げる。

どの子も大切計画と養護問題

2003年，政府は『どの子も大切』（*Every Child Matters*）という緑書を刊行した（Department for Education and Skills 2003）。4つの主要なテーマが定められている。親とケアラーの支援により焦点を当てること，早期介入と効果的保護，説明責任の強化とすべての段階における事業の統合，そして実行改革である。いかなる背景であれ環境であれ，すべての子どもと若者たちのために政府が掲げた目的は，5つの主要な領域において成果を出せるよう支援することだった。それは，健康であること，安全に過ごすこと，楽しむことと目標を達成すること，前向きな活動に貢献することと経済的なウェルビーイングを達成することである。ヴィクトリア・クリンビーの死に関する報告に対する政府の対策に沿い刊行された『どの子も大切』は，児童事業の大規模な相談実践と総括をもたらし，2004年児童法へと導き，このことは児童を危害から保護する法的枠組みを強化した。2004年11月，『どの子も大切：子どものための変革』（*Every Child Matters: Change for Children*, Department for Education and Skills 2004）は，児童青少年と関わるすべての組織が共によりよく活動できる新たな方法を定めた。2005年，『若者の問題』（*Youth Matters*, Department for Education and Skills 2005）は，学校教育を離れている若者を政府が支援することの優先性を明確にし，彼らのニーズが適えられ，若者がさらに発言することが含まれた。

2006年10月，政府は『養護問題：養護にある児童と若者の生活を変えること』（*Care Matters: Transforming the Lives of Children and Young People in Care*, Department for Education and Skills 2006）という緑書を刊行した。これは，養護で生活する子どもと若者および養護を離れた子どもと若者の教育とキャリアが低い状態が依然

として続いているという背景に対応するものであった（Wade and Dixon 2006）。養護にいる若者への大規模な相談実践を含めたこの報告書に対する広範な反響は，違いを生み出すもの（What Makes A Difference）プロジェクトの実施，『養護問題：変革のとき』（Care Matters : Time for Change, Department for Education and Skills 2007）白書の2007年の刊行へとつながった。その主要な提言は，2008年児童青少年法と『養護問題』の実施計画へと至った。

2008年児童青少年法とケアリーバーのための成人期への移行計画

　2010年に連立政権が誕生し，2008年児童青少年法の実施と『移行指針』（Transitions Guidance）の導入が推し進められ，2011年4月に施行された。2008年児童青少年法の主な内容は，第1に，準備ができる前に養護を離れることがないように，若者が法的に再考されることへの保証と移動前に彼らの意見を考慮に入れること，第2に，個別アドバイザーをつけるという権利特典により，教育や職業訓練プログラムの履修を望む25歳以下のケアリーバーまで延長されたこと，第3に，地方自治体に高等教育奨学金の支給を要請（義務化）したことである。

　2008年児童青少年法と同時に，『移行指針』は法的，政策的そして実務的枠組みを強化し，リービングケアサービスの範囲と質の諸側面について養護を離れた若者の意見を基礎とした調査研究と公式データの両方による実証結果により，サービスの「水準を上げる」ことに貢献することが意図されている（Department for Education 2010a, Morgan and Lindsay 2012）。

　これらの新しい責務は，地方自治体における支出削減と第3セクターサービスへの財政的支出，住宅供給と福祉給付の変化，学生および増加する若者の失業への財政的支援の変化と同時に施行されている。公的サービスに対する連立政権の提案には，公的サービスの現代化のための5つの原則を設定している「開かれた公共事業」（Open Public Service）白書をも含んでいる。可能な範囲で選択肢を増やす，公的サービスは最低適正基準に分散化すべきである，公的サービスは提供者たちに開かれた状態であるべきである，公的サービスへのアクセスを公平にする，そして公的サービスは利用者と納税者に説明責任をもつべきで

ある，の5つである（NCB 2011a）。

これに関連し，成果に基づいたコミッショニングと社会的投資への大きな変化のひとつとして，「成功報酬債券」（Payment By Results : PBR）と「社会的インパクト債券」（Social Impact Bonds : SIBs）[5]に先駆的に取り組んでいる。全国青少年ボランティアサービス協会（National Council for Voluntary Youth Services: NCVYS）はPBR（成功報酬債券）を次のように定義している。

> これは一定の合意された結果を達成したら，一定の成果を提供するという合意に基づいて，プロバイダーへの基金拠出することに合意している委託団体である。成功報酬債権（PBR）は，公的サービスの委員（最高責任者）が，契約（取り決め）の開始時点にサービスに対して支払っている対価として，プロバイダーに一定の成果を支払うというシステムを表している。(NCVYS 2011, p.2)

連立政権は，SIBs（社会的インパクト債券）は，社会問題を解消する新たな取り組みに投資することを奨励することで，組織の財政的危機を削減する方法であるとみなしている。それには3つの要素がある。たとえば，地方自治体，民間投資家，慈善事業者もしくは基金団体からの先行資金投資，団体を援助するサービスの提供，そして団体により達成された業績向上の結果と結びついた投資家による支払い責任——たとえば，原資となる投資に対する払い戻しおよびコスト削減によって得た，付加的な割合で合意された還付，などである。

全国青少年ボランティアサービス協会（NCVYS）は，次の問題を含めたPBRとSIBsに関わる数多くの潜在的問題を確定してきている。社会的投資としては容易とされてはいるものの，資金繰りが厳しく投資を待たねばならない小規模なボランティア団体の問題，短期間で「成果」が測定可能かという問題——傷つきやすい若者への介入の影響は彼らが大人になるまでわからないだろうという問題，後者は，最も傷つきやすい若者への支援を除外して，短期間での成果に焦点を当てることになりかねないという事実，成果を出せるサービスを特定できるのかという疑問——傷つきやすい若者への支援の多くは多機関協働である（NCVYS 2011）。これらの問題すべては，PBRが導入されていたならば，

リービングケアサービスに影響を与えるであろう。

　現在の政策があげた効果に関し，2011年3月に27の地方自治体を対象とし全英養護諮問事業（NCAS）によって調査された実証がある。半数以上の自治体が，リービングケアサービスにおいて計画された予算削減（7パーセントから15パーセントの範囲で）を報告した。その結果，取扱件数が増加し，『移行指針』の実施，特に定期的な接触を維持し，教育および職業訓練を全うすることを望んでいる21歳以上の若者を支援することを困難にした（National Care Advisory Service 2011a）。さらにほとんどの自治体（80パーセント）が，ケアリーバーの支援に活用するための教育，職業訓練および雇用支援などの補助的な地方サービスとその提供を削減されたことによる影響について報告した。3分の1以下の自治体が，予算削減はまだ知らされていないと報告していた（National Care Advisory Service 2011a）。報告書は，次のようにコメントしている。

> 2000年児童（リービングケア）法の導入以降，この10年間，地方自治体におけるケアリーバーのためのサービスは大きく発展した。地方自治体は様々な方法で，それぞれの若者のニーズをみたす努力をし，異なるレベルのスタッフの配置や予算のなか多様なモデルのサービスを実施してきた。それゆえ，予算の削減の影響は一律ではない。しかしながらわれわれの調査結果は，効果的に若者を支援し続けるサービスと能力についての懸念，また新たな指針と法規の施行においてきわめて不確実な状況にあるという一般的なパターンに陥っていることを明らかにした（National Care Advisory Service 2011a, p.1）。

　2008年児童青少年法および『移行指針』の内容は，若者の養護から成人期への道のりに影響を与える連立政権により導入された政策的変化と併せて，次章で検討する。

要　約

・1948年児童法は，リービングケアサービスの基盤である若者のアフターケ

アに関する義務と権限を導入した。若者が家庭から離れる年齢基準とその過程を反映し，養護を離れる年齢を 18 歳としたことは意義深い。
・1971 年に導入された児童ケア法と個別的社会福祉事業の再編と変革は，専門家によるアフターケア対策の低下を招いた。これらの変化は 20 代前半まで自分の家庭にとどまる若者がいる一方で，より年少，しばしば 16 歳という若さで養護を離れることへと向かわせた。
・1970 年代なかばから研究者たちの知見は，養護を離れた若者たちが直面する問題に光を当てた。これらの知見は，若者自身の行動と自己組織化および実務家たちの認識の高まりを含めた支援的活動ともあいまって，法改正の契機をもたらした。
・1991 年 10 月に導入された 1989 年児童法は多くの観点できわめて進歩的ではあるものの，リービングケアに関してはいちじるしく弱かった。同法の主要な部分は，若者を待ち受ける新たな義務以外には，任意権の拡大のみであった。
・1989 年児童法はケアリーバーにとり最も困難な時期に施行された。若者にとって伝統的な労働市場の縮小，住宅供給選択肢の減少，福祉給付の大幅カットと公的サービスの支出の削減。しかし同法は，ケアリーバーの脆弱性についての情報を増やし，専門家によるリービングケアの枠組みの導入へと直接導いた。
・1990 年代に実施された調査研究は，特に福祉給付と住宅供給に関して複雑で一貫性がなく意欲を減衰させるような若者のための幅広い社会政策の枠組みと同じく，1989 年法が内包する任意裁量権の弱さを強調した。
・児童（リービングケア）法は，2001 年 10 月に導入された。継続教育への参加者を増やし，教育にも雇用にも職業訓練にもついていない若者の数を減らし，リービングケアの責任性の強化とリービングケアチームの財源の改善を目指すものである。
・『どの子も大切』緑書は，いかなる背景または環境であれ，すべての子どもと若者にもたらすべき標準的な成果を示した。それは，ケアリーバーの進歩と成果をその他の若者と結びつけるものだった。
・養護で生活している若者と養護を離れた若者のために成果を出すという提言

は，2007年『養護問題：変革のとき』白書に含まれた。これは，準備し整う前に養護を離れるという長年にわたる問題と，多くの若者が家を離れる年齢と明暗をなしていることを強調している。その提言は，2008年児童青少年法の基盤を形成した。
・2010年10月，『ケアリーバーのための成人期への移行計画』（『移行指針』）が刊行され，1989年児童法の法令と指針が改定された。
・2008年児童青少年法と『移行指針』は，2011年4月に連立政権により施行された。同時にサービスの縮小と計画変更，そしてサービスの範囲と質の多様さが実証された。
・連立政権は成功報酬債券（PBR）と社会的インパクト債券（SIBs）を含めた公的サービスの財源に，先駆的に着手した。潜在的にはリービングケアサービスまで拡大可能だった。

◆訳注
（1）1970年代までは更生施設，少年院を意味し，その後reform schoolという名称になり，現在はcommunity schoolと呼ばれている。ただしcommunity schoolには実態として少年院に相当する機能を果たしている学校もある。
（2）原文はBlackとあるが，直訳は適切でないと考え，非白人とした。
（3）ブレア政権が若者向けニューディール政策の1つとして，様々な理由により将来の社会的排除の可能性のある若者に早期から自立に向けた生活支援を包括的に行う制度。対象は13歳から19歳の青少年だが，特別な支援を必要とする青少年には25歳までとされる。
（4）2011年4月，英国のブレア政権において，10代の社会的排除の可能性のある若者への早期支援の必要性より創設された包括的若者支援事業。13歳から19歳までのすべての若者を対象とし，若者にアドバイス，支援を行い，大人としての生活や職業生活への順調な移行をサポートすることを目的としている。支援事業の特徴としては，政府，地方，地域の各レベルにおける関係政策，サービスを連携する分野横断的な取組みであること，若者が社会との接点を失われないよう在学中から働きかけ，対象となる若者には個別アドバイザーがつき，1対1の関係に基づいた支援を実施していることなどがあげられる。（参照：内閣府青少年行政の総合的推進資料　英国のコネクション・サービスの概要）
（5）社会的インパクト債券（Social Impact Bonds）とは，2010年から英国で導入が開始された官民連携の社会的投資スキーム。米国では成功報酬債券（Pay for Success）として，2012年より導入されている。当初は，再犯防止や非行対策などの予防的措置に関する政策に限定されていたが，次第に雇用や教育などの多様な領域に拡大されている。

第3章

リービングケアサービスの組織化

> 私は養護でないところで生活することを学んできた
> ——支援チームとともに。

　本章は，主として1989年児童法の施行と2011年の『移行指針』の導入までの期間に焦点を当てながら，養護を離れる若者を援助するためのサービスの発展と組織化を説明する。併せて，リービングケアサービスの導入の理由や，これまでリービングケアの枠組みおよびプロジェクトが組織化されかつ仕分けされてきた様々な方法，そして成人期までの自立において若者を支援してゆく中で取り組まれてきた領域についての説明をまとめてゆく。

リービングケア事業の起源

　「リービングケア」という名称のついたケアリーバーのための専門家によるサービスの導入は，主に1980年代半ばに遡ることができる。モーリーン・ストーン（Maureen Stone）は33人の専門家の枠組みを調査した1989年の自身の研究において，1978年に唯一の枠組みが存在し，4分の3以上という大半の枠組みは1985年ないしそれ以降に始まっていることを明らかにした（Stone 1990）。しかし「リービングケア」の名称が，リービングケアサービスの始まりを表してはいない。児童養護サービスが里親養育者の通常かつ非公式的な責任の一部として認識されていなかったにせよ，19世紀にバーナードー（Barnardo）により切り開かれた委託枠組みについての初期の活動のようにより組織化されていたにせよ，養護を離れる若者を援助するための枠組み，プログラムおよび取り組みにはこれらの児童養護事業と同じくらいの歴史がある。第2章で詳述した

ように，1948年の新たな児童部局の導入に続き，「性産業に従事した少年少女」の感化院，「母親と赤ん坊の家」，宿舎的住居そして設定された猶予期間，アフターケア，児童養護主事が，養護を終えた若者を支援するために多くの領域で提供されていた。

また第2章で検討したように，個別的な社会福祉事業の再編と1969年児童青少年法の導入はいずれも1971年施行だが，多くの地方自治体において専門家によるアフターケア活動の低下を招いた。前者に関しては，ジェネリック・ソーシャルワーカーの登場と，児童保護活動とコミュニティに高い優先性をおき革新的なソーシャルワークに焦点を当てたことは，ケアリーバーとアフターケアの軽視につながった。後者については，1969年法に基づき導入された新たな養護体系において具体化された自由裁量型の福祉が，養護を離れる若者の年齢の引き下げをもたらした。

1989年児童法とリービングケア事業

1980年代，高い失業率，住宅不足そして社会保障の縮小をまねいた大きな経済的かつ社会的変化を背景に，多くの若者や一部のホームレス，貧窮者たちの苛立ちが高まっていた。シェルターや調査研究者，若者と活動する実務家そして少なからぬ若いケアリーバーたち自身をも含めたキャンペーン活動組織のすべてが，声を上げた。このことが，ケアリーバーを援助する現行の法制度の変革の時をもたらしたのと同じように，いくつかの領域で専門家によるリービングケアの枠組みとプロジェクトの導入をもたらした。

初期の研究では，様々な枠組みがサービス供給と哲学によって識別された（Stein 1991）。1992年の調査結果が示しているように，サービス供給モデルには，主流の保育ソーシャルワーカーにより実施されたリービングケアチーム，住宅支援事業，若者とコミュニティへのワークアプローチという専門家によらないサービス供給が，当時の供給の主要な形だった（First Key 1992）。

初期の研究で明確化された哲学の相違は，プログラム内容に反映され，自立モデルと相互依存モデルとの間に存在していた。自立モデル枠組みの論理的根拠は，若者は最小限の支援への対応と実務的な生存するスキルを教えることを

通して基本的に 16 歳から自分自身でやっていくトレーニングがなされるべきだということである。

> これらのグループは，自立訓練をあたかも家庭内で行われる兵役訓練のようにみなしている。豆の缶を開けるとかシーツをたたむといったような活動ごとのチェックリストで 10 の項目に印がついた若者は，一定の基準に達したとき「卒業する」のである。(Stein and Carey 1986, pp.157-158)。

反対に，相互依存モデルは，リービングケアをより心理社会的移行として捉え，対人関係スキル，自尊心および自信を発達させること，そして養護を離れる若者がその後も継続する支援を受けることに高い優先性をおいていた（Stein and Carey 1986）。

社会福祉局は，専門家の枠組みとプロジェクトの導入は，1989 年児童法に基づいてリービングケアにおける責任を果たす方法とみなした。1990 年から 1995 年までに実施された調査研究は，ケアリーバーの中核的なニーズ——住居支援，個別的かつ社会的支援，キャリアへの経済的支援と後押し——に焦点化した対応を提供していたことを示していた（Biehal et al. 1995）。1989 年児童法以後の活動は次のとおりである。

・政策発展への貢献および地方行政地域内のリービングケアサービスの調整。
・若者のための支援資源の選択肢を柔軟にしていくこと。そして場合によっては，とりわけ継続高等教育，雇用や職業訓練，住居と財政的支援に若者がアクセスできるように調整すること。
・若者援助への総合的アプローチをするため，機関内のつながりを発展させること。
・養護を離れる準備をしている者やコミュニティで独立して生活している者を含め，若者への助言および情報提供，そして個別的またはグループを基盤とした個別の支援の提供。
・スタッフとケアラーのための研修と相談サービスの提供。
・サービスの監査および評価。

ビーハルらは，枠組みの特殊性を区分するため，三次元的基盤を提示した（Biehal et al. 1995）。第1はそれぞれの枠組みが，視点，活動方法および若者が必要としている活動の範囲——若者に携わり関与すること——または計画されたソーシャルワークによる，サービス供給へのアプローチにおける比較方法，第2にその文化，組織化，管理およびスタッフ構造を含めて，提供機関——法令的か自発的か——を単位とした枠組み間における比較，第3に専門家の枠組みによる地方自治体内におけるリービングケア政策の発展への貢献である。

　ブロード（Broad）が行った，3,308人の若者と活動した専門家による46のリービングケアプロジェクトを対象とした1996年のイングランドでの調査では，ほぼ3分の2にあたるプロジェクトの大多数は1989年児童法が施行後に発足したことを明らかにした。3分の1以下が完全に地方自治体により運営され，3分の1以上が様々なところから出資を受けているボランティア団体による運営，そして3分の1が地方自治体とボランティア団体との共同出資だった（Broad 1998, 1999）。

　リービングケア（42の地方自治体の回答に基づく）の優れた実践例についての1999年のイングランドの調査結果は，サービスタイプが多様にもかかわらず，当時，広範な自治体での対策には4つの主要なモデルが共通していたことを示していた（Stein and Wade 2000）。

1. 「非専門家によるサービス」：サービスを供給するうえでの責任は主としてフィールドソーシャルワーカーにあり，ときには若者のケアラーとの協働もある。
2. 「中心的に組織化された専門家のサービス」：主として，ケアリーバーを対象にした，自治体広域サービスを提供する，リービングケアワーカーを中心に組織されたチームで構成している。
3. 「専門家サービスの分散」：それぞれのリービングケアワーカーは地域を基盤とするフィールドワークのチームに所属する。
4. 「中心的に組織化され統合されたサービス」：ホームレスの若者，少年犯罪を経験した若者，そして障がいがある若者といった，「窮地にある」広範囲

にわたる傷つきやすい若者のために統合的なサービスを提供することを試みているモデル。多機関管理とスタッフ構成モデルにより，統合はたやすくなされた。

ロンドンの33の行政区を対象とした調査は，この構図に追加した（Vernon 2000）。この調査研究はふたつの異なるタイプの専門家チームを明確化した。第1は，専門家の複線的システムの整備である。これは，若者が，法的責任は地方自治体のソーシャルワーカーのもとにあるが，専門家によるリービングケアチームに支援されていることを意味している。リービングケアの専門家たちは，法的責任が伴うとみなされている「役所」のお墨つきという不利を伴わずに，準備とアフターケア支援を提供する。これらのチームの大半はそれぞれ自分自身の土地にあり，そこを卒業することは若者にとり「通過儀礼」の一部とみなされていた。このことは，たとえば自立プラスプロジェクトや若者の自立サービスのように，プロジェクトの名称に反映されていた。

第2に，社会的養護思春期チームは，若者に対し法的責任が発生しかつ主として15歳以上の若者を対象に活動していた。こうしたチームを設定する根拠はスタッフが思春期の若者への活動に関与することおよび，これまで述べられたようなシステムにおいて構築された複数担当の交錯による遅れを防止することであった。ロンドンの調査では，ボランティアサービス供給者と傷つきやすい若者のチームとの契約――統合的サービスモデル――は，最も優れた実践調査と確定されたことを例証している。

リービングケアチームと2000年児童（リービングケア）法

2000年児童（リービングケア）法は，2001年10月に施行された。そしてブロード（Broad）は2002年から2003年にかけて実施した調査で，イングランドとウェールズで活動する300のリービングケアチームを確定することができた（Broad 2003a, 2003b）。彼はイングランドおよびウェールズ地方の地方自治体の6つにつき1つを抽出し，6,953名の若者を支援している52のリービングケアチームを調査した。調査によると，ほぼ3分の2が法制定以前に設立され，

そのうち半数は1995年以前に設立された。4分の1以上が法の制定に先んじてか，制定直後に，設立された。

　リービングケアチームの4分の3が地方自治体の運営であり，4分の1はボランティア団体による単独運営から地方自治体との共同運営まで多岐にわたっていた。彼の1998年の資料と比較すると，より多くの地方自治体と少数のボランティア団体との共同運営を明白に示し，2000年児童（リービングケア）法施行における地方自治体のより大きな役割を示唆している。

　ブロードの調査では595名のスタッフを抱える52のチームにおける若者とスタッフとの比率は1998年の調査での15対1に対し，スタッフ1名につき12名の若者という比率だった。スタッフの4分の1は2000年児童（リービングケア）法に基づく「個別アドバイザー」として任命された専門職であり，半数未満が「専門的なリービングケアソーシャルワーカー」とされていた。残りのスタッフは「そのほかの専門家」とされ，教育および雇用ワーカー（11.1パーセント）と健康スタッフ（2.1パーセント）だった。

　調査されたチームの主要な活動は，教育，雇用，職業訓練そして住居と健康への援助，財政的支援，障がいがある若者や，亡命申請中の若者や拘置中の若者など特別なグループに対する活動，差別のない支援，16歳以後の委託の支援内容，そして2000年法に基づいたニーズのアセスメントと自立計画を実行する個別アドバイザーとしての活動を含むものである（Broad 2003a）。

　ロンドンの8つの行政区における児童（リービングケア）法の最初の2年間の施行についての調査では，構造，政策，この時期のリービングケアサービスの資源に著しい変化があったことを明らかにしている（Hai and Williams 2004）。

　まず最初に，これには，7つの地域での16歳以後のリービングケアサービスの専門家および，2000年法が適用の若者，2000年法に関わるないし以前に関わりのあった若者に対するケースマネージメントの責任や16歳以後の若者がいるチームへ引き継ぐ責任をもつワーカーも含めた専門家の育成を含んでいた。残りの自治体では，リービングケアサービスおよびアフターケアサービスは，外部のボランティア機関へ委託された。

　第2の大きな変化は，他機関からのスタッフの参加やチーム内での協働，あるいは専門性の高い能力で彼らと結びつくことが増えたことである。これには，

コネクションズ，健康とメンタルヘルスサービス，住居，教育，薬物指導サービス，子どもの人権，心理学，家族仲裁，看護，福祉給付，地域福祉活動，友愛活動とメンタリングのスタッフが含まれていた。スタッフと若者への面接を基本とした調査では，これらの配置により，ケースに責任をもつソーシャルワーカーが2000年法で求められている法的権限の実施に集中できるようになり，専門家スタッフは住宅や教育，健康といった対応する機関と連携することが可能となった。

第3に，中央政府の使途限定交付金の導入は，スタッフのレベルを引き上げ特に危機や問題がある若者のニーズにこたえるためのより自由度が高い財源を含めた，より充実した予算事業をもたらした。研究は，総体として，2000年児童（リービングケア）法がロンドン行政地域におけるリービングケアの輪郭をより明確にすることに貢献しているものとみなした（Hai and Williams 2004）。しかしながら，すべてのケアリーバーにとりサービスが改善しているとは思われなかった。障がいがある若者は，「ケアリーバーにおける隠されたグループ」と言われた。彼らは障がい者チームの専門家により対応され，主流のリービングケアサービスにつながることを拒否されがちであった。サービスの分割とそこに潜在するストーリーを反映していたことがプリーストリー（Priestley），ラビー（Rabiee）とハリス（Harris）により明らかにされた（2003）。

ディクソン（Dixon）とスタイン（Stein）により2000年に実施されたスコットランドのすべての地方自治体に対する政策についての調査（回答率97パーセント）では，3分の2以上の地方自治体が「養護中およびアフターケア」サービスを運営する直接的責任を伴う専門家チームないし専門家スタッフがいることを示した。これらのチームの3分の2未満が中心にあり，ほぼ4分の3が地方ソーシャルワーク局により予算化され運営されていた。残りの専門家チームは，ソーシャルワーク局およびボランティア部門またはその他の外部機関により共同運営され，基金化されているものを含んでいた。これらはすべて中心にあった。中心的に組織化された専門家チーム（Centrally Organised Specialist team）は主な専門家モデルであった——フィールドワークチーム内で専門家スタッフが地域的に分散しているということを実証しているものは存在していない。これらのチームまたは専門家スタッフの半数以上が，それぞれの地方自治体内で

資格のある若者すべてへのサービスを担当し，その他は家庭に戻る若者または家庭で生活することができない若者へのサービスを担当した。半数以上は，チームにより記録されたサービスについて記述した説明書があるという報告があった（Dixon and Stein 2005）。

　スコットランドの研究でも，ソーシャルワーク局の3分の1以下は養護中およびアフターケアサービスを提供する直接的責任を負う専門家チームまたはスタッフがいないことを示していた。これらの部局の大半は，フィールドソーシャルワーカー，施設ソーシャルワーカー，里親養育者がこうしたサービスの運営に関与していたと回答した。しかし回答のほとんどは，関わったスタッフの人数を確定することができず，また提供された養護中およびアフターケアサービスの範囲について書面による説明があったものは半数未満だった。一般的に，非専門家によるサービスは広大な農村地域において提供されており，養護中およびアフターケアを受けることが適用される若者の人数はより少なかった（Dixon and Stein 2005）。

　これまで述べた広域自治体部局の主要モデルに加えて，ボランティアにより運営されたきわめて広範囲なプロジェクトがある。後述するように，公的な認可を受け地域のリービングケアサービスへとしだいに組み込まれていくのだが，そこではケアリーバーとケアリーバーを含めたその他の傷つきやすい若者のグループへのサービスを提供している。具体的には，準備を改善すること，適正な住居を提供すること，個別支援を作成すること，教育，職業訓練，雇用へのアクセス，健康とウェルビーイングを援助すること，ケアリーバーの参加を改善すること，ケアリーバーに明確な情報を提供すること，そして監査，評価と将来計画である。

社会的共同親ケースモデル

　2000年児童（リービングケア）法の導入以降の法令および政策における調査研究と展開について調べてみると，「社会的共同親」（corporate parenting）と記述されているものの出現を示唆している（Broad 2003a, 2003b; Dixon *et al*. 2006; Hai and Williams 2004; Stein and Morris 2010; Wade and Dixon 2006）。それにはふたつ

の特徴がある。

　第1に，ケースの責任は，2000年児童（リービングケア）法，2008年児童青少年法および『移行指針』に基づき明確に定義された責任をともなった指定個別アドバイザーにより，担われている。これらの明確に定義された責任には次のものがある。アドバイスをすること，実務的な助言と支援を含むこと，アセスメントに参加し「ニーズのある児童およびその家族のアセスメントの枠組み」(Framework for Assessment of Children in Need and their Families) に設定されたニーズの次元を用いたアセスメントと自立計画の準備に参与すること，若者の意見を考慮に入れること（アセスメント枠組みの領域および次元と自立計画に関するニーズの次元との関係は表3.1を参照），自立計画のレビュー（見直し）に参加すること自立計画の実施において責任ある自治体と連携すること，ケアリーバーがサービスを利用できるよう複数のサービス担当の調整と責任を負うこと，ケアリーバーの成長とウェルビーイングに関する情報を把握すること，ケアリーバーとの接触およびサービスについての最新の記録を正確にしすべて残すこと，である。『移行指針』に含まれたこれらの明確に定義された責任は，第2章で検討されたような，ゆるやかな連携の失敗とは反対に，2000年法に基づき資格があるとされた若者に関しては自治体の法的かつ管轄の延長線上にあるとみなすことが可能である。

表3.1　ニーズのある児童およびその家族のアセスメントの枠組み，養護計画と自立計画

アセスメントの枠組み	自立計画
ニーズの領域と次元	**ニーズの次元**
領域：子どもの発達のニーズ	
健康 健康計画を含めた養護計画	健康と発達
教育 個別教育計画を含めた養護計画	教育，職業訓練，雇用
情緒および行動の発達	情緒および行動の発達
アイデンティティ	アイデンティティ
家族関係と社会的関係	家族関係と社会的関係
社会的プレゼンテーション 自己管理スキル	独立した生活に必要な実務的かつその他のスキル

領域：養育能力	家族関係と社会的関係
基本的養育 安全確保 情緒的暖かさ 刺激を与えること 指針と境界 安定性	若者の親との関係についてのアセスメント， 拡大家族との接触， 仲間との関係， 社会的ネットワーク， これらの関係が移行の成功にどのように貢献 しているか
領域：家族と環境的要因	
家族の歴史とより幅広い機能 拡大家族 住宅 雇用 収入 家族の社会的統合 コミュニティ資源	家族と社会的関係 （上記のような——拡大家族との接触） 適切な住居 教育，職業訓練，雇用 資金調達 家族と社会的関係 （上記のような——仲間，社会的ネットワーク）

　第2の特徴は，2000年法で獲得したニーズのアセスメントと自立計画に特化されるように，より非公式的な機関同士の連携からより公式的な合意への移行に代表される，別の地方自治体の部局や別の機関の関与の増加が実証されるにともない社会的共同親の役割が強化されたことである。このことはいくつかの領域においては，たとえば，個別アドバイザーとともに活動する住宅や雇用，健康の専門家からなる多機関チームの始動に貢献している。

　社会的共同親の役割拡大はまた，ケアリーバーの広範囲なニーズへの対応を反映し，それにはさらなる支援を必要とする若者のグループも含まれている（第10章で検討する）。局在化の拡大と提供者の領域増加および成功報酬債券(PBR)と社会的投資を導入することを含めた連立政権の公共サービスへの改革提言の文脈（第2章で概説した）において，リービングケアサービスの将来的な組織にどんな意味があるかは今後の問題である。リービングケアチームと個別アドバイザーは，多くの若者からきわめて肯定的に受けとめられ，『公共サービスに対するケアリーバーの見解』(Care Leavers' Perspectives on Public Services) (Consumer Focus 2011) において「よく対応された個別化したサービスを提供する」として選ばれていることが実証されている。社会的共同親モデルは，これまで検討してきたように，時を経て進化し，ケアリーバーの多様なニーズに応える中で初期の不備から学んできた。しかし若者の見解を基盤とした調査研究が示すように，「劣悪な」サービスの水準を「優れた」サービスにより達成さ

れた水準まで引き上げる中で，不当な縄張り意識との闘いという重要な課題が残されている（Morgan and Lindsay 2012）。この問題は第 11 章で探究される。

要　約

- 具体的には，「リービングケア」の構想は，主に 1980 年代半ば以降，導入された。しかし，第 2 章で述べられているように専門家によるリービングケアサービスの導入ははるか以前に遡る──革新というよりも再発見である！
- 専門家の構想は，ケアリーバーが成人期へと自立していく際に支援するために彼らの中核的ニーズに対応して発展してきた。それは住居，教育，雇用そして職業訓練，金銭，健康とウェルビーイングおよび個別的かつ社会的支援を含んでいる。
- 英国における評価は，哲学，サービス供給，機関運営の文化，また政策発展への貢献により様々な相違があることを示唆している。
- 広域自治体対策モデルが供給するものには次のものがある──専門家ではない人たち，中核的な専門家とはば広い専門家の人たち，そして傷つきやすい若者への統合的対策である。ケアリーバー，あるいはケアリーバーを含めたその他の傷つきやすい若者を対象とするより広範囲なプロジェクトもある。
- 2000 年児童（リービングケア）法，2008 年児童青少年法および『ケアリーバーのための成人期への移行』に関する法令と指針の導入は，「社会的共同親ケースモデル」に発展した。
- このモデルは，構造をより明確に定義し，役割と責任を定義づけ，多機関協働をより公式化し，リービングケアサービスについての分析結果の増加という結果を残してきている。多くの若者は，サービスの質については様々な実証結果があるものの，彼らが個別アドバイザーから受けている支援やリービングケアチームについてはかなり肯定的な意見をもっていた。

第Ⅱ部

成人期への道のり

　　　　　　　　　　　　　　　　　　　　　　問題は，
養護にいることではなく，いつ養護を離れなければならないかということだ。
　　　　　　　　　　　それを考えると，私は怖くなる……
　　　　　　　　……来年は，どこに行くのだろうか，
　　　　　　ここにいなかったら，どこへ行くのだろうか？

　　　若者が養護から旅立つことは困難なことだ——君たちはまだ，
思い出を抱えたままでいる。私はただ自分の人生をどうにかしたい……
　　　　ほかの人たちと同じようなふつうの生活がしたい。
　　　　　　　仕事があり，家庭があり，車があり，
　　　　そしてもし私がサポートを必要とするときには
　　　　　　そばにいてくれる私自身の家族が欲しい。

第 4 章

落ち着いた，安全な住居

養護を離れることでとても心配なのは——どこにも落ち着けないことではなく，
あちこちに移動し続けなければならないことである。

今日，大半の若者にとり，定着した安全な住まいを自分で選択することは，大人への旅路で重要な目標点を代表している。しかし，養護を離れる若者にとりこの目標を達成することは，そうでない他の若者よりも困難であろう。彼らは自分が準備する前に，多くは 16 歳か 17 歳のときに，養護を離れるよう圧力をかけられてきたと感じるであろう。一方，ほとんどの若者は 20 代半ばか後半に自分が育った家を離れ，一部の若者はさらにその後に家を離れている。これらの若者の多くは，困難に陥いれば支援ないし助けや援助を受けるために自分が育った家に戻るだろう。ケアリーバーのなかには不適切な住居に住み，住居を転々とし，ホームレスとなる者がいることも実証されている（A National Voice 2007; Stein and Morris 2010）。

第 1 章で示唆されたように，「落ち着いた，安全な住居」で暮らすことは成人期の自立へとつなげ，成人期を強化する文脈のなかで考えられねばならない，継続教育や高等教育，または職業訓練のなかで納得できる雇用を見つけること，そして良好な健康とウェルビーイングの肯定的感覚を獲得すること，しかし，すべての自立計画で，ケアリーバーはそうでない若者と比較して不利な状態におかれていることが実証されている（Stein 2004; Stein and Munro 2008）。

本章は，若者が自分の住居についてどのように援助されるかということに焦点を当てている[1]。調査研究の総括では，若者にとり「落ち着いた，安全な住居」

---

1 本章および第 5 章と第 6 章はスタインとモリス（Stein and Morris, 2010）の内容を参考とし，さらに展開している。

で暮らすことは，多くの関連する介入を受けることを示唆している（Stein and Morris 2010）。それは次のようなことである。

・養護を離れる時期を選択すること。
・準備をすること。
・住居の選択をすること。
・安全でありかつ安全を感じること。
・ワーカー，家族，友人，メンターにより支援されること。
・財政的援助を受けること。
・サービスの形成に関わること。

養護を離れる時期を選択すること

　若者にとり養護を離れ次の段階に進む時期を選択することは，16歳，17歳，18歳になったときに（養護を）離れるよう求められることとは大きく異なる（Morgan and Lindsay 2006）。すでに養護を離れたスコットランド出身の若者から，これから養護を離れてゆく若者への堅実なアドバイスがある。「焦って養護を離れてはいけない……だれかが君に話したような，たやすいことだと思ってはいけない。機が熟さなければならない……歩くことができるようになる前に走り出してはならない。君が考えるほど，たやすいことではないんだ」（Dixon and Stein 2005, p.159）。

　イングランドの児童権利局による若者の意識調査では，養護を離れる時点で41パーセントの若者が養護を離れたかったと回答し，42パーセントが離れたくなかったと回答し，その他の若者はわからないと回答した。しかし，養護を離れてから，適切な時期に養護を離れたと思うかとたずねると，適切な時期だったと思うと回答したのは4分の1のみであり，もっと長く養護にとどまっていたかったが45パーセント，そして17パーセントがもっと早くに養護を離れていたほうがよかったと回答していた（Morgan and Lindsay 2012）。

　これらの意見はまた，リービングケアワーカーおよび個別ワーカーによる意見をも反映していた。彼らの意識調査では，4分の3以上が養護を離れる年齢

が若すぎると考えていた（A National Voice 2005）。また若者が準備が整う前に養護を離れることを里親養育者が心配しているという結果もある（Sinclair et al 2005）。イングランドの6つの行政区にいる住宅供給ワーカーを対象にした唯一の調査では，80パーセントが若者が養護を離れるのが若すぎると考えていることがわかった（A National Voice 2005）。

準備が整う前に養護を離れるよう求められていることについて若者が抱える懸念は，1970年代に遡る（Stein 2011）。しかし養護を離れる前に若者の意見を考慮することが法で規定されたのは，2011年4月の2008年児童青少年法の導入以後だった――それゆえ彼らは準備ができるまえに養護を離れることはない（第2章参照）。また2007年から，当時の政府は養護を受ける権利（Right2BCared4）プログラムと18歳以降も委託先にとどまること＋家庭委託（Staying Put 18+ Family Placement）プログラムのふたつのプログラムを導入し，養護からの移行を若者たちが養護を離れる準備ができるまで延長することを目的とした。Right2BCared4の評価の主要な知見（Munro et al. 2011）は，以下に要約されているとおりである（Staying Put 18+の概要については第5章参照）。

RIGHT2BCARED4 パイロットプログラムの評価

導　入

　Right2BCared4は2007年10月に11の地方自治体で開始し，以下の方針に基づいている。

・若者は，18歳に達するまでは養護を離れさせられてはならない。
・養護から離れる前の意思決定過程において，若者は大いに発言するべきである。
・独立した生活のために十分に準備されねばならない。

　評価は2009年1月から2010年10月までの期間に実施され，マッピング・エクササイズとフォーカス・グループには，ソーシャルワーカー，リービングケアの個別アドバイザー，独立審理審査官（Independent Reviewing Officers：IROs）およびその他の主要な専門家たちが関わった。11の先駆的事業実施地域

で実施された。さらに詳細な活動が7つの先駆的事業実施自治体と，比較群（先駆的事業を実施していない自治体）となるふたつの自治体で実施された。

主要な調査結果
・先駆的事業実施自治体においては，法律的に成人となる18歳まで社会的養護のもとにあった若者の割合が，比較群となる自治体の若者の割合よりも高かった。
・先駆的事業実施地域では，独立審理審査官（IROs）は自立計画の話し合いにさらに関わり，調査データではIROsの支援に対して高い水準の満足度を示していた。
・16歳以上の若者の養護計画に関わる専門家の姿勢に，啓発的な転換がみられてきた。専門家たちは，若者が法的に成人になるまで社会的養護にとどまるよう率先して奨励した。
・専門家たちは，すべての若者が長く養護にとどまることを望んでいるわけではないことを認識した。白人で英国出身の若い女性，特に親となった人たちは早期に養護を離れる傾向があった。度重なる委託先の変更を経験してきた人たち（しばしば複合的なニーズがある）もまた，早期に養護を離れがちだった。
・支援のパッケージは，自立へと移ることを選択する人たちのニーズに適っていることが重要である。
・調査したケアリーバーの多数は，自分で養護を離れることを選択したと語っていた。
・先駆的事業実施自治体の若者が養護を離れる時期を自分で選択したのは，比較群となった自治体での若者と比較して若干高いパーセンテージだったことを結果は示している。
・半自立または自立した生活の整備に向けて動いた若者の半数以上は，自分の移行について肯定的だった。およそ4分の1は移行の過程は改善できるのではないか，そして移動は慌しく急だったと答えていた。
・若者は総じて自立計画過程に関与したと感じていた。しかし若者と実家庭との関係および健康問題のニーズを含めたいくつかの問題については，最

小限の配慮しか受けていなかった。

（出典：Munro et al. 2011）

　上記で詳述しているように，この評価は，里親養育者との関係また里親養育者により提供される養護について話し合うために，独立した，公平で偏見のない人の存在の重要性を含めて独立審理審査官（IROs）の役割を強調している（Munro et al. 2011）。

　また独立審理審査官（IROs）についての子どもの意見報告書は，児童や青少年の意見を確実に聞き取るという彼ら（IROs）の重要な役割と，担当のソーシャルワーカー以外に決定が施行されるのを確保する人たちがいるということを示している（Ofsted 2011）。先駆的事業実施自治体のいくつかはアドボカシーサービスの活用の推進を模索してきており，そこでは若者から高い評価を受けた――少数のアドボケーター（11パーセント）だけが自立計画過程で若者を支援してゆく中で関わっていたにもかかわらず（Munro et al. 2011）。イングランドにおける児童青少年のアドボカシーサービスを総体的にみると，これらのサービスが広範囲に活用されていることが示されているが，「利便性，独立性，アクセスの面で子どもたちが……アドボカシーにアクセスしようとすることにおいて，居住地域の問題が残っている」とまとめられている（Brady 2011, p.9）。

若者にとり養護を離れるために準備すること

　安全で落ち着いた住居に住むことは，若者が養護を離れるために十分な準備ができていることを意味する。若者の意見を基盤とした調査では，養護を離れた後の自立した生活のために良く準備できた，あるいはひじょうに良くできたと思ったケアリーバーは4分の1以下であり，27パーセントが準備は「まあまあ」だったと思った。ということは，若者の約半数（49パーセント）は準備が「できていなかった」ないし「全くできていなかった」と思ったことを意味していた（Morgan and Lindsay 2012）。

　自立計画は養護を離れる準備と離れたあとの支援の両方において重要な部分となっている。児童権利局（Children's Rights Director）の調査では，3分の2以

上（69 パーセント）が自立計画を知っていて，3 分の 1 は自分の計画を見直し，半数以上が自分の計画は何らか延長して継続していると述べている一方，4 分の 1 は自分の自立計画の内容がひとつもなされていないことを報告していた（Morgan and Lindsay 2012）。

養護を離れる準備にあたり，若者は以下のような援助を望んでいる。

・金銭管理，買物，料理，掃除など実務的スキル。
・自分の身の回りの清潔を保つこと，食事と健康，性的健康，薬物や飲酒へのアドバイスなど，自己管理スキル。
・それぞれのウェルビーイングを含めた情緒的スキルと対人関係スキル，そして役所の職員や家主や雇用者とやりとりするための交渉のスキル（A National Voice 2005; Dixon and Stein 2005; Morgan and Lindsay 2006; Morgan and Lindsay 2012）。

これら三つの主要な領域においていかに準備しているかは，養護を離れたあとに若者たちがどう対処していくかということと有意な相関関係を示している。とりわけ実務的スキルおよび自己管理スキルは，重要な意味を持つ。一般に，より年長になってから養護を離れた若者と若い女性はその後の生活がうまくいっており，前者は養護を離れるためによく準備することの大切さを強調し，後者はスキル獲得において若い男性にはより注意をはらわねばならないことを示唆している（Dixon and Stein 2005）。準備に関する良い実践例を以下に詳述する。

準備の優れた実践例

ここに取り上げる要点は，評価が確定された優れた実践例の諸側面である。

・若者のニーズおよびそれを充たす方法を明らかにするアセスメント――これは 2000 年児童（リービングケア）法および『移行指針』のもとでのニーズのアセスメントと自立計画過程の重要な部分である。
・若者を計画過程に十分に関与させること――すべての若者がこの決定的な過程に十分に関わっていると感じているわけではなく，計画がつねに更新

第4章　落ち着いた，安全な住居　49

されているわけではないことも明らかとなっている（Morgan, 2009a）。
・判例（*Liverpool City Council v London Borough of Hillingdon*, 2009）では，若者の「希望」は「確定的なものではなく」，「アセスメントされたニーズ」と「福祉」の文脈のなかで考慮されねばならないと示唆している。しかし，このことが計画過程に若者が十分に関わることと矛盾しているとみなされるべきではない。
・話し合い，交渉，危機管理に関わりながら，参加への機会を提供し支援を継続すること。
・安定した委託という状況で，ゆるやかにスキルを学習すること。
・養護期間中および養護を離れる時期にスタッフが継続的に関わること。
・ケアリーバーを援助すべく訓練されているケアラー。

（出典：Ofsted 2009; Stein and Morris 2010）

準備はまた，民族的特性，文化，若者にあてはまるすべての障がいに対応されなければならない（Barn, Andrew and Mantovani 2005; Oruestket *et al*, 2003; Zeira and Benbenishty 2011）。リービングケアスキームとプログラムの専門家は，ケアラーをスキルトレーニングプログラムで援助することができ，またアフターケア段階での集中的な補償的援助の提供によっても可能である（York Consulting Limited 2007）。

住居の選択

地方自治体は，「（若者に）適切な住居を提供すること，あるいは，適切な住居で暮らせるようにすることにより……関連する児童福祉を保護し促進」することを求められている。これは，『移行指針』の住居の項で定められている。

・ほどよく実践的な範囲における，健康ニーズを含めた子どものニーズに照らし適切であること。
・自治体はその責任において，家主ないしその他の供給者の特性と適性が十分であることに関心をはらうこと。

・賃貸住宅では衛生と安全基準を満たしていること。
・自治体はその責任において，合理的な実務の範囲内で子どもに関する次のことを配慮する。
　－望みと気持ち
　－教育，職業訓練，雇用のニーズ
　　　　　　　(Regulation 9(2) Care Leavers (England) Regulations 2010)

住居が適切かどうかを決定する際には，『ケアリーバー規則』（*Care Leavers England Regulations 2010*）のスケジュール2と『養護計画，委託およびケース総括，イングランド規則2010』（*Care Planning, Placement and Case Review England Regulations 2010*）のスケジュール6にリストアップされている諸要因を考慮しなければならない。それは次のとおりである。

1. 住居に関すること
   ・設備とサービス
   ・修理状態；安全
   ・立地
   ・支援
   ・借用条件および
   ・対象となる子どもおよび子どもの負担可能経済力に対する財政的関与
2. 「対象となる子ども」に関すること
   ・住居についての意見
   ・住居に関連する子どもたちの権利および責任についての理解，そして
   ・資金調達への理解

第3章で検討されたように，個別アドバイザーはニーズのアセスメントおよび自立計画過程の一部として，若者が「適切な住居」で生活することを推進する中枢的な役割を担っている。

戦略的な計画と連携は，「適切な住居」の供給に欠かせない。1989年児童法第27条のもと，地方自治体はニーズのある子どもたちと社会的養護の子ども

第4章　落ち着いた，安全な住居　｜　51

たちに関連した機能を実行するなかで子どもたちを援助するため，住宅局を含めその他の当局にも要請することができる（児童法第3部）。ほかの自治体は，その要請が法的義務に適合するものであるかぎりは応じなければならない。戦略的計画を成功に導く主要な要素は，『我が家への旅路：ケアリーバーの自立した住居への成功した移行』（*Journeys to Home: Care Leavers' Successful Transition to Independent Accommodation*）のなかに NCAS により明らかにされている（National Care Advisory Service 2009）。

> 効果的な戦略的活動は，資金調達とサービスの広範な枠組みに依る。児童サービス，住宅供給機関，その他のサービスは，深い関与，有効なコミュニケーション，連携活動および自治体を横断する共同計画を推進するこの枠組みを支えなければならない (p.9)。

若者はまた自分のニーズに適った住居を選択したいと望んでいる。ナショナルボイス[1]（A National Voice）は 271 人の若者を調査し，半数以上（55 パーセント）の若者が「選択の余地がなかった」と感じ，3分の1（32 パーセント）は住居が「ニーズにあっていなかった」と感じていることがわかった（A National Voice 2005）。若者の意見についての別の調査では，4分の1以下の若者が劣悪な住居で生活していると考え，自分の住居が適切であると思ったのは 60 パーセント未満だった。同調査では，住居を「良い」または「ひじょうに良い」と評価した若者は4分の3未満で，10人に1人が「悪い」または，「ひじょうに悪い」と評価した（Morgan 2009a）。

養護を離れる際の最初の住居に関するケアリーバー研究では，以下のことが明らかにされている。

・実家族の住居に戻る若者。
・法的には養護を離れた後にも里親養育にとどまる若者，それは「支援的宿舎」となる。
・支援的住居（支援的宿舎，ホステル，フォアイエ［支援的ホステルの住居を提供すること］，立ち退き防止支援を伴った独立した住居および自立訓練アパート）。

・独立した住宅（公営住宅と民間借り上げ住宅）。
・その他の状況（簡易宿泊所，友人，拘留施設）(Simon 2008; Wade and Dixon 2006)。

　住居選択の範囲は，選択肢を供給するうえで重要である。このことは養護を離れる若者への援助と供給を確保するために「社会的共同親」として活動している地方自治体の貢献と同様に，地元の住宅供給業者の影響も受けやすい (National Care Advisory Service 2009; Rainer 2009)。
　サービス提供者たちは，住宅供給を増やす様々な方法に力を注いでおり，それには次のようなものがある。

・相互的な運用規定を展開させることと住宅局や住宅協会とのパートナーシップで活動すること。
・ケアリーバーの住居のニーズに関する社会的共同親委員会に訓練を提供すること，およびこの過程に若者が参画すること。
・評議員も含め，「人を支援する」(supporting people) 基金を活用して社会的養護の若者のための「共同買い入れ」を計画すること。
・里親委託先に「さらにとどまる」(staying put) 事業に着手すること。
・「家族と友人」による養護への財政的支援を提供すること。
・農村地域での供給を活発にするために住宅供給職員を採用すること。
・他の地方自治体で住宅供給業者とともに地域で活動すること。

　サービス提供者たちはまた，小さな地方自治体が住宅を提供することや成人期まで延長された支援を提供するうえでの問題にも注意を怠らない (Stein and Morris 2010)。しかし住居の種類それ自体からは，ほとんど何もわからない。若者がいま住んでいるところが好きか，その家が彼らおよび彼らのワーカーたち一人ひとりのニーズに適っているかどうか，若者が自分の住居を管理するスキルを獲得しているかということは，等しく関連している事柄である (Wade and Dixon 2006)。

安全であることと安全と感じること

　安全であることと「安全と感じること」は，若者にとり最優先事項である（A National Voice 2005; Morgan and Lindsay 2006; National Care Advisory Service 2010a）。「生活するのに安心かつ安全な場所」は，若者が「適切な住居」をかまえるうえで最も重要な事項である（National Care Advisory Service 2010a）。若者にとり「安全であること」とは次のことを意味している。

・近隣地域が「友好的であろう」と努める「良い立地」で「相対的に犯罪のない地域」に生活すること（A National Voice 2005, pp.8-9）。
・「荒廃した」地域および一時的な住まいや仮の住まいに住居をかまえないこと。そうしたところは，しばしば薬物取引や売春があり，強盗の被害者になりやすい（National Care Advisory Service 2010a）。
・交通機関，教育，職業訓練，雇用へのアクセス手段があること，とりわけ商店，医院，娯楽施設などの施設に近いこと。
・友人や家族などとの支援ネットワークをもち，孤立した地域――特に交通機関への接続が悪く費用負担が大きいところ――で生活しないこと（National Care Advisory Service 2010a）。

　非白人や少数民族出身の若者たちは「治安が悪い」白人居住地域における夜間の外出で身の危険を経験していることが実証されている（A National Voice 2005）。また安全と感じるために若者に重要なのは次のことである。

・彼らが生活している物理的環境の条件：一部の若者は寒さや湿気，壁の崩落や侵入者といった自分たちが生活しているところの物理的状態を心配している。
・次のようなサービスが利用できること：暖房，温水設備，電気，電話，テレビアンテナ，24時間食料が買えるコンビニエンスストア，床が整備されていること，家具や収納設備（National Care Advisory Service 2010a）。

・安心を感じること——自分の部屋と鍵をもち，部屋を施錠できること，共用部分に照明があること，共用部分が施錠できること，必要な場合には助けを求めるための携帯電話を持っていること，煙探知機があること，自分の持ち物が安全に保管できる場所があること。健康と安全の点検をすること——若者たちの一部は貧弱な保安，電気設備の不具合，危険な階段を経験していた（A National Voice 2005; National Care Advisory Service 2010a）。
・安全な遊び場があること——若年の親たちは，適切な遊び場や安全なフェンスがない住居で生活していた。

ロンドンにおけるリービングケアサービスの監査報告書によると，最も傷つきやすいグループにいるとみなされる「自治体委託の解除」で戻ってきた若者は，公的な調整がないかぎり，社会的住居ないし公団住宅にアクセスするのは特に困難であることが明らかになった（Vernon 2000）。サービス供給者のフィードバックには，ある地方自治体が「行政区による支援から」戻っている複雑なニーズを抱えた若者すべてに，21歳まで利用可能な支援の場を提供しているという実例が含まれている（Stein and Morris 2010）。また，長期間「地域外」で過ごしてきた若者たちはそこにとどまることを望むこともわかった。——そして，どこに住みたいのか若者に意見を聴くことが必須であった（Stein and Morris 2010）。

障がいがある若者もまた，障がい担当チームとリービングケアサービスとの間での不十分な計画の結果，通常の住宅供給担当につながらない場合があり，そのため専門家による障がい者計画内に制限されている（Morris 2002）。ケアラーとともにいるこのような若者にとり，安全であることは，「物理的かつ情緒的に護られている」，「いかなる危険にも出会うことはない」と感じられることを意味していた。定住することは，「ケアラーと良好にやっていくこと」を意味していた（Stein and Morris 2010）。

実務的かつ個人的支援

若者は，困難に陥ったときも含め，養護から離れるときや新しい住まいに移

るとき，移るための準備に実務的な支援と個人的な支援を望んでいる。

16歳から23歳までの若者の調査からは，移動前にその地を訪ねることを含めた移動計画作成支援，自分の住居に必要なものを調達するときの援助，移動の際の援助，内装を含めた自分の住まいを整える際の援助を望んでいることを明らかにしている。彼らはまた，金銭管理と家事を含んだ自分の住居の管理のための援助も望んでおり，──「ケアラーが自立を助けることが重要である」。若者は，ケアラーが若者を「特別な人として」理解し，若者が「自分自身の力で生きぬくことができることを証明する機会」を必要としていることも認識するために，訓練と支援が必要であることを認識していた（Stein and Morris 2010）。

NCAS（全英養護諮問事業）が，「適切な住居とは何か？」について93名の若者の意見を調査したところ，85名（92パーセント）の若者が，「24時間連絡可能な支援にアクセスできること」が「きわめて重要である」と考えていた（National Care Advisory Service 2010a, p.17）。「移動する」ための準備においては，NCASの調査によると，若者の90パーセントは，自分たちは「借用同意書にある自分の権利と責任の本質を理解すること」そして「費用の詳細が契約に書き込まれていること」は「きわめて重要」であるという意見だった（p.19）。また移動の準備では，必要事項がすべて入っているか確認するために契約書に目を通してくれる人も含めて，彼らが借用同意書と費用について明快かつ容易に理解できるようにするための情報がぜひ欲しい（p.19）。住まいを整える際に若者は，引越しのための搬送や初めての大きな買物への援助と──自分の住まいをわが家らしく整え，飾りつけることへの援助を望んでいる。また，引っ越してまもないころは，金銭管理や保険給付手続きの援助を待ち望んでいる。

若者は，折にふれて「孤独感や抑うつ的な気持ち」になることも含めて，社会的ニーズと情緒的ニーズのいずれをも認識しながら，個人的支援の重要性をよくわかっている。自分たちが仲良くでき，自分たちが信頼できるワーカーを望み，やると言ったことを実行し，自分たちに敬意をもって対応する人の重要性に気づいている（Ofsted 2009）。一般的に，週末や夜間のような通常の勤務時間外をも含めたより連絡がとりやすく，利用しやすい支援を望んでいる（A National Voice 2005; Morgan and Lindsay 2006; National Care Advisory Service 2010a）。障がいがある若者は，社会的ネットワークにつながるためのさらなる支援を切望

している (National Foster Care Association 2000; Priestly et al. 2003)。英語を学習中の難民申請者たちもまた個人的支援へのさらなるニーズがあり，特に第10章で検討されているような社会的ネットワークを構築するうえで支援のニーズがある (Chase, Knight and Statham 2008)。

リービングケアサービスは，これらの支援のニーズにどのように応えているだろうか？　児童権利局は最近養護を離れた若者135名に調査を実施し，70パーセント (94名) が，彼らが養護を離れた後に受けている支援の質は「良い」あるいは「ひじょうに良い」と評価していた。しかしこのことは20パーセントが「まあまあ」であり，6パーセントが「よくない」，4パーセントが「きわめてよくない」ことを意味していた (Morgan 2009a, 2009b)。同様に，ナショナルボイス (A National Voice) による調査では若者の約3分の2が自分が受けたアフターケア支援を「幸せ」あるいは「ひじょうに幸せ」と回答し，同様の割合の人たちが問題が生じたときにリービングケアサービスから受けた援助が役立ったと感じていた (A National Voice 2005)。

2000年児童 (リービングケア) 法の導入につづいて実施されたふたつの研究は，このような肯定的な結果を反映していた (Simon 2008; Wade and Dixon 2006)。最初の追跡研究では，ほぼ全員の若者 (93パーセント) が住居問題で「良い」ないし「まあまあ」に達する支援を受けていた。その後のフォローアップ (養護を離れて12〜15か月後) では，4分の3が適切な住居で生活しており，若者の3分の2が自分の住まいがより充実するよう手入れする援助を受けており，かつ5人に4人以上は住まいを見つける援助を受けたと報告している (Wade and Dixon 2006)。

第2の研究は，「若者の移行は実務的支援と情緒的支援の両方によりいかに円滑になされてきたか」に主眼を置いていた (Simon 2008, p.98)。教育監視監査局 (Ofsted) による調査では，時間外支援，問題解決アプローチを「実施可能にする」高い関与，社会的施設や余暇施設へのアクセスの援助を含めたリービングケアチームによる高水準の実践事例を複数提示している (Ofsted 2009)。しかしメンタルヘルスサービスでは，ケアリーバーの経験に基づく高いニーズには応えてきていないことも実証していた (Cameron et al. 2007; McAuley 2005)。

サービス提供者たちは，より課題のある情緒的かつ行動的ニーズのある若者

のニーズに見合う資源が欠けていることを強調し,提案と実践例として次のことをあげている。集中的な支援を行っている隣接する地方自治体同士の相互委託をグループ化し,委託サービスへの地域アプローチを発達させていくこと(進行中および時間外),若者が里親養育および施設養育に戻る機会を与えること,移行のときに成人のサービスと協同しつつ活動すること,幅広い支援的住居を提供すること(宿舎,集中的な居住型支援プロジェクト,自立訓練アパート／移行期向けアパート)などである (Stein and Morris 2010)。

社会的ネットワーク:家族,友人および元ケアラーからの支援

若者は,家族,元ケアラー,友人などの非公式な支援から恩恵をこうむることもある。「家族の感覚」を持つことは,他の若者と同じように——たとえ自分とうまくいかない家族だったり多くの若者にとっては家に戻るのは考えられなかったりする乏しい家族関係だとしても,象徴的な意味で重要である (Sinclair *et al.* 2005)。この問題について限られた調査が明らかにしたことは,次のとおりである。

- 一部の若者は,歳月を経て,自分の親との接触を増やし和解することができている (Wade 2008)。
- 特に同じ地域に居住していれば,親や友人たちは実務的な援助と同様に,住居について困難に陥っている若者に援助をすることができる。そしてこうした実務的な援助には金銭や付添同行が含まれている (Simon 2008)。
- 若者の多くは,もしも助けが必要な場合に戻ってゆく人として「母親」をあげている——兄弟姉妹,叔母(伯母),姪,甥そして祖父母もしかりである (Dixon and Stein 2005; Wade 2008)。
- 一部の若者は自分の里親養育者との関係を維持し続け,自分の配偶者の家族と良好な関係をもつことができた (Sinclair *et al.* 2005)。
- 里親養育者との愛着を明確にした実例がある——若者が大学在学中に,そして若者が帰ったときには全面的に宿泊させていた里親養育者は,委託料を支払われていた (Sinclair *et al.* 2005)。

養護で生活してきた経験は，若者の社会的ネットワークを抑制したり妨げたりするかもしれない。養護で過ごすことや度重なる委託の変更のために人と違うのだという想いは，学校や近隣地域での利那的できわめて脆弱な友人関係をもたらし，養護を離れるときには社会的支援の欠如をまねくことになる。この時期の彼らの傷つきやすさは，自尊心の低さや自律性の欠如により増幅されてしまいがちである（Ridge and Millar 2000）。

　しかし家族の再生には，良いことも悪いことも混在している――ときにはそれが助けになり，またときにはそれが過去の困難を呼び起こし，失望のもとになる。里親養育を離れる一部の若者は，実家族により負わされてきた傷のためそのトラウマから離れることができないでいる――彼らは踏み出せず，心理的に躊躇してしまい，養護を終えた生活に満足する（McAuley 2005; Sinclair et al. 2005）。しかしブレイクスリー（Blakeslee）（2011）が論じてきたように，「安定した支援関係を通じて提供される社会的ネットワークは里親養育から移行する若者にとって決定的に重要である」にもかかわらず，移行の時期の公式的と非公式的な社会的ネットワークの貢献の結果は綿密に調査されてはいない（p.2）。

助言指導の枠組み（メンタリングスキーム）

　助言指導の枠組みもまた，養護を離れる若者に支援を提供するであろう（Ahrens et al. 2008; Clayden and Stein 2005; McBriar, Noade and Ringland 2001）。メンタリングスキームは，ケアリーバーの成人期への旅路を援助するなかで，家族や友人による非公式な支援と公式的ないしは専門的支援との間の隔たりを埋めてゆくものとみなすことができる。レジリアンスに関する研究では，傷つきやすい若者が多岐にわたる問題を克服できるよう助けるべく，彼らの生活に一貫して寄り添う大人の重要性を強調することでメンタリングを支持していた（Stein 2005）。若者は，自立までの移行期間にメンター（助言者）から受けたアドバイスを重んじている。彼らは，メンタリングは，特に彼らの住居の維持に関する重要で実際的な助言，教育および仕事をみつけること，人間関係の問題，自尊心を確立し情緒的ウェルビーイングを向上させていくうえで，自分たちの助けとなったと考えている。メンタリングの影響についてのメンターの意見は，一

般的に若者の意見を反映している (Clayden and Stein 2005)。

財政的支援

『移行指針』は，若者が住居費用を支払い，維持するのに不可欠な「財政的準備」は，ニーズのアセスメントと自立計画において取り組まれるべきだと，断言している（補遺1，7財政的準備参照）。

若者が，教育，雇用，訓練と同様に自分の住まいを維持するための財政的支援の大切さを鋭く認識しているのは，もっともである (Morgan 2009a; Morgan and Lindsay 2006)。養護を離れた者を含めて不利な状況にある若者は，自分たちが資格がないために阻まれていると気づいている (Calder and Cope 2003)。一部の若者の将来への期待が著しく低かった (Jackson and Sachdev 2001)。2000年児童（リービングケア）法の導入以後実施された追跡研究では，次のことを明らかにしている。

- 養護を離れて約12～15か月たっても16歳以後の継続教育を修了していない若者がいる。
- 「良好」な住居状況は，「良好な」キャリアと精神的なウェルビーイングの「成果を媒介している」。
- 特化したキャリアアドバイスの重要性。
- 高齢（18歳以後）になってから養護を離れることは，肯定的なキャリア成果に寄与する。
- より若年で養護を終えたり，メンタルヘルスや情緒ないし行動に問題がある若者は，低いキャリア結果につながる可能性が通常の2倍以上ある (Wade and Dixon 2006)。

2000年児童（リービングケア）法のもとで受けた財政的支援に関し，若者が受けたリービングケア助成金（住まいを整えること，教育と雇用への金銭的援助を含む）の総額に見られるかなりの違いについて3つの調査で実証している (A National Voice 2005; Care Leavers' Foundation 2009; Morgan and Lindsay 2012)。

2005年にナショナルボイスが271名の若者を対象とした調査では，住居を整えるために受け取った金額はゼロ（29パーセント）から2,000ポンドあるいはそれ以上（1パーセント）まで幅広かった。調査した231名のリービングケアワーカー／個人アドバイザーの84パーセントが，助成金はもっと増額されるべきだと考えていた。80名の住宅供給ワーカーの68パーセントも同じ意見だった（A National Voice 2005）。ケアリーバー財団の調査では，若者が自立した生活をするために最小限基本的な家具と主要なものを購入するのにひとり2,500ポンドが必要と算出した――しかし調査した150の地方自治体のうち，この金額を提供したのはたった一つだった（Care Leavers' Foundation 2009）。

　イングランドの子どもの人権局が実施した若者の意見を基盤にした調査では，3分の1以下（29パーセント）の若者が日常生活に関わる財政的援助が「十分」ないしは，「ほぼ十分」と回答し，4分の1は「十分にはほど遠い」だった（Morgan and Lindsay 2012）。同調査では，半数以上（56パーセント）が教育ないし職業訓練に向けた何らかの財政的援助を得ているが，それが「十分」ないし「ほぼ十分」と感じているのはわずか19パーセントであり，16パーセントは「まったく不十分」であると回答していた（Morgan and Lindsay 2012）。

　NCASは政策文書において，ケアリーバーが18歳の時点で給付金を要請すること，それには自分の収入と家計を管理すること，そしてそれまでの里親養育者による委託を継続する，一部基金として住宅給付金を申請するという問題を強調している（National Care Advisory Service 2010b）。これは，家庭にとどまっている同年代の若者やこうした特典を要求しない若者から特に継続教育を受けているケアリーバーを区別しているという議論がある。現在の支援の複線的システム（給付金と地方自治体支払い）は，支援における不整合，教育，職業訓練，雇用に入ってゆく意欲を失わせること，傷つきやすい若者の自分の住居の維持における問題，これからも一緒に住むのに，これまで里親養育者だった人が「大家」になることで感じる違和感，という結果をもたらすことを示唆している。「社会的共同親」としての地方自治体は継続教育を受けているケアリーバーが21歳に達するまで（親がするように）財政的支援を供給すべきだ，ということを提案している（National Care Advisory Service 2010b）。

決定に関与すること

　若者は自分の住居のニーズを含めた個人的な養護と自分が受けるサービス両方の決定に関わりたいと望んでいる。前者については，先に述べたように，その過程の様々な段階において多岐にわたる実践があることが実証されている。多くの若者が関与できたと感じているにもかかわらず，彼らが養護を離れるとき真の選択をした，ないしは自分についてのアセスメントや自立計画に関わった，「適切な住居」と彼らのニーズに適った支援を実際に選択した，とすべての人が思っているわけではない (A National Voice 2005; Morgan and Lindsay 2006; National Care Advisory Service 2010a)。あらゆるサービス内容合意書が 18 歳以上の若者を含んでいるわけではないが，住居問題を含め，アドボカシーサービスは若者の役に立っていることが証明されている (Ofsted 2009; Stein 2009b)。

　若者が，自分たちが受けているサービスの形成に携わっている実証がある。このことは，支援的宿舎と里親委員会，社会的共同親委員会，地方自治体の青少年審議会，児童養護審議会および住居問題とホームレス問題の関連団体を含めた様々な戦略的団体への参加を含んでいる (National Care Advisory Service 2009; Ofsted 2009)。スタッフのトレーニングと採用，評議員および上級スタッフとの会議や研修に「社会的共同親」として参加し，他の社会的養護の若者のピア・メンターとして援助などに関わっている。一部の若者は，ナショナルボイスや NCAS の活動でも積極的な役割を担っていた。

要　約

　本章で検討された研究は，「落ち着いた，安全な住居」で生活することについての若者の意見を含み，そのことは様々な段階に関与してゆく過程の一部としてみなすよう示唆している。

・いつ養護を離れるか自分で選択することができる——16 歳や 17 歳で養護を離れるよう求められているということではない。専門家たちは率先して，若

者が養護により長くとどまるように奨励するようになってきていることが実証されている。法令の見直しの条件と独立審理審査官（IROs）とアドボカシーサービスも，若者が準備でき，離れる用意ができたと感じたときに養護を離れることに尽力しなければならない。

実務，自己管理，情緒的および対人関係のスキルと移行に対する気持ちの整理。すぐれた実践の評価は，若者と全面的に関わりつつ，継続的な支援および危険をいとわぬ覚悟（リスクテイキング）を経験する機会，スキルを段階的に学習すること，連続性と若者を援助するための研修を受けているケアラーを提供しつつ，アセスメントの重要性を強調している。

アセスメントされたニーズに適った住居を選び，若者がもっているさらなるニーズを考慮すること。

良好な健康状態で安全な地域に居住することと，商店や教育機関，娯楽施設など生活を快適にする施設に近いこと。

十分に支援されること——リービングケアワーカー，メンターそして家族や友人による支援を含めた前向きな社会的ネットワークを構築することで，十分に支援されること。

教育，雇用ないし職業訓練を受けること，収入を得ること，適切な財政的援助を受けること。

◆訳注
（1）養護を経験した，または現在経験している若者たちにより運営されている英国の団体。ホームページ，www.anationalvoice.org

第5章

ケアラーたちと住居

> 彼女はいつも私のために，そこにいた……私に問題が起きたら，
> それを彼女に話すこともできたし，解決するのを助けてくれただろう……
> 私は自分の問題を話すことができた。私は愛されていたのだ。

本章は，里親養育者，施設養育者，親族養育者および実家族を含めたケアラーたちが，どのように住居の問題で若者を援助できるかについて検討する。本書の中心的なテーマは，若者が住居の問題を含めて成人期への主要な自立の進め方が彼らが受けている養育の質と一部でいかに結びついているということである。安定した高い質の委託を提供してきているケアラーたちは，若者の現在および未来のウェルビーイングの情緒的基盤を提供していることになる (Sinclair *et al*. 2007)。250名の若者の意見に基づいたピアリサーチでは，「ケアでベストなこと」として次のことを挙げている。情緒的な安心とケアラーに支えられていると感じること，安全と感じること，楽しく寛げる機会があること，自己成長の機会があること，財政的および物質的な支援があること，新たな友人関係，絆，社会的スキルを獲得すること (Miller and Sweetman 2007) などである。大半の若者にとりそれぞれの自分たちの家族は，彼らに成人期への足掛かりや踏み台を提供しているのだ——この過程で，ケアラーは若者をどのように支援できるだろうか？

里親養育：委託の延長と支援的宿舎

里親養育者は，委託の延長で「18歳以降もとどまる」か，「独立型」支援的宿舎を若者に提供している。そこでは，ホームレスを経験してきている若者を対象にした支援的宿舎のスキームをもつものもある。2011年に実施された6

の支援的宿舎スキームを対象とした全英基準評価調査では，大多数は，少なくとも2年間は維持され，3分の1は10年以上にわたり運営されていた。スキームの大半は，地方自治体の組織内のスキームにあり，里親養育かリービングケアチームにより運営されており，1人から5人までのホストあるいはケアラーや，50人以上のケアラーを有するスキームなど，多様だった——しかし大半は20人未満の若者を対象に活動していた。若者の多くは，1年から2年をそこで過ごしていた（Fostering Network 2011）。

委託の延長

　良質な養護を基盤として，里親養育者は，自分たちの住居を若者が望めば18歳を過ぎても住居にとどまれる機会を若者に提供することで若者への援助を可能にしている。このことは，若者が養護を離れる準備が整ったとき，徐々に養護を離れることができることを意味している——他の若者たちの旅路がそうであるように。複数の調査研究が，多くのケアリーバーが経験してきた急きたてられたり圧力をかけられたりする移行とは異なり，より良い結果と結びついていることを示している（Courtney, Lee and Perez 2011; Stein 2004）。政府がこれらの調査結果をふまえ，2008年にイングランドの11の地方自治体へ18歳以降も委託先にとどまること＋家庭委託（Staying Put 18+ Family Placement Pilot）プログラムを導入した（以下参照）。

Staying Put 18+Family Placement パイロットプログラムの評価

　同プログラムは，2008年7月に11の地方自治体で導入され，「確立された家族関係」を持つ若者が21歳になるまで自分の里親養育者のもとにとどまる機会を提供している。2009年から2011年にかけて評価が実施され，その内容はマッピング・エクササイズおよび11の実施自治体の局長への面接，そして若者（委託先にとどまった者21名，そうでない者11名）へのピアリサーチ面接，ケアラーと個別アドバイザーへの面接およびプログラムを遂行する費用の見積もりを算出するためのデータの収集である。

主要な知見：18歳以降も委託先にとどまることの利点

- 若者に制度から「追い出され」ているという感情を体験させるのではなく，養護から成人期への移行のタイミングを自分で管理する能力を与える。
- 若者が養護のもとにあったことで，不利益を被らない。一般人口で同年代の若者たちがしている経験により近づいた移行の機会が提供される。
- 成熟かつ成長し，自立のための準備と支援を受けられる家庭環境に若者がとどまれるようにする。
- 委託先にとどまっているグループは，そうでないグループと比較して，より教育，雇用，職業訓練に関わり持続していた。19歳でフルタイムの教育を受けている者が2倍以上，19歳でフルタイムの職業訓練および雇用にある割合が高く，教育，雇用，職業訓練を受けない人たちが，委託を離れた人たちよりも少なかった。
- 里親養育者による委託の延長の決定と若者が委託先にとどまりたいと思うことの双方に影響を与えている重要な要因は，両者の関係の質および愛着の度合いである。このことは，効果的な養護計画とマッチングの重要性を強調している。
- 少人数の若者を調査対象とした詳細な質的データでは，委託先にとどまらなかった者は，養護を離れた後に複雑な移行の過程や不安定な住宅事情を経験しがちなことをあらわしていた。

課 題

- 先駆的事業実施自治体の大半は，若者は「確立された家族関係」をもち，EET（教育，雇用または職業訓練）を受けなければならず，高齢児（10代半ば以降）になってから養護に入る者や不安定な生い立ちの者，情緒的かつ行動的な問題を抱えている者，教育にも雇用にも職業訓練にも身を置いていない者など，より傷つきやすい若者が潜在的に排除されている。
- 必ずしも委託先にとどまることを望んだり，とどまることが可能な若者のすべてが，成人期まで継続的支援サービスを必要としているわけではない。

（出典：Munro et al. 2012）

18歳以降も委託先にとどまることの主要な目的は次のとおりである。自分の里親養育者との愛着を育み築くことである。他の若者が自分のペースで自立へと動き出し、より緩やかなやり方で成人期へ移行するために家族の支援を受けるように、自分の里親養育者との愛着を育み築くこと、若者が安心して教育、職業訓練、雇用で達成できること、最終的な養護委託から大事な自立へと動き出すタイミングについて若者の意見を重視することである。

　北アイルランドで実施された、若者が21歳まで自分の里親養育者のもとにとどまる里親養育スキームの評価は、その役割を、若者の成長を助け、自立できるようにすることと記している（McCrea 2008）。里親養育者には次に挙げるような直面する問題に関し若者を援助する態度、スキル、能力が必要であることを示している。

- 教育、職業訓練、雇用に向けてやる気を起こさせ、励まし、若者が適切な仕事を見つけられるよう助けること。
- 若者の将来について決定すること。
- 過去の問題に取り組むこと、人間関係や社会的ネットワーク、友人関係を助けることを含めた情緒的支援。
- 対人関係スキル、自尊心と他者との境界を確立することおよび意思決定。
- 若者を支援するための財源および彼らの興味や趣味を維持し、時流にかなった装いをするための財政的支援。
- 住まいの管理や維持、金銭管理および借金返済管理など自立のためのスキルおよび自立した生活に向けての準備を助けること。
- 若者の実親との接触を支えること。
- ピアサポートの支援の機会。

　この評価は、若者の大部分が、里親養育者がこれらの点において自分たちのニーズに適合していること、そして若い成人に対する「親役割」の変化を理解していることに成功していると考えていることを示している。里親養育者は、自分たちの役割を支える「介入」に関して、受けた支援を歓迎しているが、次

第5章　ケアラーたちと住居　　67

のことも望んでいた。

- 個別アドバイザー，ソーシャルワーカーおよびケアラーのそれぞれの役割と責任をより明確にすること。
- 彼らの役割に関連した特定の問題に対するさらなるトレーニング（上記で明確化されたように）。
- ピアサポート会議の機会。
- 教育，雇用，職業訓練そして特にライフスタイルの問題についてこの年代の若者を支えるのに必要な費用としての財政的支援の増加。

　北アイルランドでは，養護にいる 16 歳以上の若者の 25 パーセント近くが里親養育者および親族養育者により委託延長されている（Fostering Network 2011）。より前進した（Going the Extra Mile : GEM）プログラムの目的は，若者が 18 歳に達した後も委託を継続することである（以下参照）。

より前進した支援的宿舎スキーム

　GEM スキームは，北アイルランドに住むケアリーバーのための自立計画過程の部分をなす選択肢のひとつとして用意されている。養護にいる 16 歳以上の若者の 4 分の 1 近くが GEM の下にあり，その数は年々増加している。3 年間で 110 万ポンド以上が，「支出抑制」を基盤としている GEM スキームのための社会サービス予算から例外的に使途限定で予算提供されてきている。このモデルは柔軟で人間関係を維持することに焦点を置き——若者がギャップイヤー[1]を取ったり，大学を去ったり，自立して生活するために離れていったもののうまくいかずに戻りたいと思ったとき，若者が帰るべき住まいがあることを保証するにすることを目指している。

スキームの目的
- 委託の連続性と安定性を提供すること。
- 教育，雇用，職業訓練におけるより良い支援。

- 養護を離れてからのノーマライゼーション。
- ケアラーの貢献を評価すること，彼らの多くは自分たちの養護下にある若者に深く関わっている。
- 若者に選択させること。

スキームの主要な諸側面
- GEM は里親養育者に給付金の支給を継続しており，それは最高 1 週間につき 152 ポンドまでで，16 ～ 17 歳の養育時に支給される最高額である。
- 里親養育にある者ないし 16 歳以上になっている者であればだれでも，スキームの選択肢が与えられる。もし若者が必要とする場合には，2 回ないし 3 回かそれ以上戻る機会を提供している。
- きわめて広義に定義して教育，雇用，職業訓練に身を置いていることは，適格性における必須条件である。
- ケアラーは，GEM ケアラーの可能性を残していなければならない。
- 財政基準は，物価スライド制である。
- 若者とケアラーが支援において必要とすることは，自立計画を通して観察される。ソーシャルワーカーは定期的に，委託がどのように進行しているか査定する。

スキームの利点
- 若者が，より十分に準備され，緩やかに成人期へ移行できる。
- 養護を離れた後の若者の未来の福祉への投資となる。
- 若者が EET（教育，雇用，職業訓練）により身を置きやすくなる。
- ケアラーは「良き親たち」であることが認識される。

スキームの課題
- もちこたえることと成長を受容すること。
- 里親養育者への給付金の上乗せ。
- 成人の障がいとの接点。
- ケアラーのためのトレーニングと支援。

・特別な養護委託にある若者への適用の限界。

(出典：Fostering Network 2011)

　スコフィールド (Schofield) の研究 (2002) は，前向きな成果を出すために必要とされる「介入」と同じく，里親養育者の質を確かにすることを試みた数少ない研究のひとつである。養護出身の若い成人 40 名の報告をもとに，スコフィールドは「長期里親養育の心理社会的モデル」を提案している。研究は主要な 5 つの領域を明確にしている。愛すること（安心感を促進すること），行動すること（自己有能感を促進すること），考えること（喪失と心的外傷トラウマの解決を促進し内省的機能を発達させること），所属すること（幼児期と成人期に家族の成員であることを促進すること），そして，希望をもつこと（レジリアンスを促進すること［第 12 章参照］），以上の 5 つである。

独立型支援的宿舎

　委託の延長と同じく（ときに「里親養育転換」[Foster Care Conversions] として言及されてもいるが），若者は独立型支援的宿舎に委託されることもある。これはケアリーバーのために特化して発達してきたものであり，またはその他の傷つきやすい若者のグループにも開放されている。しかし，もし 16 歳ないし 17 歳の社会的養護の若者が支援的宿舎に委託されれば，里親委託の定義に適用されるであろう (National Care Advisory Service 2009)。

　独立型規定にはふたつの主要なタイプがある。ひとつは短期間の緊急宿舎で里親養育あるいはチルドレンズホーム委託が破綻するといった危機に対応するために，しばしば提供されている。この場合，緊急委託は，若者がホームレスになることや安全かつ静かな住まい (Safe and Sound Home：SASH) プロジェクト（概要は以下参照）の例にみられるように，不安定な住居生活に行き着くことを防ぐだろう。また，ワーカーや若者に，将来の選択肢を模索する機会を提供することにもなる。

安全かつ静かな住まい

　SASHは4つの地方自治体で実施されており，次のようなスキームで運用されている。

・夜間緊急宿泊所（night stop）――ボランティアの管理者がいる短期間かつ緊急用の住居。
・無料一時宿泊所（Crashpad）――夜間緊急宿泊所の長期対応。
・支援的宿舎――最大2年間の管理者／ケアラーがいる住居。

　夜間一時宿泊所にたどりついた若者は，そのあと無料一時宿泊所そして最終的には支援的宿舎という自立的住居へと継続利用することが可能である。無料一時宿泊所は，若者が支援的宿舎へと移動するにあたってのアセスメント地点として活用される。SASHは，ヨークシャーにまたがり，管理者／ケアラーが携わっている。支援的宿舎は，成人期の生活に向けてより良い準備のために若者の行動を形成し，修正する環境を提供する。
　SASHチームが若者と共に活動しながら目指している活動は，次の点で価値あることである。敬意をもつこと，他者を助けること，正直で良心的であること，公平であること，そして大人になるため若者と関係をつくること，である。
　若者たちは自分の問題が収束し新たなことが開始する始まりとして，このスキームに参加するよう働きかけられる。管理者／ケアラーにもまた，若者の志を理解し支援するためのトレーニングがなされている。

（出典：Fostering Network 2011）

　第二の選択肢は，より長期間の支援的宿舎である。養護から成人期までの若者の旅路において，彼らを支援するために活用でき，ケアラーのスキルと若者に提供される援助に依る，既述した委託延長の貢献にきわめて近いものである。それらは，住居を維持してゆくこと，立ち退きを回避すること，教育や仕事を継続すること，社会的活動に参加することに関わる若者の生活にきわめて肯定

的に貢献していることを実証しているが，ケアラーと関係を築けない，教育，雇用または職業訓練に関わっていないというきわめて複雑なニーズがある若者には適していないであろう（Fostering Network 2011）。

　英国の支援的宿舎スキームの調査では，養護を離れた若者の10～25パーセントは，（緊急的または長期での利用も含めて）1年間は支援的宿舎で生活していたことがあり，およびその質と施設はばらばらであり――地方自治体の違いにより住宅選択肢の一部としていつも利用できるわけではない（Fostering Network 2011）。しかし里親ネットワークは，次のように提案している。

> 地方自治体は若者の住宅選択肢のひとつとして支援的宿舎の柔軟性を認識すべきである……それは若者の自立への移行を支援する機能を十分果たすことができるものでなければならない。具体的には，次のようなものがある。
>
> ・夜間緊急宿泊所（Nightstop）または夜間緊急宿泊所や支援的宿舎に短期間，迅速にアクセスできることは，緊急的な住居としての活用，あるいは家族との修復を通じてホームレス化を防止するための「タイムアウト」を提供することになる。
> ・自立した生活に移行するまでの定着し（落ち着いた）支援的な住居のニーズがある若者のための長期間の支援的寄宿。(1989年児童法の20条に基づき住居を提供される16歳と17歳の養護を離れる若者およびホームレスのため住居のニーズがあるその他の若者を含める。)
> ・ほとんど支援のニーズはないが，安全で手ごろな生活の場を必要としている若者のための下位レベルの支援的宿舎(Fostering Network 2011, p.28)。

里親養育：継続的に支援すること

　里親養育者が若者の住居を支援するもう一つの方法は，養護を離れた後も若者を継続的に支援することである。実証的な調査結果が，次のことを示唆している。

・こうした接点は，当初は一般的だが，時間が経過すると著しく減少する。

一般的に若者にはとても効果的であり，社会的孤立を減らすであろう。生活および社会的スキルにおいて彼らを支援することができる——いずれも，引き続き若者が里親養育者の住居にいる役に立っている。

若者が自分の人生で重大な困難に直面したときには，彼らを助けることは容易ではない。

それは非公式に行われ，自立計画過程の範囲外で財政的支援がない状態での，目に見えない「介入」としてである (Sinclair et al. 2005; Wade 2008)。

ジャクソン（Jackson）とトーマス（Thomas）(Jackson, Thomas 2001) に，「保護観察中の10代の子どもの里親養育」(pro-teen fostering) の実践例がある。これは，ひとりで対応することができない若者が，「再び歩みだす」ための用意をし準備が整うまで自分の委託里親に戻るという取り組みである。プロジェクトはまた，里親養育者にも彼らが養育してきた若者との継続的な接触を維持するための追加的かつ柔軟な財政的支援を行っている。

親およびケアラーたちは，うまくいかなくなった場合に若者が，彼らが養護に戻れるようにすべきだと考えている——「扉は開いている……我が家を巣立った若者のために」，「ケアリーバーは同じような支援を親から受けるかもしれない……生涯ではないとしてもふつうは何年も続くが，情緒的支援という流れでは，……理想的には，ケアリーバーが養護で過ごしていた間に関係を育んできた人と同じ人がいい……」彼らは，ケアラーは，若者たちが元気でいるのを確認するために定期的に会うべきだと信じていた。彼らはまた，若者が生活している地域にもっと専門家が必要で，そうすれば若者が「自治体管轄外」に委託されることがなくなるとも考えていた (Stein and Morris 2010)。

居住型施設のワーカーたち

リービングケアでの若者の住居支援における施設職員の貢献に関する研究はほとんどない (Bostock et al. 2009)。しかし居住型施設養育における社会的教育 (social pedagogical) アプローチの成果についてドイツで行われた調査研究では，養護期間中に培われた教育，生活管理，犯罪検挙数の減少，人格の発達および

社会的関係において肯定的な成果をあげ，大多数の若者が養護を離れた4～5年間，これを維持してきていることを示していた（Stein and Munro 2008）。

社会的教育（social pedagogy）は，異なった訓練やスキルも含めて，英国における居住型施設の活動の実践の異なったアプローチを代表している。キャメロン（Cameron）ら（2011）は，それを「社会的問題への教育的アプローチである」とし，「その範囲は，社会の成員のひとりとして自分の人生に関する決定に積極的に関わり，情緒的かつ思考力のある，身体的存在であるすべての人の問題に携わることとみなされる」（p.8）としている。英国，ドイツ，デンマークのチルドレンズホームについての調査研究では，社会的教育を登用しているドイツとデンマークのチルドレンズホームにおいては若者が適切な住居を見つけるのを助けることは彼らの役割の重要な部分であると考えられていることを示していた（Petrie *et al.* 2006）。またデンマークおよびスペインでは，18歳を過ぎても居住型施設養育にとどまり，成人期に至るまで支援を受けていた（Höjer *et al.* 2008）。

英国のチルドレンズホームにおける社会的教育パイロットプログラムを評価した調査研究では，7か月の追跡結果における比較群とホームとの比較では，行動，情緒，学業の結果および家族との接触の質において有意差はなかった。社会的教育を登用したホームはそうでないホームよりも良くも悪くもなかったが，逸脱行動は比較群よりも発生しやすかった。パイロット群および比較群のいずれにおいても，良質の養護と「意欲的な実践」が見られた（Berridge *et al.* 2011）。

英国の研究結果により，チルドレンズホームを離れた後も若者が施設職員との接触を保っていることが実証されている。それまでのケアラーとの接触を保持していることは若者に有益であり，そしてそれは認知されずかつ支援とはみなされていない「介入」である（Wade 2008）。

社会的ネットワーク：親族養育

2001年の国勢調査のデータによれば，英国における公式および非公式の親族養育の子ども数は14万2,376人であり，そのうち6,870人が社会的養護の子

どもたちで，大多数である95パーセント（13万6,497人）は非公式な親族里親の元で生活していた（Nandy and Selwyn 2011）。国勢調査データではまた，高齢児，特に15歳から17歳までの高齢児が最も親族と生活する傾向にあった。少数民族出身の児童青少年は親族養育人数で大きな割合を占め，特に非白人の割合が顕著だった。

親族養育のケアラーは，祖父母，きょうだい，そして，おば，おじ，いとこを含めたその他の親族の3つに大別される。親族と生活している子どもたちの5分の1から半数は，きょうだいと一緒に生活している。親族と生活している子どもたちは深刻な水準の貧困を経験しており，そのことは健康，社会性の発達および学業成績不良と関連していた。そして多くの親族養育家庭の世帯主は，独身の女性ケアラーで，祖母が最も多かった（Nandy and Selwyn 2011）。

英国の親族養育の子どもたちに関する調査研究は，主として乳幼児に焦点が当てられており，その結果，元親族養護児童が成人したことも含めてこういった委託先からの移行についてほとんど関心が持たれていない（Iglehart 2004; Stein 2009b）。たとえばファーマー（Farmer）とモイヤーズ（Moyers）による親族里親のもとにいた142名の若者を対象とした研究では，85パーセントが15歳以下で親族里親養育を選択されていた。そして研究の焦点──15歳以上の若者21名（15パーセント）も入れて──は，ひとりで生活する前の18歳以下の若者だった。「子どものための計画」という点では，こうした親族養育里親委託の93パーセントは「長期的な住まい」を提供することを目的としており，──「自立のための準備」を計画された年長の若者はひとりもいなかった（Farmer and Moyers 2008）。

ブロードら（2001）による英国で唯一の研究では，若者が安心して住居に定着できるよう援助する親族里親のケアラーの貢献に光を当てている。若者からは，下記のように，親族養育はきわめて肯定的なものと見なされている。

・特に養護後または養護に入らないことで，愛され，価値があり，世話をされていると感じる。
・養護での危険で脅迫的な振る舞いから安全であると感じる。
・自分が話すことに耳を傾けられていると感じる。

第5章　ケアラーたちと住居　75

- 家族，きょうだい，友だちとの接触を通じて，自分がだれであるかという感覚を持てる。
- とりわけあちこちたらい回しされることなく，帰属し，定着していると感じる。

若者に「落ち着いた，安全な住居」を提供するという親族里親養育の潜在的な寄与は発展途上である。現在，イングランドにおける社会的養護のすべての年齢の子どものうち，「家族および友人」に委託されているのは約 12 パーセントだけである（Farmer and Moyers 2008）。これは，里親養育の 80 パーセントが親族養育者により担われているスペインときわめて対照的である。調査研究では，このことをほとんどの若者がきわめて肯定的な経験であるとし，彼らに安定性と成人期のためのキャリア基盤となるものをもたらし，スペインでの里親養育を離れる若者に近い移行の過程であることを示している（Del Valle et al. 2011）。

若者が，きょうだい，おば，おじ，祖父母などを自分の「最も親しい家族」として関わる親族ネットワークのなかの幅広い家族成員と見なしていることが実証されている。しかしソーシャルワーカーとリービングケアワーカーはいずれも，うまくリービングケア計画に関われていない（Wade 2008）。オーストラリアでなされた養護計画に関する調査研究は，親戚および親族里親養育で生活している若者は，自立計画過程に自らの養育者よりも関与していなかったと感じていることを示していた（McDowell 2011）。「ケースワーカーが親族里親養育における『家族』という関係に踏み込むのをためらっている間に，多くの地域で若者の支援のニーズが見過ごされてはならない」と述べられている（p. viii）。

実家族

第 4 章で検討されたように，実家族との関係は良くも悪くも混在しているといえよう。若者に実務的かつ情緒的支援——住居への援助および若者が困難に陥ったときに助けることを含めて——を提供できる実家族は，肯定的な存在である（Marsh and Peel 1999; Simon 2008）。

実親の意見を調査した研究では，若者が養護を離れるときに自立計画にもっと関与したいと思っていることを示している (Stein and Morris 2010)。しかし以前に検討したように，一部の若者は実家庭できわめて否定的な経験をしており，このことは彼らが養護を離れた後も彼らの人生に長い影を落としている。
　この場合，実親の態度，スキルおよび能力のアセスメント——そして親を支援する中で必要される「介入」についても——は，若者が必要とする住居に巡り合うことにおける自立計画過程にとり重要である。自立計画過程の一部として家族グループカンファレンスを活用することは，成人期へと移行する間に若者を援助するうえで家族および社会的ネットワークの強さと弱さを明確にしてゆく効果的な方法であろう (Marsh and Peel 1999)。

要　約

・養護を離れる準備が整うまで里親養育にとどまる若者は，早期に養護を離れる若者よりも，より良い成人期への移行援助がなされやすい。
・若者は支援的宿舎スキームにより援助されている。これは若者に短期的選択肢と長期的選択肢の両方を提供している。「委託先にとどまること」の選択肢は，教育も雇用も職業訓練も受けていない若者やより複合的なニーズがある若者にはあまり利用されていない。
・里親養育および施設養育のいずれのケアラーも，養護を離れた若者を継続的に支援しているが，このことは自立計画では正式な認知を，ほとんど受けていない。
・親族養育へ移っていった若者ないしそこから移ってゆくことで養護を離れる若者に関する調査研究は，ごくわずかである。わずかな実証が，若者からはきわめて肯定的なものとみなされていることを示唆している。したがってその潜在可能性は，今後，解明されなければならない。
・肯定的な実家族との関係は，若者に実務的で情緒的な支援を提供する。しかし否定的な関係は，若者を深く傷つけることになるであろう。
・若者は，実家族を超えて，幅広い家族を「最も親しい家族」と認識しており，そうした家族は支援の潜在的資源とみなしている。しかし，自立計画過程に

おける彼らの関与に関する実証もまた,ほとんど存在しない。
・自立計画の一環として良質のアセスメントと家族集団カンファレンスを活用することは,支援可能な家族と社会的ネットワークを確実にする要である。

◆訳注
（1）英国の教育制度で,大学に進む前の1年間,ボランティア活動などの人生経験を積ませることで,正規の教育だけでは得られないものを補う期間。

第6章

ホームレス，住宅事情，リービングケアサービス

私はかつてワンルーム賃貸に住んでいた……ひとりぼっちで，家族もなく，友だちもなく，孤独で，耐えがたかった。家でうんざりしながら過ごしていた……金銭的な困難に陥り，そして立ち退かされた。

英国全土における一般人口のうちホームレスを経験している若者は8万人以下と推計され，それには法令によりホームレスとして受け入れられた若者や支援的住宅サービスを活用している若者（専門家によりホームレスと定義されている者）および路上生活者も含まれている（Quilgars, Fitzpatrick and Pleace 2011）。英国において法的にホームレスと公式に受け入れられた若者の数は，ここ数年，確実に減少しており，それは一部には家庭の仲介や若者の借用に関する管理を支援することも含めた予防的対処の結果である。

また2005年から2011年にかけての「適切な住居」にいるケアリーバーの人数は向上を示しているが，依然として地方自治体および市町村により様々である。2009年から2011年では，平均して90パーセントの若者が「適切な住居」で生活しているものの，この期間で全ケアリーバーに住居を提供したのは7つの地方自治体だけだった（Department of Education 2011a; Stein and Morris 2010）。

しかし連立政権のもとでの政治的文脈は変化しつつあり，若者の失業，非制度下の若年向けサービスの支出削減，地方議会給付金の変更，一人部屋賃貸料を35歳以下（25歳の代わりに）に拡張，教育維持給付金廃止，そして支援基金（Supporting People funding）の使途限定の終了などによって傷つきやすい若者に不均衡な影響を及ぼすようになっている。

本章は，4つの問題を検討している。第1は，養護を離れた若者へのホームレス化防止のための法的および政治的準拠枠とは何か？ 第2に，住宅事情とホームレスとの関連は何か？ 第3は，劣悪な住宅事情で最も傷つきやすい若

者は，ケアリーバーのうちどのようなグループか？　第4は，住宅事情の改善において，リービングケアはどのように効果的か？

ホームレス化防止のための法的枠組み

　ケアリーバーがホームレスになる脆弱性は，住宅取得手続きにあると認識されている。18～20歳および21歳以上のケアリーバーたちは，社会的養護で過ごしてきたり里親養育の住居にいたりしたため傷つきやすく，1996年住宅法第7条のもと「優先的にニーズがあるグループ」と確定されている。しかし『移行指針』では次のように明記されている。

> 住宅局は1996年法第7部のもと，安全な住居を確保する義務がある。養護措置が終了したときにケアリーバーは「ホームレス」として扱われることがあってはならない。(p.56)

　2002年ホームレス法は，住宅サービス局および社会福祉事業局にケアリーバーを含めた傷つきやすいグループのホームレス化防止のため，共同戦略を発展する義務を課している。

　2009年5月，上院は政府対ロンドンサザーク特別区（R(G) v London Borough of Southwark）のケースに画期的な裁定を下した。16歳ないし17歳のホームレスに対する最優先義務は1989年児童法のもとにあるとしたのである。この年代の若者に宿泊場所を用意し支援する継続的な義務は，通常は児童サービスの範疇にある。児童サービスは1989年児童法第17条のもと，自らの権限の行使により援助してきたと主張することで，またはホームレス法により若者が住居を取得するよう支援したことで，1989年法第20条のもと16歳ないし17歳のホームレスへの住宅供給の義務を回避することはできないことを，裁定は明確にした。第20条で住居を提供される若者は，2000年児童（リービングケア）法のもとサービスの有資格者となることが定められている「社会的養護の子どもたち」である。換言すれば，彼らは，他の資格が適用される若者と等しく全面的に同じ支援を受ける資格が与えられる。

2010年4月政府対ロンドンサザーク特別区に応えるかたちとして，政府は16歳ないし17歳のホームレスを保護するため，ないし住居を提供するために児童サービスおよび住宅専門家への指針を公布した (Department for Children, Schools and Families and Communities and Local Government 2010)。主な規定は次のとおりである。

・家族調停および家族集団カンファレンスのような家族との活動を通じて16歳ないし17歳の若者たちのホームレス化を防ぐこと。
・児童サービス局は，ホームレスのために助けを求めている16歳ないし17歳の若者たちのニーズを見いだし，それに応えることに関し主導的機関であること，ただし「統合的なサービスは，一貫した，子ども中心の対応で援助することができる」(p.5)。
・1996年住宅法第7条（同法に基づいて提供されている一時的な住居を含めて）に基づいて住宅供給サービスを行う最初の委託ないしアプローチは，「若者がホームレスか，またはホームレスになりそうか」をアセスメントするために28日以内に児童サービスにすみやかに委託しなければならない (p.4)。
・16歳ないし17歳が，「夜間どこにも過ごすところがなかったら」，「児童サービスは適切な緊急的住居で保護しなければならない……彼らの住居と支援の継続が必要と認められる間は，（第20条（1）に基づき）社会的養護の下におかれるであろう」(p.6)。
・朝食付簡易宿泊所（B&B）は，たとえ緊急時でも，16歳ないし17歳にとって適切な住居と言えない (p.60)。
・児童サービス局は「初回アセスメント」をできるだけすみやかに，「ニーズがある子どもとその親のアセスメント」（表3.1）の準拠枠で実施し完了しなければならない」(p.4)。そして「児童サービスが20条に基づき住居を提供する義務があることを認め，16歳と17歳の若者がそれを受け入れると，若者がホームレスではなくなる」(pp.4-5)。
・アセスメント，支援，住居サービスは，いずれの扶養手当対象の児童と等しく，若者がもつ関係性を考慮し，適切な場で，前向きな家庭生活を築くために彼らを支援しなければならない (p.3)。

第6章　ホームレス，住宅事情，リービングケアサービス

- 児童サービス局はアセスメント過程で,「自分の家族と生活する予定のある若者を支えるため第17条（6）に基づく財政的支援を含む1989年児童法第17条に基づくサービスを提供すべきかどうか」考慮しなければならない（p.9）
- 児童サービス局は,住宅提供の義務がない,もしくは16歳ないし17歳が住居（1989年法第20条に基づく）を拒否する場合,住宅（供給）サービス局は1966年住宅法第7部に基づいて課せられた義務か否かを考慮する必要がある。もし彼らが1966年法第7部に基づいた住居で生活しているならば,「児童サービス局は彼ないし彼女が将来,賃料未払いのままにしたり,不適切な行動がもとで退去させられたりして,故意にホームレスにならないよう住宅サービス局と緊密な活動をしなければならない」（p.15）。
- 「16歳および17歳のためのサービスは,明確に立案された共同運用指針に則りなされ,サービス提供のための実務的調整は若者およびその家族を中心とし,若者が置き去りにされないようにすることが必須である」（p.17）。

ホームレスと住宅事情

調査研究は,3分の1の若者が養護を離れた6か月後から24か月後のどこかの時期でホームレスを経験したことを示している（Dixon and Stein 2005; Wade and Dixon 2006）。これらの追跡研究において,若者がホームレスに陥ったり脱却したりするにはパターンがあり,必ずしも単一の出来事とホームレス化や最終的な住宅事情とが結びつくものではない。

これらの研究では,「ホームレス」は,ホームレスホステルや避難所に泊まったり,野宿または朝食付簡易宿泊所（B&B）で短期間過ごしたりというようなことを防ぐために,若者たちは家族ないし友人と一緒に過ごしている——むしろ「床やソファを寝床としている」と言った方がいいかもしれない。さらなる「緊急住居」の供給とより優れた計画は,若者住宅供給拠点事業（Young People's Housing Hub Service, 下記参照）に見られるように,これらのエピソード（National Care Advisory Service 2009; Ofsted 2009）を防止する。若者が里親養育委託先に戻る機会にもなる（Jackson and Thomas 2001）。

若者住宅供給拠点事業：
住宅ニーズないし危機にある若者のニーズを充たすこと

　ハル市議会は，若者支援事業（Young People's Support Service: YPSS）の一環として，ケアリーバーや住宅のニーズないし危機にある者を含めた若者を援助するための住宅供給拠点事業を導入した。

　住宅供給拠点事業は行き場を提供するために，住宅供給，家族調整および青少年犯罪スタッフから成る専属チームである。事業は，法的にホームレスと認定された若者の人数とホームレス状態の若者を減らすことが狙いである。その事業には次のことが含まれる――緊急かつ臨時的な住居，（若者，家族，ケアラー，住宅供給者との間の）調整，借用前トレーニング（住居を借り維持するためのスキルを若者に援助するため），支援的宿舎すなわち若者が自立の準備のため家族と共に生活することができる 54 の委託先の提供，住宅選択肢の範囲およびそれらをどう利用するかをすべての若者が 25 歳になるまでアドバイスすること。

　拠点事業は，朝食付簡易宿泊所の利用の減少と同様に，ホームレスになるケアリーバーの人数の「持続的減少」に貢献してきた。この事業がその一部である YPSS は，ホームレス化防止に貢献しつつ自立した生活のために若者が必要なスキルを習得するのを助けることを目的としている。

　YPSS の自立評価では，次のことが明らかとなっている。75 パーセントが住居を見つける過程で受けた援助に満足を感じている，多くは住居タイプと居住先の選択肢を十分与えられたと感じていた，そして自分たちが受けた援助とアドバイスを高く評価していた。2009 年から 2010 年の 4 分の 3 は，100 パーセントの若者が「適切な住居」にいる状態に回復されていた。

（出典：practice example in Stein and Morris 2010）

　養護出身で路上生活をしている者の割合は，2001 ～ 2002 年では 17 パーセントだったが，2007 ～ 2008 年には 7 パーセントにまで減少している。サヴェッジ（Savage）は「明らかになったことは，養護で生活している児童や青少年に自立した生活のためのスキルおよび彼らが大人になり養護を離れるときに住居を構えることへのアドバイスと支援が提供される方法が改善されていること

を示唆している」と述べている（Savage 2009, p.4）。

劣悪な住宅事情で傷つきやすいケアリーバー

追跡研究および関連調査研究から明らかになったパターンは、不適切な住居で生活することに対して最も傷つきやすいケアリーバーのグループに関する重要な問題に光をあてている。

第1に、彼らは委託破綻ののち、たいがいは16歳ないし17歳で自分の養護委託先を離れる傾向にある。こうした若者の一部は、自らを「委託先を飛び出した」、「チルドレンズホームを追い出された」、里親養育には「年をとりすぎている」とみなしている（Dixon and Stein 2005, p.72）。年若いうちに養護を離れることは、「私は16歳になったとき、すでに出る用意ができていた」と言うように自立することを望んだ結果かもしれない（Dixon and Stein 2005, p.72）。スコットランドの全35地方自治体と若者およびワーカーの意見について実施された調査でもやはり、若者は自分が養護を離れる準備ができた、または心づもりができたと感じる前のまさに16歳で養護を離れるようプレッシャーを感じていることを示していた（Scotland's Commissioner for Children and Young People 2008）。こうした若者の意見は、より年少の子どもたちを養護するときの役割とは大きく隔たるものであるが、準備すること、参加すること、成人期への旅路で若者を支援することに関してチルドレンズホームと里親養育の両方の役割、文化および組織に関する問題を提起している。

里親委託破綻は若者の実家族への未解決な感情のゆえに、自分の里親養育者に落ち着いて関わることができないという結果も実証されている（Sinclair *et al* 2005）。若くして養護を離れることは、若者の養護後の失業のリスクがより高くなることと強く関連し、結果として若者を不適切な住居で過ごすことへと追いやってしまうことにもつながっている（Wade and Dixon 2006）。

第2は、こうしたきわめて傷つきやすい若者のグループは否定的な理由でかなり頻回に移動する傾向がある。この理由には、自分の住居の管理ができないこと、借金をしてしまうこと、あるいは、一緒に生活している人とうまくいかなくなることが含まれている。またこうした否定的理由のためにはなはだ頻回

に移動する若者たちはしばしば，最も不安定で危険が多い住居にいることが多い。朝食付簡易宿泊所，ホステル，友人宅や問題の多い家族関係のもとに戻ることなどである（Dixon and Stein 2005）。

　第3に，頻回な転居と不安定な状態および劣悪な住宅事情は，メンタルヘルスや情緒と行動に問題を抱えた若者，物質濫用および養護からの脱走に問題のある若者に高い有意差があった（Slesnick and Meade 2001; Social Exclustion Unit 2002; Vasillou and Ryrie 2006; Wade and Dixon 2006）。米国の研究結果では，しばしばホームレスに行き着くこととなるこれらの問題の根源は，特定の準備プログラムの失敗というよりもむしろ虐待の長引く影響，家族の住まいから追い出されたことや家族の支援の欠如に関連している可能性を示唆していた（Park *et al.* 2004）。

　第4に，安全な住居を離れていく少年犯罪者は，劣悪な住宅事情に傷つきやすく，自立した生活への準備が不十分だった（Glover and Clewett 2011; Harder, Knorth and Kalverboer 2011; Youth Justice Board 2007）。拘留が解除された若者に対するグラヴァー（Glover）とクルウェット（Clewett）（2011）によるバーナードーズ（Barnardo's）[1] の研究では，以下のことが明らかとなった。

- 任意で入居した住居（1989年児童法第20条に基づく社会的養護）で生活している若者への給付金交付および継続する支援は，拘留された時点で打ち切られ，支援もなく急き立てられるように社会へ移されていた。
- 「社会的養護を受けて」いた若者および支援の対象となっていた若者は拘留中，自分は忘れられたものだとみなしていた——そして適切な住居の計画へは限局された援助がなされていた。
- 16歳および17歳の大半の若者は釈放時に十分な支援がなく，そのことはサービスからの離脱と再犯に向かわしめていた。
- 16歳および17歳の若者にとり限局された住居選択肢は，若者を朝食付簡易宿泊所のような不適切な住居で生活することへと追い詰めていた。
- 13歳といった年少の子どもたちは，ほとんど支援がなく対応困難な家庭に戻され，そのため釈放後数か月後にホームレスになってしまっていた。

こうした状況に対してバーナードーズは，「施設内処遇を過ごしてきた若者すべてを対象に，より包括的に統合した支援」を含めて，政府レベルで拘留を終えた若者に適切な住居を提供することを特に優先するよう推奨している（Glover and Clewett 2011, p.50）。また，次のことも推奨している。

・それまで任意で入居していた若者は，拘留された時点で「社会的養護」のもとにおくことを継続すべきである。
・拘留を終えた若者のための一時的で緊急的な住居の最低基準と質を保証する枠組み。
・再定住支援と支援的および半支援的住宅供給予算を管轄するための予算の確保。
・家族支援サービス。
・住宅供給の需要と供給を国家が監視すること。

　バーナードーズの知見は，受刑者視察団（HM Inspectorate of Prisons）によりなされたふたつの主題を有する報告書で補完されている。第1の報告書は，少年非行更生施設（YOIs）の若者の再定住への寄与を検証していた（HM Inspectorate of Prisons 2011a）。そこでは，戦略的管理，ケース管理および若者が住居，教育職業訓練，雇用で再定着するニーズを見いだすことにおける問題点を強調していた。住居については，自分の家庭に戻ることができない若者にとり，釈放間近でもほとんどが自分が住む場所が不確定で，退所時にホームレスとして登録しなければならない可能性もあった。自分の家庭に戻る若者にとっては，家族との関係を維持したり改善したりする取り組みが欠けていた。

> 私たちが見る限り，一部の若者は，退所時に，他の選択肢を用意するのが難しいためではなく，不適切な環境で家族と一緒に暮らすことを選んだ。……若い男性は犯罪やギャングと関わりのあるなじんでいた地域に戻っていた。再犯しないために，どうしてこの問題がこのように扱われたのか，明確ではなかった（p.15）。

報告はまた「青年司法委員会（Youth Justice Board:YJB）では定義されているものの，適切な住居の定義を規定する作業を確立することおよび適切性についての話し合いが釈放に先立ち行われていることについての実証結果がまったくない」ことも明らかにしていた（p.17）。このことは，ケーススーパーバイザーたちが退所時に住居調整したうち5分の1（20パーセント）が適切でないもしくは持続可能ではないと考えたことを明らかにすることに，貢献した。釈放から1か月後，情報が得られた22名の若い男性のうち約半数は不適切な住居にいた。6名は再拘留，1名は「逃走中」，2名は朝食付簡易宿泊所およびホステルにいた（HM Inspectorate of Prisons 2011a）。
　第2の報告書は，拘留状態にある社会的養護の子どもの養護に焦点を当てている（HM Inspector of Prisons 2011b）。少年非行更生施設（YOIs）の若者27パーセント（男性27パーセント，女性45パーセント）は養護で過ごしたことがあり――少年鑑別所に入所したことがある約400名の若者は養護にいたことがあった，と報告している。報告書は，これらの若者は，入所時に問題が報告されたり薬物や飲酒およびメンタルヘルスの問題があると報告され，養護を経験していない若者よりも脆弱性の高い層であることを明らかにしていた。
　再定住に関し，彼らは，養護で過ごしていない若者よりも住居を見つけることや職を得ることについて，より懸念された。報告書は，社会的養護の子どもたちの再定住計画の筆頭責任者を明確にしていないこと，および若者が住居調整の遅れを心配していることを提示していた。また，拘留中で社会的養護にある若者のためにサービスを組み立てる戦略，明確な手続きおよび合意された手順の実施について責任をもつそれぞれのYOIによるソーシャルワーカーの指名を推奨している。後者については次のことを含むべきであると提案している。

　　YOIの関連するスタッフにアドバイスとガイダンスを提供すること，および拘留中または釈放準備中である社会的養護の子どもたちのニーズを保証するために地方自治体と結びついた活動を確立し維持すること（p.140）。

第6章　ホームレス，住宅事情，リービングケアサービス　　87

リービングケアサービスは，いかに効果的か？

　養護委託先から移動した後，19歳の時点で「適切な住居」で生活するケアリーバーの数は2004年の77パーセントから2009年の90パーセントへと徐々に増加している（Department for Children, Schools and Families 2009a）。結果判定法を登用した調査研究では，リービングケアサービスがケアリーバーに特化した成果に大きく貢献していることを示唆していた。住居に関して言えばこれらの研究が明らかにしたことは，次のとおりである。

　第1に，リービングケアサービスは，住宅を入手することにおいて養護を離れた大半の若者を援助するうえで効果的である。これには次のことを含んでいる。養護を離れる時点で若者の住居を定めること，住宅供給者と連携すること（住宅供給担当者と担当局，住宅供給協会および住宅供給プロジェクトボランティア部門），ケアリーバーの擁護者として行動することが入っている。このプロジェクトの成功は，ケアリーバーとリービングケアチームとの良好な関係およびリービングケアチームと住宅供給者との良好な意思疎通により支えられているそれはまた協働的住宅供給戦略，公式的調整，リービングケアサービスと住宅供給者とで合意された運用により助けられている（Dixon and Stein 2005; Ofsted 2009; Simon 2008; Wade and Dixon 2006）。

　第2に初めて住宅を入手することに関する研究および追跡調査研究は，ほとんどの若者が養護を離れるときに自分が望む住居を受け取り，養護を離れた後に良好な結果をもたらしていることを示している（Cameron *et al.* 2007; Dixon and Stein 2005; Simon 2008; Wade and Dixon 2006）。これらの研究における肯定的な結果は，以下のことと関連していた。

・養護を離れるときに「望ましい」住宅を入手すること。初期に安心安全で望ましい住宅の調整に失敗した若者は，フォローアップの時期が過ぎてからもうまくいかない傾向にあった。
・養護を離れた後の住居で，良質の支援を得ること。
・養護を離れる前に適切な計画作成と準備を受けること，そうすることで彼ら

は堅固な生活と社会的スキルを発達させてきた。
- 教育，雇用ないし職業訓練に関わること。
- 自分自身のウェルビーイングに肯定的感覚をもつこと。
- 家族や友人を含めた非公式的な支援のネットワークをもつこと。

　第3に，養護を離れた後の住居で落ち着いて幸福に過ごすことは，ウェルビーイングの高い感覚と関連している。それはまた若者の過去の養護の経験ないし養護を離れる時点での落ち着かない状態とはある程度無関係であることが実証されている。(Wade and Dixon 2006)。養護を離れる若者にとり，住居はきわめて重要で肯定的な役割を媒介していることを示唆している。
　第4は，とりわけ地方において，住宅供給の不足および民間機関への依存の増加が実証されている（Ofsted 2009）。朝食付簡易宿泊所は難民申請中の若者やその行動に問題のある若者の短期宿泊所として活用されている（Ofsted 2009）。
　第5は，養護問題緑書の実績評価は，「適切な住居」の供給は地方自治体により多岐にわたることを証明した。17の地方自治体ではすべてのケアリーバーが適切な住居を取得していたが，18の地方自治体はケアリーバーの60〜79パーセントにすぎなかった（Department for Children, Schools and Families 2009）。
　第6は，情緒と行動の問題，メンタルヘルスの問題，繰り返される犯罪行動または物質濫用の問題がある若者および障がいがある若者は，最も劣悪な住宅事情に置かれがちである。
　これまで詳述してきたように，リービングケアサービスおよび自立生活プログラムは，若者が困難に陥ったときに彼らを援助することが可能であることを実証している（Collins 2001; Dixon and Stein 2005; Courtney and Dworsky 2006; Georgiades 2005; Wade and Dixon 2006）。深刻な不安定さを経験している若者たちであっても，様々なサービスによる支援の継続は，ホームレスに転落するのを防止したり，そこから迅速に脱却できるようにしている。このことはふたつの方法により達成されている。第1は緊急宿泊所を含めた幅広い住居の選択肢を持っていることであり，第2は，若者が自分の住居の借用期間を維持したり，困ったときにいつでも手を貸してくれる，リービングケアワーカーの深い関与と継続的支援があることである（Simon 2008）。

要　約

- 児童サービス局は，1989年児童法第20条に基づき16歳と17歳のホームレスに宿泊場所を提供する義務および2000年児童（リービングケア）法に基づいた最大限のサービスを彼らに提供する義務がある。
- ケアリーバーのおよそ3分の1は，退所後2年の間にホームレスに陥ったり脱け出したりしている。より緊急的な住居の供給とより優れた計画が，こうした発生を防ぐであろう。
- 少数の若者は，固定化した問題でさらに傷ついている。こうした傷つきやすい若者たちは，早期に養護を離れた人，否定的な理由で頻回に移動した人，メンタルヘルスおよび情緒と行動に困難な問題がある人，安全な住居を離れた人などである。
- リービングケアサービスは住宅につなげ，継続的支援を提供することにおいて，若者を援助するうえで効果的であるが，「適切な住居」についての対応はそれぞれの地方自治体で違いがあることを実証している。
- 早期確定，問題防止，そしてリービングケアサービスと住宅供給者および成人サービス間の共同活動を含めた合意に基づく多機関介入が必要である。
- 養護の期間および養護後も問題が続いている場合，より高い支援のニーズがある若者のための専門家が備わった住居の不足が実証されている。

◆訳注
（1）バーナードーズは，バーナードー・T. J.（1845-1905）により開設された孤児院に端を発した英国を代表する民間慈善団体。現在，英国国内に約400箇所の事業を運営し，様々な困難を持つ子どもと家族に対する支援および研究調査活動を行っている。

第 7 章

学校教育
将来のキャリアの基盤を築く

もし自分が学校で行き詰まっていて，適切なときに適切な教育を受けていたなら
もっとうまくいっていたのに……
私に教育を受けるよう後押ししてくれなかった人たちに，私は腹を立てている。

継続教育またはさらなる高等教育，職業訓練，雇用先に定着することは，成人期への旅路にある多くの若者にとり，重要な指標である。教育コースないし専門的職業教育のコースあるいは徒弟見習いを通してキャリアの準備をしてゆくことは，納得のいく就労の基盤となる——そのうえ賃金も払われる！ しかし，ひとつのグループとして考えると，養護を離れる若者が，実家族やコミュニティの中で始まり，それが養護にいる間や在学中までも続き，養護を離れる時点で準備が十分ではないのに離れてキャリアを達成しようとすると，数多の障害に直面するであろう。

本章は，若者の学校教育の経験に焦点を当てている。長期にわたってケアリーバーの人生を改善するという点で，教育の重要性は，スウェーデンに国民登録されている人たちを対象とした 10 の生年コホート研究[1]の分析により裏づけられている（Berlin *et al.* 2011）。この調査研究はこのテーマに関する最も大規模な国際研究であり，低い学業成績は低いキャリア結果も含めた将来生じる心理社会的問題と関連するリスク要因として確定されている。研究者は「もし社会がケアリーバーの人生における機会の向上を望むならば，彼らが養護で生活しているときに学校生活と教育について効果的な援助をする必要がある」と結論している（p.2496）。本章が探究しているのは，次のことである。第 1 に養護出身の児童や青少年の教育達成について何がわかっているか，そしてこれは，一般人口の若者と比較した場合どうなのか，第 2 に学校での学力のアンダーアチーバーの理由，第 3 に 1987 年から教育成果を改善するために政府により主

導的に導入された取り組み内容とその成果，最後に，若者が可能性を開くことができるよう，若者の前進を押し進める養護の質による貢献である。

学力の問題

　1987年まで遡及したデータおよびイングランドにおける1999年以後の国家的データの集積の調査研究は，社会的養護の多くの児童青少年は一般人口の子どもたちよりも教育達成度がより低い水準であることを示していた（Jackson 1987）。

　学力では，2010年にイングランドの10～11歳の児童で，少なくとも12か月以上社会的養護を継続している児童の45パーセントが，国語（英語）のKey Stage2 [2] で最下限のレベル4であり，数学では44パーセントと，2005年でのそれぞれ42パーセントと38パーセントよりも増加していた。しかしこの統計を2010年における一般学校人口と比較すると，81パーセントと80パーセントだった（Department for Education 2010c）。同様に2010年，少なくとも12か月社会的養護を継続している子どもたちの12パーセントが，英語と数学を含めた全国統一試験（General Certificate of Secondary Education: GCSEs）（または同格の試験）でファイブAからCを獲得していた——これは2009年の10パーセントより増加していた。この割合を一般人口の全児童と比較すると，一般人口の全児童では53パーセントであった（Department for Education 2010c）。

　データ収集が開始されて以後，わずかな進展が実証されているが，社会的養護と一般人口の若者との間には有意な学力格差がある。こうした文脈から2011年，連立政権は，社会的養護の子どもと一般人口の子どもとの学力格差を明らかにする「影響指標」（impact indicator）を導入した。その結果は，次の通りである。

・Key Stage2の試験における英語と数学のいずれも，社会的養護の子どもたちの43パーセントが予想水準に達していた。社会的養護の子どもと「そうではない子ども」との達成度の差は31ポイントで，2010年と比べて2ポイント縮まっている。

社会的養護の子どもたちの13.9パーセントが，GCSEないし同格の英語と数学においてグレードAからC（Key Stage4 [3]での「基礎」）を達成していた。社会的養護の子どもたちと「そうでない（子どもたち）」との達成度の差は44.7ポイントで，2010年の達成差と比較すると3.9ポイント拡大している。

2007年と2011年との間に影響指標を適用すると，Key Stage4における学力格差は37.2ポイントから7.5ポイント増加し，44.7ポイントとなっている。しかし同期間中のKey Stage2においては，4ポイントの減少だった（Department for Education 2011b）。

2011年3月31日の時点で，2009～2010年の学校年度で小学校を修了し社会的養護を12か月以上継続している児童は5,750人だった。そのうち，2010年9月30日の時点で，70.5パーセントが全日制教育，4.6パーセントがフルタイムの職業訓練，7.4パーセントがフルタイムないしパートタイムの雇用，そして17.5パーセントが失業状態にあった。2008年の14パーセントより増加していた（Department for Education 2011b）。政府統計ではまた，1年間以上社会的養護にある子どもたちの約4分の3（73パーセント）は何らかの形での特別な教育的ニーズ（Special Educational Needs: SEN）があった。英国では，前学校年度において少なくとも25日以上欠席している子どもが1パーセント以上だった（Department for Education 2010c）。

アンダーアチーバーの原因

社会的排除防止局（Social Exclusion Unit: SEU）は，2003年の報告書『社会的養護の子どものためのより良い教育』（*A Better Education for Children in Care*）（2003）のなかで，社会的養護の子どもが教育におけるアンダーアチーバーとなる5つの理由を次のように明らかにしている。

1. 委託の不安定性。
2. 学校に行かない期間の長さ。
3. 教育への不十分な援助。

4. 主たる養育者が，学びや発達に関して充分な支援や励ましを提供する準備や期待ができていないこと。
5. 多くの子どもたちが，情緒的，精神的，身体的健康のニーズを持っていること。

　SEU 報告は，社会的養護の若者は，特別な教育的ニーズが，そうでない一般人口の若者の9倍であるとの実証結果を強調している。調査研究はまた，社会的養護の子どもたちおよび養護を離れた若者たちには，精神的健康および情緒と行動の問題がきわめて高い水準にあることを示している（第9章参照）。これらの精神的健康の諸問題，乳幼児期からの家族関係内で傷ついた経験に起因している問題の根源そして若者を補償する養護システムの失敗という複雑性は教育達成が主要な指標として活用される場合にはとりわけ教育を達成してゆく中で際立つ。一部の若者は教育に戻るまでに長い道のりを行くことになる。このことは，社会的養護の子どもと若者のライフコースを理解するのに必要な3つの主な理由を示唆している。
　第1は，養護にいるほとんどの子どもたちはきわめて貧困で，社会的に不利な家庭背景をもち，くわえて不十分な養育，マルトリートメント，家庭崩壊を経験している（Davies and Ward 2011）。これらはいずれも教育的なアンダーアチーバーへと向かわせている。第2に，一部の若者の養護経験には委託先の移動や不安定さがあり，それらが彼らを教育から脱落させ，若者が感じているスティグマやケアラーへの期待の低さと重なっている（Stein 2005）。第3に，学校が養護にいる児童や青少年に対し彼らの可能性を実現させる援助に失敗しているかもしれないことである（Jackson 2002; Jackson et al. 2011）。

1997年から2012年までの政策の結果

　社会的養護の子どもたちの教育的成果を改善してゆくことは，1997年以来，政府の政策において中心的綱領となっている。学校教育を受けている社会的養護の子どもたちの教育的成果を改善してゆくことを目的とした取り組みには，次のことがある。

ニーズがある子ども，とりわけ地方自治体による社会的養護にある子どもの成果の改善を主要な目的として，1998年『クオリティ・プロテクツ』（Quality Protects）計画を導入した。そこには，定義された国家的目標と達成指標も含まれている。到達目標4（Objective4）は，「社会的養護の子どもが教育的機会，教育的養護，社会的養護のライフチャンスを最大限に獲得すること」を保障している。

1999年以後の全国統計データの導入。

2000年に発行された『社会的養護における児童青少年の教育に関する指針』（Guidance on the Education for Children and Young People in Public Care）。

2004年児童法第52条は社会的養護の子どもたちの学力を高めることを地方自治体の義務と定めている。

学区域割り当てにおいて社会的養護の子どもの入学を優先させること。

さらなるニーズがあるグループとしての社会的養護の早期基礎段階（Early Years Foundation Stage）の認可。

養護問題実施計画に，地方自治体の養護にあるすべての子どもを追跡し適切な委託を保障する責任をともなったバーチャルスクールヘッド[4]（事実上の校長）の導入。

若者のニーズに適った追加的支援を提供する個別教育給付金規定を支える予算の割り当て。

2011年4月から施行された2008年児童青少年法は，法令にもとづく担当教師の役割を定め，養護の下にある子どもの教育が養護委託先移動の結果中断されないよう保障する新たな規定を導入した。

『養護計画，委託およびケース総括（イングランド）規則2010』（Care Planning, Placements and Case Review (England) Regulations 2010）および『養護計画，委託およびケース総括規則2010法規ガイダンス』（Care Planning, Placements and Case Review Regulations 2010 Statutory Guidance）に基づき，地方自治体は，社会的養護の子どもたちが生活している所在地にかかわらず，彼らの教育的達成を促進する特別な義務を負う。このことは地方自治体が，子どもの養護委託先決定において教育的規定を考慮しなければならないことを意味してい

る。社会的共同親として，彼らが世話をする児童や青少年が確実に自分の可能性を実現できるよう良き親としてあらゆる支援を提供しなければならない。

2010年，政府は地方自治体に対し，社会的養護の子どもの教育達成の促進に関して，各人のニーズアセスメントに適った教育機会へのアクセス，指定された教師の貢献，個別教育計画について児童サービス局の局長および担当主任（Lead Members）の責任を強調し，法令指針を再通達した。

政策的事業の結果の把握

社会的養護の子どもたちを一般人口の子どもたちと比較した実証結果だけで判断したならば，広範囲にわたる取り組みはほとんど達成されていないと言える。これまで詳述したように，社会的養護の子どもたちのデータだけを考察した場合，ここ数年は進展があることがわかる。2011年3月発行の下院教育委員会報告では，「養護における子どもたちと同世代の子どもたちとの学力格差は狭まっておらず，いくつかの点においては拡大してきている」（House of Commons 2011, p21）。

連立政権は，「子ども全体と社会的養護の子どもたちの教育達成の格差を狭めるために可能なことすべてをなしてゆく」ことに全力を尽くしてきた（前掲 p.21）。彼らは，学校白書，『教えることの重要性』（*The Importance of Teaching*）のなかで，養護の子どもたちを含めた傷つきやすい子どもたちのニーズを最優先するという地方自治体の戦略的役割を強調してきた。彼らはまた，バーチャルスクールヘッドおよび養護の子どもの意欲を高めてゆくために指定教員の役割を支援し，6か月以上社会的養護の下にあるすべての子どもたちへの生徒手当を拡大している。

連立政権の『若者を肯定して』（*Positive for Youth*）政策方針には，次のような対策がある。2歳児のための週15時間の無料早期教育，6か月以上社会的養護のもとにある生徒への生徒手当，養子，特別後見人または居住法（Residence Order）のもとで養護を離れる子どもに対し，優先的に入学許可をするという改正，そして子ども信託基金（Child Trust Fund）を受けていない養護にいるす

べての子どもへの児童普通預金（2012年以後200ポンド）への出資である（NCB 2012）。

結果の改善に作用しているものは何か？

　養護における子どもの教育的成果の向上に作用することについての研究知見の総括は，教育的成果を向上させるには，調査研究論文，主要なデータおよび結論がでた妥当な実践事例を基盤としている――「特に子どもの情緒的健康とウェルビーイングを提供する養護の質の総体的な向上と結びつけられるであろう」。そして，このことは「幼児期から継続教育およびさらなる高等教育への支援を通じて，すべての発達段階における子どもの教育的キャリアに注意を向けてゆくことを含む」べきである（Brodie, Goldman and Clapton 2011, p.2）。
　研究総括では，近年の取り組みと改善された教育的成果との明確な関連を実証したものは見いだせなかった。「学ぶ者として，彼らの学校における経験をより適切に理解することと，その他の情緒的ニーズおよび養護のニーズへの考慮を必要としていた」(p.33)。しかし，バーチャルスクールヘッド，個別教育計画および担当教員は，養護の子どもの教育経験および社会的養護サービスと学校との良好なコミュニケーションという点で肯定的な効果があることを実証している。
　児童や青少年が，養護に入ることは，彼らの教育に関して有益であると見ていることもまた，実証された。大人たちが彼らの学習ニーズを考慮し，特定の事柄で援助を必要とする場合や，とくに個人的な問題が学習に影響している場合，それを認識してくれることで，彼らは進展することができた。これは，通常，質の高い委託の場合で，そこではケアラーが主要な専門家にアクセスできるようになっている。きわめて複雑なニーズがある若者の場合は，専門家の治療的支援をする関係機関協働に関わることになるであろう（下記，Holding the Space 参照）。

第7章　学校教育　将来のキャリアの基盤を築く　97

> ## HOLDING THE SPACE（空間を抱えること）
>
> **背　景**
> 　これは，居住型施設で生活している若者を対象とした治療的介入である。治療的サービスでは，このグループの深刻な情緒的ニーズを充たすことが困難であり，施設養育の文化を変える必要があると感じられためである。
> 　パイロットコースに続いて，居住型施設ワーカーのための高度な治療的スキルをつけるための2年間の研修コースが開発された。それぞれの期間にスタッフチーム全体のための追加的トレーニングもあわせて，7日間以上なされた。「空間を抱えること」は4つの構成要素からなっている。「カウンシルの活用」と呼ばれる治療的グループワークメソッド，カール・ロジャーズのコア・コンデイション，治療としての創造的芸術，そしてトランスパーソナルセラピーである。
>
> **役立ったこと**
> 　結果として，スタッフと若者との関係性の改善をともなったホームでの目に見える変化があげられる。若者は話を聴いてもらえたと感じたこと，そして，怒りや悲しみといった感情の取り扱いに自分にはより良い資源があるということを語っている。外部調査評価および監査報告では，若者を情緒的に援助するこのアプローチは若者の教育に肯定的な結果をもたらしていることを指摘している。参加率は高く，居住型施設スタッフは若者を力づけ褒めることに成果を示していた。
>
> 　　　　　　　　　　　　　　　　　　（出典：Brodie and Morris 2010）

児童および青少年の進展の測定

　これまで検討してきたように，養護の子どもの教育面でのアンダーアチーバーに作用している多岐にわたる要因の文脈において，養護システムがどのくらいうまく機能しているかの主要な測定尺度として通常の成果尺度（GCSEおよびKey Stage）を活用することは，極度に単純化され，きわめて限界があると言える。これらの測定尺度は，養護に入る時点で，きわめて劣悪な出発点に立っ

ていることを認識していない。こうした子どもたちの多くはきわめて剝奪的な社会的背景をもって10代で養護に入ってくるだけでなく，多くは様々な形での虐待やネグレクトを経験してきており，それは潜在的に認知的かつ情緒的発達に長期間にわたり影を落としてきている。こうした若者の教育，キャリア，健康，ウェルビーイングは，彼らの家や学校，コミュニテイで彼らの身に起きたことによって大きく形成されるであろう。

養護で長期間過ごしている若者にとり，これらの公的な達成尺度では，復学することや余暇活動や職業的スキルに勤しむことや，しばしば初めての大人と，肯定的で信頼する関係を築くことを含めた彼らがなした成長を把握することはできない。調査結果はまた，こうした若者の一部は，養護を中断したり家に戻ったりする者たちと比べて，養護で過ごすほうがより良好であることを示しているものの，それは認識されていない（Wade *et al.* 2011）。

このことは，様々な時点で若者の身に何が起きているのか測る尺度，さらには彼らの生活における他の重要な人の意見と同じく，彼らのウェルビーイングについての彼らの意見を包括する進化した尺度が必要なことを示唆している。こうしたことは，彼らの傷つきやすさの複雑な根源と理由をさらに理解することはもちろん，多くの若者は厳しく困難にみちた旅路を経験してきたこと，彼らを援助してきた人々の努力を認識することでもあろう。それはまた，若者が経験している問題および介入の焦点を明確にする洗練された方法を提供するであろう。

これはまたベリッジ（Berridge）ら（2008）により「行動的，情緒的，社会的困難」の表出も含めた教育的問題がある若者について調査された研究結果である。彼らは，こうした「困難な」若者のグループの進展を測るうえで，若者の家庭背景を考慮に入れずに，教育の成果だけに焦点を当てることには限界があると論じ，多くの若者が深い溝となっている教育的問題を抱えながら養護に遅い年齢で入るゆえの教育的結果にもっぱら焦点を当てて議論している。この研究が提起している政策および実践の内容は，次のとおりである。

若者の行動的，情緒的，社会的困難を考慮した若者の成長における幅広い測定尺度が用いられるべきである。

・ソーシャルワーカーの離職率を下げるのと同じように，移動と不安定性を軽減すること。チルドレンズホーム部門の役割と機能について，より考慮すること。
・委託区分は必ずしもその他の場合に優るというわけではない。より重要なのは，若者が生活を共にしている特定の人の特性，およびそうした人たちが提供する経験の質である。
・学校，ソーシャルワーク，教育心理学，メンタルヘルス対策など広範囲なサービスの提供と成果はひじょうに重要である。これには，下記に概説したように，教育支援チーム（Educational Support Teams: ESTs）による積極的貢献が見られた。

教育支援チームの役割

背　景

　3つの地方自治体がそれぞれ異なる教育支援チーム（Educational Support Teams: ESTs）を運営した。これらは社会的養護の子どもたち（Looked After Children: LAC）である生徒のために特化した教育支援である——アドバイザリー教員（Advisory Staff）と教育心理士を含めた25名のスタッフで構成されている。

　ESTsサービスは，成績予測システムの設置のような生徒の総体的な進度をモニターすることも含んでいる。あるESTsは，社会的養護の生徒が登校したかどうか確認するため各学校に電話をする公的コールセンターの設置を予算化した。もし生徒が登校していなければ，欠席の理由（たとえば，病気）を確認するため委託先に連絡を取り，そして必要ならばESTsに欠席を通知した。彼らは社会的養護の子どもたち（LAC）が学業成績を修めたことを祝福する修了式も企画した——これはたいへん好評で，しばしば地元の名士たちも参加した。

　ETSsのもう一つの重要な役割は，教師やケアラーにトレーニングと支援を提供することだった。これには次のようなことがある。

・多機関研修の運営。
・新しい教師やソーシャルワーカーによる新任研修の会議。

- 学業に焦点を当てた夏季学校や 12 ～ 13 歳（第 6 学年）の学習意欲を喚起する（キャッシュバウチャーを含む）企画を行うこと。
- ケアラーのためのリソースセンターの提供，そこでは学資の貸し出しと助言の提供を行う。
- GCSE 試験を控えた数週間，11 歳の生徒とケアラーを支援すること——試験範囲をやりとげることや，見直しの戦略，受験技術，「試験ストレス」の対処の仕方の助言をすること。

生徒のために次のような直接的支援も用意された。各期ごとのニュースレター，宿題の取り組みへの支援の提供，家庭学習の時間管理や落ちこぼれた生徒のための学習教材や一時的に学校に来られない生徒の準備といった直接的支援も用意された。

(出典：Berridge *et al.* 2008)

社会的養護の質

教育的進展を含め養護の子どもの人生を向上させることができるものは，彼らが受ける養護の質であることが調査研究で実証されている。良質な養護の礎石は，優れた社会的かつ心理的養育である。社会的養護のもとにある里親ないし施設養育の児童と青少年に最も大切なことは，養育のあり方，特に『アセスメントの枠組み』(*Assessment Framework*) の養育能力領域を支える養育スタイルであることが調査結果より明らかである。愛，情緒的温かみ，基本的な身体的世話，安全，安定，指導と境界，刺激と組み合わされた「権威主義的」養育アプローチが，子どもの全面的なウェルビーイングに最も貢献していた。社会的養護の児童と青少年にとって，「社会的共同親」に意味を与えるのは，里親養育者ないし施設ワーカーである。

「社会的共同親」の責任の本質は，質の高い委託を提供することである。このことは，養護に入ってきて，様々なグループの児童と青少年の多様なニーズに応えることができる，養護を通じて様々な自立を経験するケアラーの盤石な選択が必要だろう。また，里親養育者や施設養育者が「権威ある信頼すべき」

養育態度に必要なスキルを備えるための政策,支援サービスおよび研修が必要であると同時に,社会的養護にある児童と青少年に烙印を押したり彼らの養護する役割を萎えさせるような不必要なお役所仕事で彼らの足を引っぱったりしないことも必要である。養護の子どもたちに質の高い委託を提供することは,子どもたちの教育に大いに有益であり,16歳以後の継続教育,さらなる高等教育,職業訓練および雇用の基盤となるであろう (Sinclair *et al*. 2007; Stein 2009b)。

要　約

- 社会的養護の子どもたちと一般人口の子どもたちとの間には学力格差がある。近年,社会的養護の子どもたちの学力はいくぶん向上していると実証されているものの,その格差は縮小していない。
- アンダーアチーブメントの理由は複雑であり,社会的養護の児童と青少年の養育,社会的不利,養護の質および教育を包括したライフコースの理解が必要である。
- 社会的養護の子どもたちの教育的成果を向上させてゆくことを目的とした様々な新規事業は,バーチャルスクールヘッド,個別教育計画および担当教師を含めて,1997年から導入されている。これらは公表されている結果とは別に,若者の教育的経験に肯定的な効果をもたらしている。
- 学力のアンダーアチーブメントの一因となる広範囲な要因という文脈においては,結果と同じように,進展を示す尺度は,重要な意味を持つ。
- 良質な委託は,若者が学校で自分の教育的潜在可能性を達成してゆくうえで決定的である。

◆訳注
（1）疫学における研究方法の一つ。特定の要因に焦点を当て,長期間,前向きに（未来に向かって追跡することにより,要因と疫学発生（あるいは問題発生）を実証的に調査し,分析する研究
（2）第3学年から第6学年。日本の小学2年生から5年生に相当する。
（3）第10学年と第11学年。日本の中学3年と高校1年に相当する。
（4）『養護問題：変革のとき』（2007,本書p.27参照）で提言された社会的養護の子どもの学業ま

よび学校生活への適応の向上のために多面的な支援をするスタッフ。地方自治体の児童サービス局から任命され，多くは前職で小・中学校の校長や教頭，特別支援教育の教員，生徒指導に豊富な経験を積んだ教員等であり，教育経験を生かしつつソーシャルワーク的活動を担うことにより，地域の社会的養護の子どもの学校生活を支援し，安定した教育へとつなげていくことを目的としている。

第8章

継続教育，高等教育，職業訓練，雇用

そうね……仕事を見つけることがずっと悩みの種だわ……
それですごくおちこんでるわ。だって，そうでしょう。何もなければ，行くところもない
……お金がなけりゃ，何にもできやしないわよ。
カレッジ[1]をがんばって卒業した私は，別格だと思う。

　本章は，養護出身の若者の16歳以後のキャリアの道すじを探究する。一般人口の若者と同じように，一部の若者は中途退学して就労する。他の若者は徒弟見習いまたは技能的職業訓練を始める。そしてまた別のケアリーバーたちは継続教育または高等教育に入学する。第7章で検討したように，成功するキャリアの基盤は若者が学校で過ごす期間にある。

　本章は最初に，養護を離れた若者がどのようにキャリアへの道のりを進んでいくのかについて私たちがわかっていることを記述する。第2に法的および政策的文脈を紹介し，最後に若者が継続教育や高等教育また雇用へと進むキャリアの可能性を達成してゆくうえで，どのように援助を受けるのかについて調査研究知見が提示していることを考察する。

キャリアへの道のりがもたらすもの

　イングランドの政府統計は，地方自治体が把握している教育，雇用，職業訓練についている19歳のケアリーバーの人数が2002～2003年にはちょうど半数以下（49パーセント）で2007～2008年には3分の2以下（65パーセント）まで増加したが，2010～2011年には61パーセントに減少していることを示している（Department for Education 2011a）。教育にも雇用にも職業訓練にも関わっていない（病気や障がい以外の理由による）19歳のケアリーバーの割合は，2005～2006年の26パーセントから2010～2011年の29パーセントに増加し

いる (Department for Education 2011a)。しかし教育，雇用，職業訓練についているケアリーバーは全体的には増加しているものの，地方自治体の成果は様々で，実証的には有意な差があった。2008～2009年における英国の地方自治体では，教育，雇用，職業訓練についている割合は26パーセントから96パーセントまで幅広かった。また第7章で検討したように学校教育に関する公式データは，GCSEsでのAレベルおよび高等教育に進学している割合において，養護を離れた若者と一般人口の若者との間には「学力達成格差」と言われているものがあることを示している (Department for Education 2010c, 2010d, 2011a, 2011b)。

ケアリーバーたちは16歳以後は，一般人口の若者と比べて教育ではなく雇用や職業訓練につくことのほうが多い。2011年では19歳のケアリーバーの6パーセントが上級の高等教育に進学したが，2010年の7パーセントよりも減少している。そしてこれを一般人口の19歳の若者と比べるとその割合はおよそ40パーセントであった。この減少は，進学困難な若者（無料学校給食の支援を受けている）[2]の進学が2006～2007年の13パーセントから2008～2009年の17パーセントへという一般的な上昇の動きとは対照的である (National Care Advisory Service 2011b)。この問題でも地域差が実証されている。四年制大学に進学する若者は，ロンドン市内では11パーセントだが，ウェストミッドランドではわずかに3パーセントだった。

しかしながら，16歳以後に継続教育を受けている19歳の若者は2011年で3分の1以下で，2006年より高等教育以外の教育を受けている19歳のケアリーバーの数は28パーセントと増加している (National Care Advisory Service 2011b)。

法的および政策的準拠枠

継続教育および高等教育，職業訓練，雇用に関する連立政権の政策は次のものを含んでいる。

- 公正進学事務局 (Office for Fair Access: OFFA)[3]の認可のもと，高等教育機関とOFFAとの合意 (Access Agreement) に基づき高等教育授業料の上限を年額最大9,000ポンドまで引き上げること。ケアリーバーはOFFAと英国

高等教育財団協会（Higher Education Funding Council for England: HEFCE）の双方から特別政策目標グループとして認定されている。
- 「給付金および強化活動」（給付金は個別指導および助言活動に充当し，強化活動は中核的なコースに付随する社会的および文化的活動に相当する）予算の7パーセント減額に伴い，教育と職業訓練にある 16 ～ 19 歳の若者のための新たな予算案および徒弟制度を含めたその他の活動のための予算の増額。
- 教育維持給付金（Educational Maintenance Allowance: EMA）年間 5 億 6,000 万ポンドを 16 ～ 19 歳の低所得の学習者を対象とした 1 億 8,000 万ポンド使途確定基金に置き換えること。1,500 万ポンドは，ケアリーバーと所得支援を受けている者のために，1 億 6,500 万ポンドは，学校やカレッジにより運営されている「学習者支援基金」（Leaner Sapport Fund）のためである。
- 政府の『若者を肯定して』（*Positive for Youth*）政策綱領には，社会的養護の子どもたちおよびケアリーバーが教育にとどまるための支援として 16 ～ 19 歳まで年間 1,200 ポンドの奨学金を，加えて，ケアリーバーには 2,000 ポンドの高等教育奨学金を支給する。詳細は以下に述べられているとおりである（NCB 2012）。
- 継続教育への戦略的責任は地方自治体にあるものの，予算は青年学習機関（Young People's Learning Agency）から提供される。
- ユース・コントラクト（Youth Contract）の 2012 年からの導入は，16 歳と 17 歳のニートへの支援，徒弟制度を実施している小規模事業所への奨励金，求職給付金を受けている 18 ～ 24 歳の失業者のための労働実習委託を含んでいる。

地方自治体には 1989 年児童法の第 23 条および 24 条に基づき，若者を「養護し」かつ「財政的支援」を提供する法的責任がある。法的枠組みはまた，アセスメントのニーズおよび自立計画を含めた教育および職業訓練，雇用に関する『移行指針』を伴っている（補遺 2 参照）。

2011 年 4 月から施行された 2008 年児童青少年法で，教育と職業訓練に関連する条項には次のことが含まれている。

- 地方自治体は，社会的養護経験があると確定された児童に高等教育奨学金2,000ポンドを支払わなければならない。
- 教育または職業訓練のプログラムを希望する25歳以下のケアリーバーは，かつてリービングケア支援を担当する責任を負っていた地方自治体により指名された個別アドバイザーにより，再支援開始のための給付金を受ける。

16歳以後の教育的成果の改善

　調査研究は，16歳以後の教育成果がいかに改善され得るかについてどのようなことを示しているのか？　ジャクソン（Jackson）らによる『養護から大学へ』（Going to University from Care, 2005）に基づいて行われた，EU5か国（デンマーク，英国，ハンガリー，スペイン，スウェーデン）の調査研究——社会的養護出身の若者の教育への道のりについてのヨーロッパプロジェクト（YiPPEE: Young People from a Public Care Background Pathways to Education in Europe）と共同研究を行っている——が，私たちの知見を補強している。この研究では「促進要因」または若者が直面する障害だけでなく，若者の教育の継続に何が助けとなってきているのかを明確にしている（表8.1参照）。YiPPEEの調査研究者たちが実施した英国におけるリービングケアマネジャーへの面接から主に明らかになったことのひとつは，若者たちが16歳以後の教育や職業訓練を続けられるように若者を援助し力づけながら教育達成を向上してゆくことへの強い熱意であった。調査研究者たちは，「例外はあるものの，関わっている若者への期待と熱意はやや控え目で，教養課程よりも職表技能資格の取得を目指すよう促す傾向がある」とコメントしている（Jackson et al. 2011, p.38）。しかしながら，そこでは，若者は進学について支援されるべきであるという明確な主張がされている。

　英国で25人の若者を対象としたYiPPEE調査研究者たちにより実施された面接では，ほとんどはソーシャルハウジング（低価格賃貸公営住宅）に独立して生活し，リービングケアサービスから財政的支援を受け，その不足を補うためにパートタイムで働いていた。多くは深刻な金銭的困難を経験し，一部は孤立した劣悪な住宅あるいは荒廃した地域にいた。若者たちは，元のケアラーか

らは継続して情緒的かつ実際的な支援があることが実証されているにもかかわらず，継続教育や高等教育機関からは，学校を終えた後はごくわずかな支援しか受けられなかったり，ほとんど援助がないという経験をしていた。

表8.1：イングランドにおける義務教育以降の教育を継続する若者に対する促進要因と障害に関するリービングケアマネジャーの意見

促進要因	障害
・委託の安定性	・頻回な委託
・学習に追いつくための早期支援	・学業の中断や学力格差の補償の失敗
・活動指向の個別教育計画（PEPs）	・実家庭における問題
・ソーシャルワーカーとケアラーが教育を優先すること	・教育の軽視と学校教育経験への無関心
・個別の動機づけと持続性	・低い自尊心と熱意の欠如
・学力差を補うための個人指導	・基礎的なスキル，特に，読み書き能力の欠如
・家族，ケアラーおよび専門家からの支援	・学ぶことについての劣悪な条件
・財源と実務的援助	・養護を離れること／ひとりで生活すること
・親和的な学校	・養護問題への無理解
・肯定的なコミュニティと文化的影響	・上級高等教育を経験した人がだれもいないこと
・大学と高等教育機関が合意した明確な手続き	・情報と助言の欠如
・18歳以後も委託先にとどまること	・里親養育者による拒否，だれも養護する人がいないこと
・教育専門家を含めたリービングケアチームが雇用教育を促進すること	・金銭が不足することに対する不安——パートタイムの仕事がほとんどないこと

（出典：Jackson et al. 2011, pp. 28-39）

調査研究では，若者の大半は乏しい養育，虐待，ネグレクトを含めたきわめて問題の多い家庭背景を経験してきている。彼らの養護経験は様々だった。里親養育者から大いに支援されている若者もいたが，他方では委託の破綻を経験している若者もおり（13人の若者が4～10か所にもわたる委託を経験していた），施設養育では教育への関心が欠けていることを，若者が報告していた。しかし否定的な家庭や養育経験にもかかわらず，「彼らの大部分は自らを熱心な学習者として明確な自覚を持ち続けることができていた。彼らは自分の教育生活の次の段階に進むことを心待ちにしていた。」（Jackson *et al.* 2011, p.40）。大多数は16歳以後の教育経験がない家庭出身のため，もし16歳以後も教育を継続する

ことが当たりまえのことで、より高等教育を目指す友人がいれば、教育の継続はより容易になっていたであろう。

また、若者がボランティア活動を含め社会的活動や余暇活動に幅広く関わることにより、養護を超えた社会的ネットワークを拡大することができたと YiPPEE 研究は実証していた。若者は大人のメンターからの支援を受けることもできていた。

高等教育への彼らの進路に関しては、若者が後に続くことが可能な規範的なコースは、3つだけである。CGSEs を AS レベルないし A レベルを達成して大学に進学する。より一般的な進路は、しばしば遅らされたり中断されたりするが、それには、次のことが含まれる。職業資格習得——継続教育カレッジでの教育コースないし職業コース——さらに時間が許せば四年制大学である。21歳を過ぎた若者にとり、直接的な進路を提供するコースに進む選択肢もあった。高等教育に遅れて入学することについて、著者たちは次のようにコメントしている。

> したがって、養護で過ごしてきた若者が教育目標を達成するための財政的支援については、自由裁量の年齢に制限を設けないことが必須である。そうでなければ、彼らが納得する仕事に就くために必要な資格を取得することにほとんど希望がもてなくなってしまうだろう (p.44)。

YiPPEE の英国研究班の国家レポートからの勧告

YiPPEE 研究は、若者が継続教育や高等教育に進学するときに直面する多くの障壁に焦点を当てている。それは、第7章で考察したように、彼らの実家庭から始まり学校や養護にまで及んでいる。研究は、「促進する要因」が提供されさえすれば、多くの若者が成功する潜在可能性と継続への動機を持っていることを示している。

研究はまた統計的データを収集することの重要性を含めて、政府に提言している。

研究はまた「社会的養護の子どもたちの教育と養護は、単一の中央政府の部

局と児童サービスの主任担当者レベルの責任者および選任された指導者とバーチャルスクールヘッドを伴うひとつの地方自治体の部局の責任のもとに継続すべきである」と勧告している（p.44）。地方自治体および児童サービスへの主要な勧告は，次に詳述するとおりである。英国では『移行指針』が高等教育にある若者を支援することについて詳しい助言を提供している（補遺2参照）。

地方自治体と児童サービス局への勧告

- 不規則な登校は深刻な家庭問題の兆候の可能性として認識されるべきである。そして無断欠席に関する情報は，児童保護政策（safeguarding policies）とさらに緊密に連携されなければならない。
- 子どもに社会的養護を開始し，できるだけ早く学習に追いつくための集中的な援助を始めるとき，詳細な教育的アセスメントがなされなければならない。
- 社会的養護の子どもたちが，必要とされるいかなる追加的支援を併用していても，普通学級での教育にとどまるようにしなければならない。行動の問題は子どもの生得的な特性というよりも困難な経験への反応とみなされるべきである。
- 長期間養護にいる子どもたちは少なくとも18歳まで委託先と教育にとどまり，養護計画や自立計画はこうした展望に基づいて作成されなければならないことを想定すべきである。
- 里親養育者と施設養育者は，教育的達成を促進することが彼らの役割の中核的部分であることを明確にしなければならない。自分が受けた教育水準が低いゆえに子どもたちに教育的支援を提供できない場合には，追加的援助と資格を有する教師からの助言を受けるべきである。
- 教師たちは養護システムを理解する必要があり，ソーシャルワーカーは教育についての情報を充分に得る必要がある。このことが各人の研修および専門的な発展の継続を形成してゆくに違いない。
- 余暇活動および社会的活動は積極的に促進されなければならず，委託先の変更があっても連続性が確保されるよう努力しなければならない。さらに

資格取得や収入，労働実習を提供する余暇活動を基盤としたプロジェクトやボランティアプロジェクトの機会を若者が利用するための援助がなされなければならない。

(出典：Jackson et al. 2011)

継続教育

　これまで詳述してきたように，2006年以降，高等教育を受けていない人は，16歳以上の若者の28パーセントと大きく増加してきている。継続教育に参加することは，多くの若者にとりわけ重要な一歩と言える。それは，学校を中退したままの状態から復学させること，早期の教育的遅れに追いつき，巻き返す機会を彼らに提供すること，他の若者との統合を通じて経験をノーマライズし新たな友人をつくる機会を提供すること，そしてキャリアを築く進路を提供すること，また一部の若者には高等教育への足掛かりを提供することができるからである。しかしNCASは次のようにコメントしている。

　　高等教育にある若者は一般の奨学金や教育ローン（すべての若者に利用可能）を申し込むことができるが，継続教育には同様の支援はなく，教育課程に入ることはより困難になっている。たとえば，成人教育のための予算は削減されてきており，「学費免除」が適用となる規則は厳格化されている。したがって，ケアリーバーにとっては追加的支援がなければ，教育を接続することは財政的に困難を強いられるであろう。したがって国および地方自治体は，ケアリーバーが高等教育と同様に継続教育に進むための政策的支援が重要である（National Care Advisory Service 2011b, p.8）。

　さらなる上を目指す西部地域連携関係(Aimhigher West Area Partnership)（Leonard, 2011）の評価書は，16歳以降のケアリーバーの教育改善のための勧告を多数提出した。第1に，地方自治体，継続教育機関，コネクションズのサービスおよび他の利害関係者たちが協働すること，また情報共有と協力協定を発展させることである。連携活動の成果は教育監視監査局（Office for Standards in Education:

Ofsted）(2009) によっても認められており，詳細は「ケアリーバーのための支援：継続教育と高等教育」を参照。第2に，トレーニングプログラムなどを通して，ケアリーバーのニーズについて，継続教育機関で活動するスタッフの自覚を高めることである。

ケアリーバーのための支援：継続教育と高等教育

さらなる上を目指すプログラム（The Aimhigher Programme）は，ケアリーバーが継続教育または高等教育を続けてゆくことについて考えることを奨励し，意欲を引き出すのに役立った。2つの地方自治体が，ケアリーバーがかれらの教育を継続するのを援助するためにカレッジと大学に運用を交渉した。ある地方自治体ではカレッジにおいてケアリーバーの迅速な面接を実施し，別の自治体では，2つの大学がケアリーバーのための入学許可得点の引き下げ協定に合意した。

ある自治体は，ケアリーバーが学校を終えてから継続教育を開始するまでの間に脱落してしまうことが明らかになった。それを受け，リービングケアチームに拠点を置くコネクションズのワーカーは，夏季休暇中に教育を受ける力を持続することを目的とした支援を行った。

訪問を受けた全地方自治体のコネクションサービスワーカーは，ケアリーバーたちに良いアドバイスと情報を提供し，若者が教育と雇用の機会に気づくようにしつつリービングケアチームと緊密に活動した。

（出典：Ofsted 2009）

第3は，継続教育を受けているケアリーバーのためのバトル財団（Buttle Trust）によるクオリティマーク（UK Quality Mark）[4]の重要な貢献およびその継続教育における多大な貢献を認識しつつ，実施に向けての勧奨活動を評価していた。クオリティマークには4つの大まかな基準がある。熱意と達成意欲を喚起すること，入学手続が適正であること，入学機会の提供と継続的支援，ケアリーバーのニーズがきちんと考慮されているかを明確にするために教育提供者からの関与をモニタリングすること，そして適切な支援がすぐになされることである。

雇用の機会と成果を改善してゆくこと

　第7章および本章で検討しているように，養護出身の若者の多くが低学歴であることとアンダーアチーブメントにあることが，若者の雇用の見通しに長く続く影を落としている。このことは，若者が養護を離れた後に不安定な雇用となるのと同様に，高い失業率に反映されている。養護を離れた若者を24か月間追跡してきた調査研究が，良好なキャリア成果と関連する領域を次のように提示している。

良好なキャリア成果

　次の要因は良好なキャリア成果をもたらす可能性がある。

- 教育的成功および学業を継続するパターン。
- 里親養育を背景にもつこと。
- がんばることをケアラーから力づけられること。
- 家族や社会的ネットワークによる非公式な支援。公式な支援がない場合は，リービングケアサービスによる支援。
- 18歳かそれ以上の年齢で養護を離れること，里親養育にとどまること。
- 養護を受けている間，安定した委託であること。
- 養護を離れた後，あまり移動しないこと。
- 良好な住居生活をおくること。
- 堅固な生活的・社会的スキル。
- 犯罪および物質濫用に関わらないこと。
- キャリア支援を受けること。

（出典：Dixon and Stein 2005; Wade and Dixon 2006）

　メンタルヘルスの問題や情緒および行動に困難がある若者はより傷つきやすいグループであり，そうした問題がないケアリーバーたちよりも不十分なキャ

リア結果に至る者が2倍多いことが実証されている(Wade and Dixon 2006)。こうしたグループの脆弱性については第9章において,さらに検討する。しかしティルブリー(Tilbury)らは,社会的認知キャリア理論により,養護の不安定性という養護問題への焦点化と同様に,雇用者側に特化した助言や支援を優先してゆくことの重要性を強調している。

> 本研究において面接した若者の多くは安定した委託になかったが,それでも将来の仕事に関する目標をもっており,その目標を達成するための計画を立てるための援助を必要としていた。発達の諸領域すべてが重要であり,いくつかのニーズは特定の時期に優先するかもしれないが,このことは措置がいかなる時も何事にも先立つという必要性の序列を恒久的に生み出すことを正当化するものではない。教育および将来の仕事のオリエンテーションは,若者の発達を育成してゆく中できわめて重要な部分である。養護にある子どもたちにとり二次的な問題に切り下げられてはならない(Tilbury et al. 2011, p.351)。

著者らは,研究から4つの主要な問題を明確にしている。

- 満足できるキャリアを達成するため,養護にいる若者の意欲を高めること。
- キャリアを計画することと障がいに打ち克つ能力を向上させること。
- 立派な大人になることを目指したケースワークへの長期的かつ多次元的アプローチを取ること。
- 養護経験の社会的および心理的成果のいずれにも,より包括的な対応をしてゆくこと (p.352)。

同様の方向性で,カナダでの調査研究もまた教育,訓練,雇用において教育への熱意,達成,参加を喚起してゆくために焦点化されたアプローチの重要性を説いている (Flynn and Tessier 2011)。ビルソン(Bilson)ら(2011)はイングランド北西部におけるケアリーバーのための雇用枠組みの評価で,その主要要素として次のことを確定した。雇用および雇用可能性のための準備,労働経験の

枠組み，就労委託と研修制度，徒弟制度そしてメンタリングである。彼らは，社会的共同親の役割の一部としてケアリーバーが雇用されるうえでのニーズを強調することにより雇用支援をさらに発展させることの重要さに力点を置いている。「若いケアリーバーに継続して対応できると認められた特定の人により整えられた」雇用の取り組みを発展させる諸機関の協働の必要性（p.391），雇用と職業訓練を早期に開始すること——ここにはバーチャルスクールヘッドの役割，「雇用者と職業訓練提供者による地域性を超えた取り組みを促進することと同じく，指針の形をとった支援を提供する」地域レベルでの協働の重要性も含まれるだろう（p.392）。雇用と職業訓練に関する『移行指針』は，補遺2におさめられている。

　養護出身の若者の非雇用の割合が高いことに対応して，——教育にも職業訓練にも雇用にもついていないケアリーバーは同年代の若者の約3倍以上である——政府は養護から雇用へプロジェクトを実施すべくNCASに予算化した。プログラムは2009年に開始され，ケアリーバーの雇用を改善し，意欲を高め，養護を離れた若者と一般人口の同年代の若者との格差を縮小することが目的だった。地方自治体や全国および地域の雇用者たちとの連携活動の結果，雇用機会の増加に成功している。2009年から2011年においては150の地方自治体がこのプロジェクトに署名し，1,096の労働実習委託と356の徒弟制度を含め全体として400の地方および国営企業が4,609人の雇用機会の創出に携わった（National Care Advisory Service 2011d）。地方自治体担当部局では次のことを実施した。基礎的なスキルのトレーニング（たとえば，読み書き計算と情報通信技術），徒弟制度に入る前のプログラム（たとえば，就労を経てカレッジに入学），就労前研修（たとえば，ビジネスプログラムによる若者への支援），労働実習（たとえば，協会によるもの，出願書類手続きの援助），徒弟制度（たとえば，経営管理，消費者サービス，健康および社会的ケア），雇用（たとえば，若者が実務演習後，引き続き，被雇用者になること），そして16歳以後の継続教育および高等教育（たとえば，学業についてのメンタリング，出願手続きの支援，必要備品，夏季学校への参加，意欲を高めるための大学訪問）。2011年4月から9月の期間に29の地方自治体が3,300の機会を提供した（National Care Advisory Service 2011d）。

　プロジェクトは『養護から雇用へ：クオリティマーク』（From Care2Work

第8章　継続教育，高等教育，職業訓練，雇用　　115

Quality Mark）基準を導入し，実務者を援助する資源を発達させ，若者が雇用にアクセスしそれを維持してゆくための支援のニーズの認識を高めてきた。ブラッドフォードLEAP（Bradford LEAP）プロジェクト[5]および先験（Way Ahead）プロジェクトという地方レベルでのプロジェクトの2事例を提示する。

ブラッドフォード LEAP プロジェクト

背 景

　ブラッドフォード市議会LEAP（Learning, Employment, Advice and Preparation）プロジェクトは，ケアリーバーと従来の主流のサービスにつながることが難しい養護から移行する人たちに12週間のプログラムを提供している。

　それは従来の主流のサービスにつながるのが困難な若者を支援し，彼らの雇用の準備をし雇用可能性を高めることを目的としている。プログラムの参加者は，基礎的かつ社会的スキルの認定を受ける。参加者はプログラムの修了後も12週間にわたり（必要な場合にはそれ以上），LEAPスタッフによりその成長を見守るため支援される。

プログラム

　プロジェクトは，学校教育のルートから雇用に入ってゆくのに向かない人たちのために集中的職業準備コースも用意している。4日間集中コースの後に12週間のコースが続く。それは，ブラッドフォード市委員会（社会的共同親委員の一部として）ないし提携関係における職業体験機会，研修制度，または徒弟制度につながり，自らの成長を示す課題を遂行する。若者は週16週間のLEAPプログラムに参加し，クラスは，毎回の授業を支援するユースワーカーと雇用（E2E）ワーカーの少人数で行われる。

　直近のプロジェクトは，ブラッドフォードカレッジが公式サテライト提供者となり，まだ勉学に慣れていない人たち，あるいはその方が楽な人たちに，より正規な学習環境でのカレッジ公認推奨のプログラムを提供できるようになった。2008年8月に着手してから2年以内に，プログラムに登録参加した49名のケアリーバーのうち38名が，その先の教育，雇用，職業訓練（Education,

Employment and Training: EET) コースへの進学あるいは認定証の取得に至った。
　プロジェクトで活動するスタッフは，社会的養護の出身であり，全員教員資格を持っている。プログラムでの若者は，スタッフとの関係を「重要な」ものとし，養護システムを理解しているスタッフや自分に近い背景をもつ若者と過ごすことが，いかに価値あるかを語っている。プロジェクトは，強力な関係がいかに多くのケアリーバーたちを重要で前向きな目標へと導いているかを示している。

（出典：Bradford Leap プロジェクト 2011 より提示された実践例）

先験プロジェクト：レスター市における FromCare2Work の実践

目　的
　プロジェクトは，教育，雇用，職業訓練においてケアリーバーたちを支援し，その立場を維持できるようにするために，以下の方法により，多機関で持続的なパートナーシップを育むことを，目的とする。

・ケアリーバーの意欲を高める。
・ケアリーバーの雇用可能性スキルの向上のための機会を展開させる。
・ケアリーバーのための教育，雇用，職業訓練（Education Employment, Training: EET）の機会を最大限に増やす。
・教育，雇用，職業訓練（EET）への道筋を簡素化し調整する。
・成功を祝福すること。

活動課程
　ケアリーバーのために達成，意欲，目標を高く設定するという総体的な文化を創造すべく結集したプロジェクトに連結する活動の流れがある。

・先験プロジェクト（Way Ahead Project）：コネクションズと社会的養護をまたがる共同運営プロジェクトである。プロジェクト責任者は両方の事業のワーカーと直接関わりを持ち，社会的養護の子どもたち（Looked After

Children: LAC）とケアリーバーのためのキャリア計画を導き，プロジェクト活動と主導権の範囲を調整している。プロジェクト責任者はケアリーバーのための教育，雇用，職業訓練（EET）を支援する将来の資金調達動向を確認することができる。
・プロジェクト責任者は，養護から雇用へ全国雇用戦略（FromCare2Work National Employability Initiative）の連絡窓口である。レスター市は，この国家戦略に参画し，クオリティマークを認証している。プロジェクトはマリオットホテルとの提携関係のもと有償職業体験学習を展開した（年4回，6名ずつ）。このモデルはきわめて成功をおさめ，民間機関やボランティア機関により踏襲され，今後はケアリーバーに向けて開かれた機会が増えてゆくであろう。
・有償職業体験学習は，継続的な職業体験学習と相談活動，先験プロジェクトに携わるボランティア団体レスター州養護飛魚プロジェクト（Leicestershire Cares-Flying Fish project）の援助により支えられている。
・プロジェクトはまた，地方自治体において職業体験学習の機会を支援している――ケアリーバーは自治体に関わる若者たちの職業体験学習および雇用機会を改善し増やすための共同委託の優先的グループである。
・徒弟見習制度の機会は，ケアリーバーに「同族会社」（family firm）で働く機会を与え，これらの職への応募を支援し，うまくいくスキルを身につけられるようにすることで自治体に行き渡り，展開されてきている。
　　　　　　　（出典：レスター市先験プロジェクトより提供された実践例2011）

　NCASはまた，Care2Workプロジェクトが発足した最初の3年に出てきた全般的なメッセージを明らかにした（National Care Advisory Service 2011）。

社会的共同親の活動
・ケアリーバーの雇用適格性を獲得するため，戦略的養護者を行政計画において確定すること，そして義務を行動に転換すべく現場の管理職たちを団結させること――いずれも関係する局長会議と多機関の活動計画において形作られた。

- 社会的共同親活動が地方自治体にまたがる雇用およびスキル獲得戦略にどのように組み込まれるかについて検討すること。
- サービスの形成と成果の監査に若者が関与する方法をつくりだすこと。
- 地域的に失業者に対応するための将来の資金入札においてケアリーバーのニーズに適うことへ配慮することを保証すること。

連携アプローチ
- ケアリーバーの雇用適格性を構築する機会を創出する共同活動で，内部の連携と外部の連携のネットワークを発展させること。
- 機会を創立するときに養護から雇用へクオリティマーク（FromCare2Work Quality Mark）基準を登用すること。
- 調達契約の社会的条項は，ケアリーバーの機会創出のための社会的共同親の責任性と連結していることを保証すること。

意欲を高めること
- 若者がキャリアへの意欲を高めることから雇用適格性は強化される。私たちは計画とサービス遂行の中枢において雇用的格性を構築する共通言語を発達させねばならない。
- ボランティア団体の連携者たちは，若者の意欲を高め才能を見いだすのを助ける活動のための財政的支援につなげるようにすること。たとえば芸術家協会，すべてのコミュニティ財団のための奨学金（Awards for All Community Foundation）やその他の助成金のための信託財団など。

就労への道のりを支援すること
- リービングケアチーム専任の専門家は，若者の雇用適格性に焦点を当てて，若者の可能性が開花するよう支援し，リービングケアスタッフに教育，訓練，雇用についての助言をする。
- 雇用適格性を確立するには，求職途中の若者が，どこにあっても支援につながることができる機会が必要である——機会を掴むための十分な安定性を達成することから，高等教育を受けている学生を保証するところまで，彼らの

雇用適格性を高めることである。
・成人期への移行に関わるすべてのスタッフは，就労への道のりを支援するなかで役割を果たし，キャリア計画と雇用適格性を切り開くための最新の知識を増やす研修が必要である。

要　約

・ケアリーバーの16歳以後の教育，雇用の現状は，一般人口の若者よりも不十分である。
・国際調査研究は，16歳以後の教育成果向上における主要な促進要因と障害を確定している。前者には安定性，18歳以後も委託先にとどまること，活動目標志向の個別教育計画，財政的かつ実務的援助および家族，友人やケアラーからの支援がある。
・障害には次のようなものがある。多重の委託経験，学業の中断や学力差の補償の失敗，実家庭における問題，教育を重視しないことや学校経験への関心のなさ，低い自尊心および意欲の欠如，基礎的なスキル特に読み書き計算能力の不足，劣悪な学習状況および高等教育経験のある人と知り合いでないこと。
・調査研究はまた，教育的成功を積み重ねることやケアラーの励まし，安定性養護を離れた後あまり移動しないこと，住居に定着して生活すること，キャリア支援を目標とすることが，良好なキャリア成果に貢献することを明確にした。
・養護から雇用へプロジェクトは，連携活動を通じてケアリーバーのための雇用機会をいかに増やすかについての実例を提供している。

◆訳注
（1）日本では単科大学もしくは短期大学として訳されることが多いが，英国では専門学校に近い位置づけ。
（2）2014年9月から小学校低学年までは，全国で無料学校給食となった。
（3）高等教育への公平なアクセスを促進する非政府公的機関。
（4）英国における，ユースサービス（若者支援事業）の一定の品質と水準を保つための公認のマ

ネジメントツールとなっている評価指標。全国青少年協会（National Youth Agency: NYA）による，『クオリティマーク――若者のためのより良いサービスに向けて』（*Quality Mark-towards better services for young people*, 2008）において，3つのセクション（「政策と戦略」「人々」「協働と資源」）が33項より構成されている。
（5）ブラッドフォード市で実施された，ケアリーバーおよびその予定者を対象とした就労促進12週間プログラムであり，地域と連携した雇用促進実践。

第 9 章

健康とウェルビーイング

私はあまりにもあちこち移動してきたので，
自分の頭の中で何が起きているのかわからなかった。

　すこやかなウェルビーイングに前向きな感覚をもつことは，養護から成人期へと歩みだす中で多くの困難な課題に出会う若者にとりわけ重要である。若者が自分の住居に移り住み，仕事に定着し，あるいは新たな教育課程や職業訓練プログラムの履修に対応してゆくために，特に不安や抑うつ状態にあったり病気だったりしたときに，実務的かつ心理的な要請に対処するのはたいへん困難である。

　本章は，養護で生活している若者と養護から移行する若者の身体的かつ精神的健康に焦点を当てる。これには，第1に法的かつ政策的背景の要約，第2に養護で生活している児童と若者の健康およびウェルビーイングの解明——これは，若者が養護にいる間，彼らの問題にどのような援助がなされたかが，彼らのその後の人生に多大な影響を与えるであろう。第3に，養護を離れた後の若者の健康とウェルビーイングについて私たちがわかっていることについての検討，そして最後に，調査研究知見から上がってきている政策と実践の内容の総括が含まれる。

法的および政策的背景

　2007年以後，社会的養護の子どもたちおよび養護を離れた若者の健康とウェルビーイングの向上を目的とした法令と指針を含め，数多くの政策的発展がなされてきている。それらは次のとおりである。

- 少なくとも12か月以上継続して社会的養護にある4歳から16歳のすべての子どもたちの情緒および行動の健康に関する情報を提供することを全地方自治体に要請する全国指標が2008年に導入された。このデータは2009年以後，強さと困難さ質問紙法（Strength and Difficulties Questionnaire: SDQ）を用いて収集されてきている（Dickson et al. 2010 参照）。
- 児童と思春期のメンタルヘルスサービス（Child and Adolescent Mental Health Service: CAMHS）の最終報告，『児童と青少年を考える』（Children and Young people in Mind），そしてこの報告書に対する政府の回答が2008年に刊行された（CAMHS 2008）。
- 『社会的養護の子どもたちの健康とウェルビーイングの促進に関する法令指針』（Statutory Guidance on Promoting the Health and Well-being of Looked-After Children）が2009年に刊行された（Department for Children, Schools and Families and Department of Health 2009）。
- 『社会的養護の児童青少年の生活の質を促進すること。NICE公衆衛生指針28』（Promoting the Quality of Life of Looked-After Children and Young People: NICE Public Health Guidance 28）が2010年に刊行された（NICE and SCIE 2010b）。
- 『1989年児童法指針と法令，第2巻：養護計画，委託とケースレビュー』（The Children Act 1989 Guidance and Regulations, Volume 2 Care Planning, Placement and Case Review）が2010年に刊行された（Department for Education 2010b）。
- 『1989年児童法指針と法令，第3巻：ケアリーバーのための成人期への移行計画——移行指針』（The Children Act 1989 Guidance and Regulations, Volume 3: Planning Transition to Adulthood for Care Leavers-The Transition Guidance）が2010年に刊行された（Department for Education 2010a）。

前労働党政権はまた，地方の多機関連携の発展を通して社会的養護の子どもたちの健康とウェルビーイングを向上するために90の地方自治体を支援する健康的養護プログラム（Healthy Care Programme: HCP）を予算化した。しかし連立政権は，上院教育委員会の声明により2011年にこの予算案を中止した。

第9章　健康とウェルビーイング

養護の子どもたちのウェルビーイングについての救済的見解への政府の支援はきわめて歓迎するものであるが，この根本方針を体現している HCP のための国家予算の中止は，理解しがたいものである。(House of Commons 2011, Fifth Special Report of Session 2010–11, p.22)

これらの政策と実践の発展の主要な内容は，本章の最終節で検討している。

養護で生活する児童と青少年の健康，そしてウェルビーイング

養護を離れた後の若者の良好な健康とウェルビーイングの肯定的な感覚の基盤は，若者の人生の乳幼児期にあり，彼らが養護に入ったときにいかに良く援助され乳幼児期の問題や困難が補償されるかということと関連している。

身体的健康

2001 年，国立統計局（Office of National Statistics: ONS）は社会的養護の若者の全般的健康について調査を行った（Meltzer et al. 2003）。社会的養護の全児童青少年のうち3分の2は，少なくともひとつは身体的疾病があることが報告されていることを明らかにした。目そして／または視覚の問題（16 パーセント），話すことまたは言語の問題（14 パーセント），夜尿症（13 パーセント），協応活動の障がい(10 パーセント)そして喘息(10 パーセント)である。国立統計局(ONS)の調査は，喘息とアトピー性皮膚炎を除き，身体疾病は一般人口の子どもたちよりも社会的養護の子どもたちがよりふつうに有していることも示していた。重要なことは，国立統計局の調査が，身体的問題とメンタルヘルスの問題との密接なつながりを示したことだった。メンタルヘルスの問題がないと診断された子どもたちはほぼ半数を超えるが，メンタルヘルスの問題がある子どもたちの4分の3以上には，少なくとも身体疾病がひとつあることがわかった (Meltzer et al. 2003)。

また国立統計局調査により，里親家庭で生活している子どもたちが「健康状態がきわめて良好」が 69 パーセントであるのに対し，居住型施設で生活している子どもたちは 49 パーセントであることも実証された。児童青少年の全般

的な健康は，彼らの委託が安定していればいるほど向上し，これは，委託の安定性の重要さを浮き彫りにしている（Meltzer et al. 2003）。社会的養護の子どもたちの予防接種率は向上している。2011年の政府指標では，社会的養護の子どもたちの最新の予防接種率は79パーセントであり，2005年の76.5パーセントよりも上昇していることを報告している（Department for Education 2011b）。しかし16歳以上で12か月以上社会的養護にある子どもたちの歯科検診と予防接種の割合は，16歳未満の子どもたちと比較すると低かった（Department for Education 2011b）。

少なくとも1年間社会的養護にある子どもたちを対象とした英国の研究では，半数が外来治療を必要とする深刻な身体的ないし健康状態にあり，そして4分の1以上が1つ以上の症状があったことを明らかにした（Skuse et al. 2001）。『社会的養護の子どもたち：アセスメントと活動記録』（Looking After Children: Assessment and Action Records）のデータ分析では，健康ニーズに応えられていない子どもたちが高い割合であることを明らかにしている。対象の半数以上が，健康または行動の問題のニーズがあることが確定された（Wade and Skuse 2001）。イングランド地方の社会的養護の若者2,000人を対象とした養護児童の声トラスト（The Who Cares Trust）調査では，11歳以下の子どもたちの40パーセントが，自分たちの発達について十分な情報を受けていないと感じていることがわかった（Shaw 1998）。

ひとつは様々な施設で生活している若者と，他方は里親養育委託で生活している若者を対象としたスコットランド地方でのふたつの研究では，里親養育で生活している若者は対照となる施設養育での若者と比べて，より幸福と感じ，より健康で，よく食べ，よく運動し，薬物の使用には関わっていないことを明らかにした（Ridley and McCluskey 2003; Scottish Health Feedback 2001, 2003）。

社会的養護で生活する児童青少年のメンタルヘルス

児童青少年はしばしばメンタルヘルスの問題を抱えて養護に入ってくる。242名を対象とした社会的養護の子どもたちの長期追跡研究のデータでは，5歳以下で社会的養護を開始した子どもたちの約20パーセントが情緒と行動の問題があることがわかった（Sempik et al. 2008）。国立統計局のデータの分析に

第9章 健康とウェルビーイング　125

おいてもまた、養護に入るまでに多くの若者が深刻な水準の心理社会的困難を経験してきていることを明らかにした（Ford et al. 2007）。

国立統計局は英国全土における若者のメンタルヘルスについて4つの全国的な調査——イングランド、スコットランド、ウェールズの社会的養護にある児童についての3つの調査と民間家庭にいる児童の1つの調査——を実施した（Meltzer et al. 2000, 2003, 2004）。第1の調査は、1999年に民間家庭で生活している若者10,500名のメンタルヘルスに関する情報収集を実施した。第2の調査はイングランドにおいて2001年3月31日時点で社会的養護の下にある5〜17歳の児童青少年のメンタルヘルスの疾病率に焦点を当てた。総数2,500人の年齢集団となり、おおよそ18人に1人は社会的養護の児童青少年だった。2つの調査により、調査対象の比較をすることが可能となった。

11〜15歳の高齢児のグループ——ケアリーバーになることが最も近い人たち——は、民間家庭のグループと比較して「精神的障がいのある可能性」が49パーセント対11パーセントと4〜5倍高かった（調査対象に16〜17歳は、含まれていないため、16〜17歳の比較データは存在しない）。精神的障がいのカテゴリー別の割合は、次のとおりである。情緒的障がいは12パーセント対6パーセント、行為障害は40パーセント対6パーセント、多動性障害は7パーセント対1パーセントである。男女別では、11〜15歳群に何らかの精神的障がいがある若者の割合は、男子は55パーセント、女子は43パーセント、16〜17歳群の割合は、男女ともおよそ40パーセントであった。16〜17歳群では女子は男子よりも情緒的障がいの出現率がより高く、行為障害は男子よりも低かった。

委託別では、居住型施設で生活している若者の3分の2が「精神的障がいあり」と査定され、これに対し自立して生活している若者は半数であり、里親養育ないし実親（保護命令下にある）に委託されている若者では約40パーセントであった。あらゆる種類の精神的障がいの割合は、委託種別で有意差があった。「情緒的障がいあり」の子どもは、実親（保護命令下）との生活ないし居住型施設で生活している子どもが里親養育の約2倍であった。居住型施設で生活している子どもの「行為障害あり」は、里親養育ないし実親（保護命令下）と生活している子どもをはるかに上まわった。精神的障がいの疾病率は、子どもたち

り現在の委託期間の長さにともない減少する傾向にあった。

　また調査では，精神的障がいがない若者と比べて，精神的障がいがある若者の場合，精神的障がいと身体的訴えとの密接な関連があることがわかった。さらに精神的障がいがある児童と若者は，読解，算数，綴り（スペル）に著しい困難があり，障がいがない子どもたちのほぼ2倍で，読解（37パーセント対19パーセント），算数（35パーセント対20パーセント），綴り（41パーセント対24パーセント）だった。精神的障がいがある子どもの3分の1以上（35パーセント）は，知的発達が3年以上遅れており，これは精神的障がいがない子どもの2倍だった。精神的障がいがある子どもの42パーセントに特別な教育的ニーズ（Special Educational Needs: SEN）があり，その割合はそうでない子どもの2倍だった。精神的障がいと無断欠席には相関が見られた。最後に，精神的障がいがある若者は精神的障がいがない若者よりも，はるかに多く喫煙，常習的な飲酒，薬物の使用をする傾向があった。

　2007年，フォード（Ford）らは，無作為抽出によって全種別の委託で生活している児童青少年（5～17歳）を含めた社会的養護の子どもたちを対象とした最新の最も大規模な疫学的研究を実施した4つの英国の国立統計局の調査研究のデータをまとめた（Ford et al. 2007）。それによると，心理社会的困難と精神的障がいの割合が45パーセントから49パーセントであることが明らかとなった。これは民間家庭で社会経済的に最も不利な状態で生活している子どもたちよりも高いものであった。またこの分析では，メンタルヘルスの問題とは別に，特に良好な心理的適応を示した社会的養護の児童と若者は，10人に1人にも満たなかったことが示された。

　この研究では「養護に関する変数」に関し，居住型施設あるいは独立して生活している若者の情緒的障がいおよび行為障害の割合が高いことと社会的養護の子どもたちの精神医学的障がいと，おそい時期に養護システムに入ること，現在の委託以前での複数回の委託変更，そして子どもたちの現在の委託先での生活が短い期間であることとの関連を明らかにした（Ford et al. 2007）。

　2008年10月から2009年2月にかけて教育監視監査局（Ofsted）は，16歳以上の若者のためのメンタルヘルスサービス部門の評価のため，安全管理が堅固なホームおよび寄宿舎制の特別学校1校ずつを含めた27のチルドレンズホー

第9章　健康とウェルビーイング　127

ムの調査を実施した（Ofsted 2010）。この調査の重要な知見の概要は，サービス改善の重要性も含め，次のとおりである。

居住型施設の 16 歳以上の青少年のためのメンタルヘルスサービス

　一部の若者は国内のメンタルヘルス規定の違いのため，著しく不利な状態に置かれていた。それとは対照的に専門家の関わりを受けた若者は，成功を収めたことが実証されていた。

　チルドレンズホーム入所時の不適切なアセスメントが，しばしば若者がメンタルヘルスの専門家による支援を受ける機会を遅らせている。このことが若者に成果をもたらさず，必要な時に専門家の支援を要請することを困難にしていた。

　チルドレンズホームにいる専門家の治療を受けていた若者は彼ら特有のニーズをよく理解した熱心なスタッフから適切な専門家の治療的養護を受けていた。

　児童と思春期のメンタルヘルスサービス（Child and Adolescent Mental Health Service: CAMHS）へのアクセスが一貫していなかった。良好なサービスから全くサービスがないものまで様々だった。サービスの契約をしている自治体のホームの若者は最も CAMHS にアクセスしやすかった。一般的に民間のチルドレンズホームにいる若者と彼らの自治体の管轄外に委託された若者は最もアクセスがよくなかった。訪れたチルドレンズホームの 27 のうち 13 が，受けているサービスの遅れを報告した。この 13 のうち 10 は個人経営だった。

　ケアラーと専門家を提供する人との間の意思疎通と関係性が良好な場合は，スタッフは一貫した連続性のある支援を提供することができた。

　専門家としての研修と資格がないにもかかわらず，専門家がスタッフとしていないチルドレンズホームのスタッフは広範囲なスキル，知識，専門性を発達させてきていた。

　異なる機関間の良好な活動関係は，若者のコンサルテーションの機会および地域サービスの発展と向上への関与を促進した。

　サービスの監査と評価をするチルドレンズホームの管理者とプロバイダーとメンタルヘルス部門の代表者とが集う適切な公開討論の場がなかった。

　一部には，メンタルヘルスに対し否定的態度をとる若者がいる。これは，適

切なサービスを活用する機会を逃してしまったことを意味していた。
　児童のメンタルヘルスサービスから成人のサービスに移動することは，一貫性に欠け，時には若者がサービスを受けるのを中断させてしまうことになっていた。
（出典：Ofsted 2010）

養護を離れた後の若者の健康とウェルビーイング

身体的健康

　リービングケアに関連して養護を離れたその年に身体的健康問題の増加が実証されている。スコットランドの調査研究では，調査対象の若者の 12 パーセントに長期にわたる身体的健康問題があり，ほぼ 5 分の 1 の 18.7 パーセントが喘息，アトピー性皮膚炎，聴覚障害，薬物やアルコールの濫用に関連した問題などその他の健康問題があることが報告されていた（Dixon and Stein 2005）。サンダース（Saunders）とブロードもまた，養護を離れた若者の健康問題を確定していた。48 名の調査対象の若者の半数以下が長期的な健康問題を抱えていた。調査の対象となった若者たちは，自分たちの健康は，「うつ」や自分の人生に対する通常の感情だけでなく，住宅のこと，個人的な人間関係，自分の養護の経験に影響されていると感じていた（Saunders and Broad 1997）。

メンタルヘルスとウェルビーイング

　48 名のケアリーバーを対象とした初期のイングランドの研究（Saunders and Broad 1997）では，17 パーセントがうつ，摂食障害および恐怖症を含めた長期間の精神疾患ないし精神的障がいがあったが，そのほとんどが女性だった（87 パーセント）。全体の 3 分の 1 以上が 15 歳ないし 16 歳から自傷行為があり，それはリストカット，過量服薬，熱傷ないしこれら数種類の複合によるものだった。若者の 3 分の 2 近くが自殺を考えたことがあり，40 パーセントが養護を離れる時期である 15 歳から 18 歳の間に自殺を試みたことがあった。
　ディクソンら（2006）は，イングランド地方の 7 つの自治体で養護を終えた若者 106 人の予後を研究した。研究は，若者が養護から独立した生活へと移行した最初の 12 〜 15 か月間に焦点を当てた。それには住居，キャリア，健康，

ウェルビーイング，危険な行動について，若者たちには養護を離れた3か月以内（ベースライン）とその後の12 〜 15 か月に面接が実施され，あわせて彼らのリービングケアワーカーから併行して情報収集がなされた。精神健康調査質問紙法（General Health Questionnaire-12: GHQ-12）とキャントリルの階梯（Cantril's Ladder: CL）[1]を含めたランカシャー生活の質（QOL）プロファイル（Lancashire Quality of Life ProFile）がメンタルヘルスおよびウェルビーイングの測定に用いられた（appendix C, Dixon *et al.* 参照）。

　研究では，ベースラインの時点で若者の10パーセントにメンタルヘルスの問題があり，うつ，自傷，摂食障害，不安障がい，パラノイアのエピソードを含んでいた。また，ベースラインで高い割合（42パーセント）で情緒および行動に問題があり，その内訳は「ややあり」が42パーセント，「深刻」が11パーセントだった。その内容は，怒りへの対処，言語的・身体的・性的攻撃，多動性障害，アルコール依存症，犯罪行為，気分変調，養護の経験に関わる情緒的問題であった。合算すると（いずれのカテゴリーにも該当する若者を含め）調査対象の44パーセントに情緒，行動またはメンタルヘルスの問題があることが明らかとなった。また研究は，物質濫用を含めた危険行動に関連する健康問題があること（18パーセント）も実証した。

　研究ではまた，ベースライン時点と若者が養護を離れて生活して12 〜 15か月間になるフォローアップ時点との間にメンタルヘルスの問題が増加していることを実証した。若者によるメンタルヘルスの問題の自己報告は2倍に増加し（12パーセントから24パーセント），これにはストレスやうつがあり，4人（4パーセント）の若者に自殺企図があった。GHQ-12の得点の変化の分析では，フォローアップ時期に精神的ウェルビーイングスコアの低下を示しながら，対象の41パーセントに症状スコアの上昇が見られた。なぜこのようなことにならなければならないのだろうか？

　ディクソンらによる調査結果の分析では，しばしば乳幼児期に起こる養護からの移行に対応すること，住居に落ち着くことやキャリアに対応することといった，養護以前および養護中の困難（下記での実証のように），あるいは移行期間中の新たな課題と組み合わさって，若者の健康とウェルビーイング全般に影響していると示唆している（Dixon 2008）。ケアリーバーのメンタルヘルスの問

題は，時間の経過に伴い増加していることが実証されている。スコットランドで実施された調査研究では，養護を離れた11か月後の時点でメンタルヘルスの問題を報告した若者が4倍に増加しており，このことはまた国際調査研究でも実証されていた（Dixon and Stein 2005; Stein and Dumaret 2011）。最後に，政府の『自殺防止に関するコンサルテーション』（2011a）（*Consultation on Preventing Suicide*）（2011a）では，きわめて傷つきやすい群として社会的養護の子どもたちとケアリーバーを同定し，彼らの「成人期に自殺企図のおそれは，4倍から5倍である」と述べている（p.27）。

政策と実践事項

個別アドバイザーの役割

　『移行指針』は，若者の個別アドバイザーの中枢的役割を強調している。彼らは，若者の自立計画がアセスメントされた健康のニーズを考慮し，ニーズにかなったやり方を備えていることを保証してゆく責任がある。健康とウェルビーイングに関するアセスメントと自立計画作成において出てくるニーズの項目には次のものがある。「健康と発達」「情緒的および行動的発達」「アイデンティティと家庭」「家庭と社会的関係」（これらは「補遺1」に詳述）。

　2009年の『社会的養護の子どもたちの健康とウェルビーイング促進に関する法令指針』（*Statutory Guidance on Promoting the Health and Well-being of Looked-After Children*）では，ケアリーバーの健康問題での傷つきやすさとリービングケアサービスの貢献の重要性，そして若者の個別アドバイザーに光を当てている。

> 養護を離れた若者は，きわめてストレスがかかる時期に，健康についての助言とサービスを受けることが継続できるようにしなければならない。個別アドバイザーは健康アセスメントに関わる医師や看護師と緊密に活動し，身体的かつ精神的健康を促進する方法についての研修で習得すべきである（Department for Children, Schools and Families and Department of Health 2009, p.31）。

リービングケアサービスは，健康と前向きな活動へのアクセスが若者の自立計画の一部として含まれていることを保証しなければならず，健康サービスの提供を前提にしなければならない。CAMHS への移行は，CAMHS 総括書の提案に則り少なくとも 18 歳の誕生日を迎える 6 か月前に計画されるべきである (p.32)。

障がいを含め複合的なニーズがあるケアリーバーは成人のサービスに直接，移行してもよい。そして自立計画は，この移行が断絶なく支援されることを保証しなければならない。成人のサービスの支援基準に達しないニーズがあるケアリーバーの場合，彼らの個別アドバイザーは，ボランティア部門からの提供も含めあらゆる可能な支援形態を確定し，適切に促進することを保証すべきである (p.32)。

これまで詳述したように，複数の調査研究知見は，若者の身体的および精神的健康が乳幼児期の養護以前および養護中の困難あるいは移行期間中の新たな課題から惹起して，移行の時期に増えることを明らかにしている。健康とウェルビーイングは，教育，キャリア，住居，ライフスキルと社会的支援を含めた若者の生活のその他の側面と密接に結びついている。養護からのより緩やかな移行だけでなく，個別アドバイザーは彼らに個別支援を提供したり，リービングケアサービス，メンタリング，それまでのケアラーの支援や前向きな家族や親族のネットワークを含めた彼らが必要とする支援を受けることを確実にするうえで重要な役割を果たすであろう。

健康アセスメントと計画

2009 年法令指針（上記で確定された）の準備を告知する総括書は，主要な 3 つの領域（Mooney *et al.* 2009）における改善の必要を示唆していた。第 1 は，健康アセスメントの項目範囲を拡大すること——家族歴に関する情報は 5 人に 1 人しかなく，かつ 10 代の健康ニーズに関する情報が欠如していた。第 2 に児童および青少年の健康を促進する手段としてアセスメントプロセスを活用すること——多くのアセスメントは疾病スクリーニング実践とみなされていた。そ

して，第3に，健康のアセスメントに含まれた提案が実行されることである。
　総括書はまた，健康のアセスメントの時間枠および健康計画の質の多様性の改善の必要を確定している。それには提案を恒常的に履行するのを妨げないことが含まれている。

メンタルヘルスサービスへのアクセス

　メンタルヘルスサービスにつながることに関し，ムーニー（Mooney）ら（2009）によりまとめられた報告は，若者がCAMHSにつながるのに，特に委託の地域外の場合，遅れたり，長期間予約待ちの状態をしばしば経験したりしていることを提示した。研究者たちは，社会的養護の子どもたちのニーズが最も良く充たされるためには，以下が必要であると提言している。

- こうした若者に特化したCAMHSの専門的部門ないしは社会的養護児童チーム内における統合的なCAMHS特定ポスト。
- より早期の段階でニーズがある子どもたち，後の時点では危機軽減介入を助けるため子どもたちに関わる人たちのためのトレーニングと支援。
- CAMHSを受診する可能性があるSDQスコアが高い子どもとその養育者の最初の相談窓口であり，メンタルヘルスの専門性がある看護師により運営される家庭支援クリニック。
- 中等学校を拠点にしたリレート（相談所）により提供されるサービス。
- 戦略的レベルでは，報告は計画とサービスの発展を知らせるため，また，優れた社会的共同親として役割を果たすために，良質なデータとニーズ分析の重要性をも確定している。

　この領域における良い実践事例が，ピーターバラ市における里親と養子のための臨床心理的事業（Peterborough Fostering and Adoption Clinical Psychology Service）により提供されている（次頁参照）。サービスは，常勤臨床心理士1名とアシスタント心理士1名により構成されている。里親，養子，親族里親の領域，居住型ユニットからのニーズおよび可能ならば地域外委託で可能な範囲を担当している。

ピーターバラ市の里親と養子のための臨床心理的事業

このチームは，次に挙げるものを含む多くのサービスを提供している。

- 里親養育，養子，親族里親ないし施設養育にある若者への直接的なアセスメントおよび治療的関わりの照会を受けること。
- コンサルテーション：若者について，ケアラー／養親および専門家（たとえば，ソーシャルワーカー，教師）に対する心理的見立てと介入を提供すること。
- ケアラー／養親および専門家のためのトレーニング。
- ピーターバラ市評議会のメンバー同士の協働。
- メンタルヘルスおよび心理的過程に関わることへの心理教育を通して委託破綻を減少してゆくことに焦点をおいたケアラーと養親のためのグループを運営すること。
- 潜在的ケアラーおよび養親のリクルート，アセスメント，トレーニング。
- 子どものための養子，親族里親，里親，施設委託のマッチング作業を援助すること。
- 適切と判断された場合には，地域のCAMHSやその他の健康サービスの照会を促進すること。

これらの領域で活動することにより，チームは里親養育，親族委託，養子，施設委託にある若者のメンタルヘルスのニーズを確定することに貢献し，健康ニーズがどのように充たされるか提言し，治療サービスを通じて直接ニーズと出会えるようになってきた。

監査報告書の主な結果は次のとおりである。

- ピーターバラ市里親と養子のための臨床心理的事業を全面開設（2010年9月）して以来，受理件数は102件，毎月12〜18件の受理であった。
- 2010年9月以後，合計113人のケアラー／養親，専門家がサービスにより

提供された何らかの形でのトレーニングに参加していた。
・サービス委託中に確定された12か月間目標は達成され，6か月間の延長が実施された。
・照会の70パーセントは，3週間以内に初回予約がなされていた。これは予約待ち目標より低く良好である。アセスメントに続く治療の待機期間は，どのような照会でも4週間未満だった。
・サービスの関わりを受けた子どもたちの委託破綻は，全国統計の委託破綻率と比べて低かった。
・専門家，ケアラー，若者からのフィードバックはきわめて肯定的で，いずれのグループもサービスについてひじょうに高く評価していた。
　　　（出典：Peterborough Fostering and Adoption Clinical Psychology Service 2011）

　調査研究は，思春期のための多次元的治療里親養育（Multidimensional Treatment Foster Care for Adolescents: MTFC-A）が，最も深刻な反社会的行動の問題がある若者行動問題を軽減することができたことを実証している。反社会的問題がない若者であっても，通常の養護の委託を受けている場合は有意に良好な結果だった（Biehal et al. 2012）。これは包括的な多職種専門的支援を提供し，ケアラーと専門家チームと学校との間の日常的な意思疎通を含む，多機関の専門的支援を包括する高度に構造化された介入である。

成人のサービスへと進むこと

　2000年から2011年までの間に実施された調査研究の総括では，養護から離れた若者を含めて，若者が経験する児童青少年のメンタルヘルスサービスから成人のサービスへと移る困難を実証している（Brodie et al. 2011）。総括は，若者を「危機が生じないとサービスを活用しない」状態へと追い詰める「繰り返し起こる問題」を明確にしている（p.1）。実践に向けた重要なメッセージは，次のように明らかにされている（『青少年のためのメンタルヘルスサービスの移行』）。
　これらのメッセージは，CAMHS調査研究報告の分析と提案とに広く一致している（2008）。18歳になろうとしているCAMHSの支援を受けている若い成人に関し，報告は，少なくとも18歳の誕生日を迎える少なくとも6か月前に

計画会議をもつこと，サービス間の移行を円滑に進めるために指導者を設定すること，緊急対処計画および「サービスは年齢よりもニーズに焦点をおき，柔軟であるという確固たる姿勢」を提言している（p.12）。

青少年のためのメンタルヘルスサービスの移行

- 児童青少年のメンタルヘルスサービスから成人のサービスに移行することは，多くの若者，彼らの親，ケアラーにとり難しい。
- 繰り返し起こる問題には，限られた若者しか参加しないこと，成人のメンタルヘルスサービスを受ける利用資格の敷居の高さ，移行期間中の断続的な支援がある。このことが一部の若者たちを危機が生じるまでサービスを活用しない状態に追い込んでいる。
- 移行サービスはプロセスであり，教育，雇用，住宅および総合的な健康のニーズを含めたより幅広い文脈で若者の生活を考慮する必要がある。
- 若者とその家族やケアラーは，移行の過程で真剣に対応され，積極的に参加したいと望んでいる。彼らには適切な情報，中心となるワーカーからの一貫した支援，そして彼らの年齢集団に対し柔軟で偏見のないコミュニティに根ざしたサービスを評価している。
- 優れた実践は必然的に機関間の柔軟な協同活動を伴う。
- 注意欠陥多動性障害や自閉症スペクトラム障がいの人たちを含めた特定の若者のグループのためのサービスには限界がある。
- 移行を改善するための実践の発展とサービスモデルはまだ発展の初期段階にあり，現状での利用可能な確固とした成果はほとんど見られない。費用ないし費用対効果についての調査研究は，まだなされていない。
- サービス改善の内容は，CAMHSやボランティア機関からの移行支援を必要とする若者が成人のサービスの中の異なる文化に適応するのを助けることにある。

（出典：Brodie *et al.* 2011）

要　約

- 多くの児童と若者は，メンタルヘルスの問題を抱えて養護に入る。これらの問題は，総合的なアセスメント，安定した質の高い委託の配置および治療的介入により推進されるべきである。
- 若者の身体的かつ精神的健康の問題は，養護を離れる時点で増加する。そしてこのことは，養護に入る以前の乳幼児期の問題と養護中の問題と合わせて，加速され圧迫された移行の身体的かつ心理的要請に対応することと関連している。
- 若者は，養護からのより緩やかな移行，個別アドバイザーによる継続的支援，メンタルヘルスサービスおよび心理的サービスへのアクセスによって支援される。
- 若者は児童青少年メンタルヘルスサービスから成人のサービスへと歩みだすときに問題を経験する。このことは，事前に計画を立て，若者とケアラーに関わり，明確に定められた指導的専門家を設定し，わかりやすいアドバイスと情報を提供し，そして効果的で柔軟な多機関活動によって推進されなければならない。

◆訳注
（1）米国の心理学者キャントリル，H（Cantril, H. 1906-1969）がギャラップ世界世論調査のために開発した主観的な幸福感の尺度。Ladder of Life（人生のはしご）は，「考える最悪の人生」をゼロ，「最高の人生」を10として，はしごを想像してもらい，現在自分が立っていると思う位置を報告してもらう尺度。

第 10 章

さらなる支援を必要とする若者たち

あなたは特別な支援が必要で，あなたにもっと会いに来る人を必要としている。……
彼らはあなたの両親がするように，
あなたが必要としていることをあなたに提供すべきである。
ひとたびあなたを引き取ったなら，あなたの世話をするべきだ。

　養護から巣立つ多くの若者は，彼らの環境がどのようなものであれ，これまでの章で明らかにされたように，成人期への道のりの途上で多くの困難と課題に直面するだろう。本章は，さらなる支援を必要とするニーズや環境にある特別なグループの若者に焦点を当てる。これには，障がいがある若者，若年の新少数民族を背景にもつ若者，大人の同伴者がいない難民申請中の児童と青少年，レスビアン，ゲイ，バイセクシュアル，トランスジェンダーの若者，少年犯罪を経験した若者および物質濫用者のニーズの検討が含まれる。

障がいがある若者

養護で生活すること

　障がいがある子どもや若者はその他の子どもたちと同様に，身体的，性的，情緒的虐待またはネグレクトの結果として養護に入ってくる（Sinclair et al 2007）。英国では 2011 年 3 月の時点で社会的養護にある子どもたちのうち，2,150 人（3 パーセント）が「障がいがある子ども」のカテゴリーとしてのニーズがあった（Department for Education 2011a）。しかしながら英国における様々なデータの出典の総括では，社会的養護の子どもたちの総体のうち 10 ～ 25 パーセントが，障がいがある子どもと若者と見積もられたが，異なる定義と測定尺度が使われたためデータが一致していない（Baker 2007）。障がいがある子どもと若者はマルトリートメントに傷ついた結果として養護システムにおいて大き

な比率を占めることが実証されている (Gordon et al. 2000)。ベイカーは次のように示唆している。「彼らは次から次へと変わるケアラーの交代にさらされ，虐待に対する抵抗あるいは回避する能力が損なわれ……訴えを表現することができず，ワーカーたちは意思疎通をはかるのに必要なスキルに欠けていた」(Baker 2011 p.5)。

　障がいがある若者と障がいがない若者の経験を比較した調査研究では，障がいがある若者はより高齢児になってから養護に入り，より長期間養護にとどまり，男子のほうが多く，高い割合で挑戦的行動を示し，施設養育に措置されることが多いことを示した (Baker 2011)。ベイカーはまた，障がいがある子どもは，養護にある他の子どもたちよりも養子や家庭復帰を含めた永続的な措置を受けることが少ないため，永続性とは逆のサイクルを経験しているであろうということも示唆した (Baker 2007)。

　障がいがある若者はまた年間52週間の寄宿制学校や常勤のレスパイト養護または成人の居住型施設で過ごすことを含め，不適切な委託をされるリスクがより高い。また地方自治体による「地域外」措置の使用の増加が実証されており，そのことは「障がいがある子どもたちは自分の家庭や地域社会からはるかに離れたところで生活することになりがちであり，委託を監査し接触を維持してゆくうえで問題を作り出している」(Baker 2011 p.7)。本書の前半で検討したように，良質な養護は若者のウェルビーイングと成人期への移行の成功の基盤となる。障がいがある若者の養護の質を改善してゆくためにこれまでわかったことから浮かび上がる主な内容は，以下に要約される。

障がいがある若者の養護の質を改善すること

研究結果は次に述べることの重要性を示唆している。

・家庭復帰，養子そして里親養育を含めた委託の選択肢を増やし質を向上すること。
・高い質のアセスメント，計画および共有された養護を通して異なる養護設定で安定性を促進すること。

- ケアラーと若者に信頼できる継続的支援を提供すること。
- 関連情報，専門家の助言，訓練などが上手に調整された支援サービスに対するケアラーのニーズ。
- 保証された休暇の機会。
- 障がいがある子どもとその家族との前向きな接触を支援すること。
- アセスメント，計画そして総括の過程の一部として障がいがある若者に耳を傾けること。もし障がいが彼らの意思疎通や理解に影響するならば，彼らの意見やニーズを理解できる人を置くこと。

（出典：Baker 2011）

社会的養護から大人への移行

　これまで検討したように，障がいがあるケアリーバーの若者が経験したことについての調査研究はほとんどないが，彼らは養護システムにおいて高い比率を占めている。プリーストリーらはリービングケアと障がいに関する文献には横断的研究の知見がほとんど見当たらないことを示唆している（Priestley et al. 2003）。ハリス（Harris）ら（2002）とラビー（Rabiee）ら（2001）による，養護を巣立ってゆく障がいがあるケアリーバーの若者の経験に関する調査研究は，政策と実践における改善のニーズを明確にしている。彼らの調査研究では障がいがある若者のための計画の欠如，不適切な情報と貧弱なコンサルテーションを明らかにし，そして障がいがある若者は彼らの味方となる主張をする親がなかったり，親がシステムになじめず，彼らが成人期に近づく時に彼らが選択するのを援助するために必要な情報にアクセスするのにしばしば不利な状態にあることを示唆していた。また友人たちもたびたびアドボカシーと支援を提供した。こうした障がいがある若者の養護からの移行は，突然だったり，選択肢の限られた住居や雇用や，養護を離れてからの不適切な支援のため，遅れたりする。

　ラビーらによる調査研究では，住居選択の範囲は若者のニーズや希望によるというよりもむしろ成人サービスの空き状況により，しばしば決定されていたことを明らかにした。そして「軽度」または「中度」の学習障害がある若者に

は，自立した生活をするための支援が欠けていた。ドーン（Dawn）の事例にある，高齢者のための居住型ホームで生活していた18歳の若い女性のように，「多重の」障がいがある若者は，居住型施設へと移行する場合がよりいっそう多かった（Rabiee et al. 2001）。同研究はまた，主流となるサービスと，特に適切な支援が提供されるならば独立して生活をすることができる学習障害がある若者にはほとんど提供されていない，専門家によるサービスとの間の差を同定していた。

教育に関しては，研究は主流の教育から「落ちこぼれて」しまった若者について明らかにした。専門家の対応がされているその他の若者については，教育とケアサービスとの区別がなされておらず，そのことは彼らの雇用の見通しに影響した。親によるアドボカシーがある若者は，学校ないし大学について自分が望む選択をする場合が多く，非教育的な代替デイケアに委託されることはより少なかった（Rabiee et al. 2001）。

自立のためのスキルについて，研究は，現実の生活状況でスキルを発達させる必要性，障がいや養護としばしば関連する低い期待を回避すること，そして住居，交通手段，教育や金銭管理についてのスキルを発達させることの必要性を強調している。調査研究者たちは次のようにコメントしている。

> 自立は「自分自身で」物事を行うことと決して同等ではない。そうした物差しは，日々の課題をこなすために援助を利用している若者の自立の価値を必ず減ずることになるだろう。選択することと物事をどのようにこなしてゆくかを管理する練習をすることは，自立のより重要な物差しである（Rabiee et al. 2001, p.58）。

研究はまた，移行計画の結果として養護からの突然の移行による様々な不均衡を明確にした——支援における連続性が失われ，そのため若者が喪失感や過小評価，準備が整わないうちに押し出されたと感じることなどである。研究で同定されたその他の問題には，コンサルテーションおよび若者の関与の欠如，専門家と主流のリービングケアサービスおよび健康，教育，キャリアといったその他の関連機関との協働の欠如を含んでいた。若者は両親，親族およびそれ

までのケアラーからの支援を価値あるものとしており，それは公式的支援と非公式的支援との均衡という意味でも移行計画を意味あるものとした（Priestley *et al.* 2003）。障がいがある若者は，障害者対応専門家チームにより対応されることが多く，主流のサービスにつながらないかもしれない（Hai and William 2014）。障がいがある若者は，また彼らが支援的宿舎や成人里親スキーム（adul fostering scheme）という選択があれば，18歳になった後も自分の里親養育委託にとどまる傾向がある（Sinclair *et al.* 2005）。

　非白人や少数民族コミュニティ出身の障がいがある若者が大人の生活へと移行するとき，何らかの追加支援が必要になると認識することもまた重要である（NCB 2011b）。このことは，多機関協働の運用規定，少数民族コミュニティ出身の若者とその家族が移行計画を十分理解できるように移行計画情報をまとめたもの，そして計画過程で若者とその家族が参加することによって達成できることが実証されている（NCB 2011b）。

成人のサービスへ移行する障がいのある若者たち

　一部の障がいがある若者には，より複合的な状況と成人のサービスの関与を必要とするニーズがある。調査研究は児童のサービスから成人のそれへと移る中で障がいがある若者が直面する問題を明確にしている。それには次のようなものが含まれている。サービス調整の不備および多機関活動の欠如，若者と親への情報の不足，若者の懸念に対して十分な注意が払われていないこと，そして若者が移行できる適切なサービスの欠如である（Sloper *et al.* 2011）。

　スローパー（Sloper）らにより実施された調査研究（2011）は，多機関活動を発展させることと実践，そして若者のための調整された移行サービスに関連する要因を同定している（以下参照）。

若者の移行サービスの調整，多機関協働の実施と発展に効果的なことは？

・若者と親を支援する移行担当ワーカーがいること。
・家族が移行計画を文書で持っていること。
・移行サービスの管理者が戦略的レベルの関与をしていること。

・移行担当ワーカーが若者のための成人のケアサービスをまとめること，そのための予算を交渉し彼らが成人のサービスに落ち着くまで支援すること。
・個人に中心を置いた計画を使用すること。
・指定された移行担当ワーカーがいること。
・移行担当ワーカーの役割を明確にすること。
・サービスを進めているグループに親が参加すること。

(出典：Sloper *et al.* 2011)

　自治体管轄外の寄宿舎学校委託を離れた障がいがある若者の移行は，家族とともに生活している若者や地域の学校に在学している若者よりも問題が生じる可能性がある（Beresford and Cavet 2009）。こうした移行の改善への勧告が次のように明確にされている。

障がいのある若者の自治体管轄外の寄宿舎学校措置からの移行

勧告には次のことが入る。

・成人の社会福祉スタッフが通常よりもより早期から移行計画に積極的に関わること。
・自治体外で措置される者に対する特定の責任を担う自治体の部署が存在すること。
・個人中心の計画を学校との措置契約の必須条件とすることを地方自治体が考慮すること。
・成人の社会福祉機関が，自治体管轄外の学校にいる者や彼らのために計画された成人の社会福祉ニーズに，早い段階で気づくためのシステムの開発。
・児童から成人の健康サービスへと移行を進める計画を立てる健康サービスに，早期に関わること。
・児童サービスと成人の障害／健康チームとの間の良好な共同活動。
・障がいがある若者の社会的ニーズが，移行アセスメントと計画，そして若者がもともといた地域に戻るのを支援するために開発された取り組みにお

いて，重要な役割を果たすこと．

（出典：Beresford and Cavet 2009）

　成人のサービスに連結した移行は，既存の法的，政治的そして組織的枠組みから生じる主な障害物に打ち克つ必要がある．その障害物とは，子どもと大人の法律によってサービスの有資格基準が異なること，児童のサービスから成人のサービスへと移行する際の年齢基準の相違（たとえば，健康サービスは16歳で児童から成人のサービスに，そして，社会的養護サービスは18歳で児童から成人のサービスに），そして特に臨床的方向性とカウンセリングの方向性との間に隔たりがある場合，児童と成人のサービスとの間の組織的文化の相違である．

　2009年の『社会的養護の子どもたちの健康とウェルビーイングを促進する法令指針』（*Statutory Guidance on Promoting the Health and Well-being of Looked-After Children*）および『移行指針』は，障がいがあるケアリーバーの移行は成人のサービスに一貫して支援されるニーズを定めている．若者のニーズのアセスメントと自立計画は，この過程において重要である．『移行指針』は「その人中心の計画」アプローチを提言している．「若者が，自らの可能性を達成できるよう支援する家族成員やケアラーまたパートナーとなる友人の中心にいなければならない」（p.35）．

　2008年児童青少年法は，教育や訓練を再開する若者に対して，25歳まで個別アドバイザーから支援を受けることができるという規定を設けているにもかかわらず，メンタルヘルスの問題を含めた最も複合的なニーズがあり教育にも職業訓練にもついていない若者は，21歳までしかリービングケアサービスの支援が受けられない．

　これらの障がいを克服することは，児童のサービスから成人のサービスへと若者が移行するのを援助するのに必要である．個人的レベルでは「個人中心の計画」，そして戦略的かつ運用的段階では「共同運用規定」の導入を含めた，総合的な対応を必要としている．『移行指針』には次のように述べられている．

　　特例化された運用規定と合意が，すべての機関の参加を伴って，各地方自
　　治体地域で作成されることが必須である．これには，児童および成人の社

会的養護，児童および成人の健康，教育，住宅，若者の犯罪，情報，助言および指針サービス，支援付き雇用サービスと余暇活動が含まれる(p.35)。

若年の親たち

　少数で限られた調査研究ではあるが，養護にいる，または養護を離れる若者に10代の妊娠のリスクが高まっている実証結果が示されている。英国では2011年3月において350人の12歳もしくはそれ以上の年齢の母親が社会的養護にあり，2010年の390人よりも減少していた。46パーセントが最初の子どもの誕生時に15歳以下であり，3分の1以上（35パーセント）が16歳だった(Department for Education 2011b)。イングランドにおいて養護を離れる若者101名を対象とした緻密な調査は，若年の親の数を「驚異的に高い」と報告している。若者の7人に1人は，養護で生活している間，あるいは，養護を離れて9か月以内に妊娠中かすでに出産しており，若者すべてとなると17歳までに4分の1以上にのぼっていた——これは，全国データと比較するとほぼ4倍である（Dixon et al. 2006）。

　これらの研究知見は国際調査研究にも反映されている。オーストラリアの4つの研究の総括では，ケアリーバーのほぼ4分の1が養護を離れてすぐに子どもができており，これは，10代の一般人口の妊娠の割合の約24倍だった(Mendes 2009より引用)。米国における調査研究では，19歳以上のケアリーバーの約半数は19歳時点で親になっており，これは，一般人口における19歳で出産している割合の2倍以上だった（Courtney and Dworsky 2006）。50,000人の若者を対象にしたヴィンネルユングら（Vinnerljung et al, 2007）によるスウェーデンの研究では，養護で生活していた若い女性の16～19パーセント，若い男性の5～6パーセントが10代の親だった。ケアリーバーが20歳以前に親になる割合は，その他の若者の2～5倍だった。

若年の親になった理由

　バーン（Barn）とマントヴァーニ（Mantovani）（2007）は，養護を終えた若い母親55名のグループが若年の親になることに関連するリスク要因を解明した。

第10章　さらなる支援を必要とする若者たち　145

彼らの研究では，家庭崩壊，長期にわたる養護期間，養護の連続性の欠如そして居住型施設への委託が高い割合を示していた。家庭崩壊では養育監護のとぼしさと関連し，居住型施設で生活することは若者に危険な行為に巻きこまれる機会を作り出すこととの関連性を明らかにした。施設養育および里親養育のいずれも，研究では，若い女性が「ぎりぎりのところまで追いつめられて」いるがそれに対してなす術もなく，そのことは若い女性を「教育への意欲も熱意もない結果としてなすすべもない」という思いに追いやってしまっていることを示していた（p.14）。研究はまた，若い女性の多くは学校の出席日数が少なく，性教育や対人関係教育の機会を逃していたことを明らかにしていた。家族の拒否と養護の影響は，「愛する関係と性的関係を識別することが困難となって，さらなる虐待や売春を通しての虐待へと追い詰められることになる」（p.14）ことを意味していた。

メンデス（Mendes）ら（2009）によりなされた文献研究では，ケアリーバーたちが高い割合で妊娠および10代の親になる理由には，身体的，性的ないし情緒的虐待またはネグレクトという心理的な影響を含めて，養護に入る以前の経験，委託の不安定性や質の低い養護などの経験，一貫しかつ肯定的な大人の支援の欠如，危険を引き起こす行動，中途退学または低学力，そしてチルドレンズホームにおける仲間からの圧力と関連していることを示唆していた。結論としてメンデスは，「養護にいる多くの若者は愛されず望まれていないと感じているように見え，そして性を愛と情愛を獲得する手段と考えている」（p.13）と示唆している。政策と実務的内容に関し，彼は次の重要性を強調している。

・養護における安定性と連続性。
・10代の妊娠を予防するプログラムと避妊へのアクセス。
・養護からの緩やかな移行。
・アフターケアプログラムと支援。

若年の親の養育にあらわれること

一般人口における若年の親に関する調査研究で明らかになったことは，若年の親とその子どもたちは長期間の社会的排除を経験しやすく，同年代と比較し

て劣悪な状況にあった。

　ディクソンら (2006) は，彼らの研究において親となった若者は委託の変更，逃走，犯罪行為，物質濫用を含めて不安定な養護状態にあることが多く，失業状態にあることが多かった。しかしながらバーンとマントヴァーニ (2007)，ディクソンら (2006)，チェイス (Chase) とナイト (Knight) (2006) の研究においては，親であることの肯定的経験にも光を当てている。ほとんどが迎え入れられ，自尊心と喜びをもたらし，新しい目的意識と必要とされる感情が授けられ，ときには彼ら自身の恵まれなかった養育経験を補償され，一部の若者にとり実際的な援助と支援そして里親養育者からのさらなる支援を含め，実家族との関係の改善へと向かわせていた。

若年の親を支援すること

　フォイヤー連合 (Foyer Federation) は，10代の親への強化された住宅供給支援において優れた実践を認定する調査を実施してきた (Foyer Federation 2011)。これには変動的支援対策，支援的宿舎そして支援的住居が含まれていた。変動的支援対策に関する優れた実践には，他のサービスと良い関係をもち，若年の父親を含めた若者と関わり，十分に研修を受けた熱意あるスタッフを持つことである。

　支援的宿舎の強みは，彼らが支援する10代のコミュニティに根ざし，非公式なアプローチを提供することができる状態にあるとみなされていた。ある宿舎の管理者は，「侵入的でなく肯定的な役割モデルであり，自分でもやっていけるという信念と自尊心を持たせるよう聞く耳を持つことである」(p.8) とコメントしていた。しかし調査では児童保護の関与を含め，より高い水準のニーズをともなう10代の親には適切ではないことも示唆していた (Foyer Federation 2011)。

　10代のための支援付き住宅供給プロジェクトは，10代の親への成果を改善するものとみなされていた。しかし，「その極度の脆弱性のゆえに，不適切な追加制裁に追い込んでしまうようなグループに対するとき，制裁より，動機や機会という点で制約されている条件を理解することが効果的である」と認識された。

若年の親を援助することについてこれまで検討されてきた研究から浮かび上がってきている主要な問題は，以下に要約されている。

若年の親への支援

浮かび上がってきている主要な問題：

- リービングケアサービスへの関与は，若年の親には肯定的なものとみなされており，特に社会的に孤立している若い親に迎え入れられている。
- 若年の親は，ワーカーが養護を監視し，自分の子どもの保護だけではなく，自分たちを援助することに関心があると感じたい。
- 洋服と備品を購入する財源。
- 周産期教室や出産についての情報。
- 養育スキル。
- 出産や養育過程に若年の父親が関与すること。
- 適切な住居を見つけること。
- さらなる個別支援と専門家支援につながること，たとえば相互支援グループ，以前に養護経験がある母親による相談やアドボカシー。

少数民族出身の若者

英国では 2011 年の時点で養護にある子どもたちの 77 パーセントが白人で，9 パーセントが混合，5 パーセントがアジア系ないしアジア系英国人，7 パーセントが非白人ないしは非白人系英国人，2 パーセントがその他の少数民族出身である（Department for Education 2011a）。社会的養護の子どもたちのうちアジア系の子どもたちの人数と割合は，2005 年の 2,100 人（3 パーセント）から 2007 年の 2,333 人（4 パーセント）そして 2011 年の 3,090 人（5 パーセント）へと増加してきている（Department for Education 2010d, 2011a）。

民族間の違い

　調査研究では，祖先が混合である場合も含めて非白人系と少数民族（Black and Minority Ethnic: BME）の若者は白人の若者が養護を離れるときと同様の課題に直面し，養護歴，養護を離れる方法と時期，養護を離れて9か月までの成果，そして専門家や家族または友人から利用可能な支援において大きな違いはほとんどないことを示していた（Dixon et al. 2006）。

　361名のケアリーバーを対象としたバーンらの研究では，そのうち116名（45パーセント）が少数民族出身だったが，両方のグループともリービングケアで同様の経験をしたことを強調している。しかし，いくらか違いはあって，白人，カリブ海出身および混合の両親をもつ若者に不利となるリスクがあることを研究者たちは明らかにした。一部のカリブ海出身の若者は，民族的背景を反映した家庭への委託は安定性を生み，逸脱を抑止していた。白人，カリブ海出身や混合の両親をもつ若者には，中途退学，委託の不安定さ，励ましや支援の欠如は教育達成の低さにつながった。しかし養護を離れた後の援助と支援は変わりやすく不安定で，しばしば焦点づけと成果に欠けていた。研究ではまた難民申請中の若者がレジリアンスと意思決定，教育での頑張りを示し，カリブ海出身の若者やアフリカ系およびアジア系の若者の多くが個人と集団のアイデンティティに安心感を抱いていることを明らかにした（Barn et al. 2005）。

同一性の問題

　ビーハルらによる初期の研究（1995）では，民族的アイデンティティについての若者たちによる定義はしばしば複雑で様々であり，時代により移り変わると示唆していた。特定の民族グループへの同一化は，若者の家族成員への同一化または拒否と強く関連していた。密接な家族との結びつきや地域の非白人のコミュニティにおけるまとまり，非白人のケアラーへの委託，親や仲間による強化は，非白人のアイデンティティの肯定的な感覚に役立っていた。異民族同士の結婚の子どもである若者の一部は，自分のアイデンティティに安心感を抱いているにもかかわらず，非白人または白人が自分たちを受け入れてくれないと感じていた（Barn et al. 1995）。

ディクソンら（2006）は，若者は自分のコミュニティから孤立や隔たりを感じておらず，「ほとんどの若者は彼らが望むところで，肯定的なアイデンティティを発達させ，自分たちのアイデンティティにほんとうに心地よさを感じていた——ある思春期の非白人の少女は……そのことは何の問題もないわ，私は自分がだれであるかわかっているから」と話す（p.209）。研究では，若者のほとんどは人種や文化にとらわれることなく関心や理解を共有する友情を基盤としていることを示していた。

若者を支えること

ディクソンらの研究では，地方自治体は追加的ニーズを充たすための特別な支援を提供していなかったが，多様な民族からなるスタッフチームは，統合的な一般的サービスの一部として彼らのニーズに沿うことで，若者に歓迎されていた。非白人や少数民族コミュニティ出身の若者はCAMHSの利用者としては少数派であり，彼らがサービスにつながる以前に危機的事態に陥りやすいことが実証されている（Malek 2011; Malek and Joughlin 2004）。マレク（Malek）はまた非白人と少数民族（BME）の若者が人種差別や人種的攻撃，人種的嫌がらせまた，こうしたことをリスク要因として認識してこなかったことに対して重大な懸念を強調している（Malek 2011）。これまで検討された調査研究から明確になったさらなる支援のニーズが，以下に要約されている。

非白人と少数民族の若者たちへの支援

調査研究は，異民族同士の子どもも含めた非白人と少数民族（BME）の若者は，養護を離れた白人の若者と類似する多くの課題に直面することを示唆してきた。しかし次のことを認識し，対応することは重要である。

・様々な民族グループの間にある相違。
・ステレオタイプな考え方を押しつけるのではなく，アイデンティティの問題の複雑さと若者自身の定義に関連する問題を究明する機会を彼らに提供すること。

- 人種差別が若者に与える影響。
- 家族，友情そしてコミュニティとの結びつきの重要性——若者の視点から肯定的な関係を構築すること。
- リービングケアチームに民族的に多様なスタッフを置くという問題。
- 最初に生じるメンタルヘルスの問題と初期介入の重要性。

大人の同伴者がいない難民申請中の児童と青少年

公式データ

「大人の同伴者がいない難民申請中の子どもたち」(Unaccompanied Asylum-Seeking Children: UASC) の大多数——親や責任ある大人のだれにも伴われずに英国へたどり着いている——は援助を求めて地方の児童サービス局に照会される。2011年3月31日時点における社会的養護のUASCは2,680人であり，2010年より22パーセント減少している。遡ると，2003年と2006年のデータはそれぞれ2,200人と3,400人である。社会的養護のUASCの比率は，2011年では89パーセントが男子であり，2010年も同じである。社会的養護にあるUASCの大多数は16歳以上で，2011年における同年齢グループは75パーセントであり，2010年の70パーセントより増加している。

2011年の社会的養護のUASCの大半は，その他のアジア諸国出身である。すべてのUASCのうち43パーセントが，このカテゴリーとして記録されている。非白人アフリカ系出身は15パーセントのみで，2010年においても同じである。2007年にはほとんどが非白人アフリカ系出身で31パーセントがこのカテゴリーに記録されている (Department for Education 2011a)。2010年には，英国における養護人口の約6パーセントが難民一時保護であるが，ロンドンおよび英国南東部での養護人口に占める割合はもっと高い。彼らはロンドンにおける社会的養護の若者の17パーセントを占めている (Department for Education 2010d)。

若者の経験

若者が難民になる理由，あるいは以前の生活に関する調査研究は限られてい

る。これまでなされてきている少数の研究では，亡命の主な理由には次のものがある。家族の死または迫害，若者への迫害，徴兵，戦争，人身売買，教育の場を求めて，などである（Sirriyeh 2011）。若者のほとんどはその過程においては「受身的」役割をとっていた——家族，親族，友人または隣人が決断し，逃亡の間，手配機関に伴われてきた若者たちにとって，逃亡は長期かつ困難に充ち，若者は手配機関に搾取されたり虐待されたりした（Sirriyeh 2011）。

大人を伴わずに難民となった若者100人の以前の経験に関するトーマス（Thomas）ら（2004）による調査研究では，ほとんどの若者が暴力を経験し（86人）または家族の死に遭遇し（13人），性的暴力の被害にあったり（32人），潜伏した生活（16人）を送っていたりしたことを示していた。こうした「外傷的出来事」と難民後の困難とが組み合わさった影響は，不安や抑うつ症状のリスクを高めることになる（Bean *et al.* 2007; Hodes et al. 2008; McKelvey and Webb 1995）ウェイド（Wade）（2011）がコメントしているように「同論文もまた，再定住という課題に出会う多くの大人の同伴者がいない若者（Unaccompanied Young People: UYP）のレジリアンスと能力を強調し，若者が児童サービス局で最初に求める助けには，不確かさと困難さ，将来の可能性とが組み合わされていた」（Kohli and Mather 2003; Wade, Mitchell and Baylis 2005）。

児童サービス局の対応

2003年以前の初期の調査研究では，UASCの若者は，住宅供給（朝食付き簡易宿泊所に押しやられている状態を含めて）やその他のサービスを，特にリービングケアチームからの支援に関して，一般的な社会的養護の若者よりも貧しい待遇を受けている傾向にあった（Hai and Williams 2004; Stanley 2001）。

後続研究では，大人の同伴者がいない難民申請中の若者の年齢によって区分された養護計画を明確にし，年少の子どもたちは1989年児童法第20条に基づき里親養育か施設養育に入る傾向があり，はるかに多い年長の若者（ほとんどが15～17歳で入国）は，第17条に基づき地域で支援されている。後者のグループは，リービングケアサービスにつながることを含めて住居，教育の進展，ソーシャルワーク支援の質については深刻に不利な状態であることが明らかになった（Wade *et al.* 2005）。

第17条の住居についての適切な活用についての健康局の指針（2003）とヒリンドン司法審査（Hillingdon Judicial Review）の知見は，第20条の住居およびリービングケアサービスへの接続に改善をもたらした。2005年には初期の進展についての実証結果が明らかにされている（Refugee Council 2005）。大人の同伴者がいない若者の里親養育経験についての調査研究では，第20条の住居についての優先的な活用と，滞在の権利がなくなるまではリービングケアサービスにつながることができることを示唆していた。しかし自立をする設定で委託をされた若者は，より手厚い支援がある住居にいる若者よりも，かなりの困難に直面することになる。このことには，高い割合で彼らのメンタルヘルスのニーズに対応されていないことや彼らの移行難民申請の影響を受けていることが実証されている（Chase et al. 2008; Wade 2011）。これらの調査研究より，シリヤ（Sirriyeh）（2011）は「実践に関する事項」を明確にしている（以下参照）。

大人の同伴者がいない難民申請中の子どもたち：
実践に関する事項

ソーシャルワーカーと里親養育者
　ソーシャルワーカーは，若者が不安定な入国状況にあることを考慮に入れて多次元的な計画を用いつつ養護を離れる若者を支援し準備をするうえで，重要な役割を果たしている。

・若者は難民申請のため優秀な法的代理人につながるよう支援されなければならない。
・教育は，若者に提供されたより幅広く包括的な支援の一部でなければならない。若者に非公式な支援の強力なネットワークがある場合，教育でより良い成果をあげている。
・必ずしもすべての若者に必要とされているのではないが，若者には治療的支援につながるための支援が必要である。一貫した養護と支援は若者のレジリアンスと強制的な移住という背景に対応する能力を促進する。

上級管理者
・里親養育に対する若者のフィードバックは，文化的ニーズによるマッチングの考え方だけでなく，若者のアイデンティティとニーズというその他の側面とのバランスを取ることもまた，マッチングの幅広い考え方に有用であることを示唆している。
・里親養育者とスーパービジョンをするソーシャルワーカーに，大人を伴わない未成年者と活動するうえでの特別な問題についての研修を提供することを保証することは重要である。

(出典：Sirriyeh 2011)

ピアース (Pearce) (2011) は，人身売買の被害にあった若者のニーズに対応する実務家が直面している問題を明確にした。「隠れてしまった」児童保護のニーズ，いくつもの機関間をたらいまわしにされる若者，若者の安全のニーズを優先する手段での移民に関わる問題，国内および国際的な人身売買の被害にあった若者のニーズに等しく対応すること，そしてより一般的なのは，安全保護の対象となる高齢児童のニーズを認識することの重要性である (Pearce 2011)。

成果を出している多機関活動は，ガトウィック児童サービス局の実践例で提示されたように，人身売買の被害にあった若者を援助するうえで欠かせない。

人身売買の被害にあった若者たち：多機関協働を通じた地方自治局の進展

人身売買の被害にあった若者は，主にガトウィック空港経由で英国に入国している。私たちは空港で，入国管理局と，刑事訴追に至る疑わしい人身売買業者についての情報を確保しようとする移民警察との連携関係のもと，だれが売買の被害にあった若者かデータと合致させ，特定している。

・ガトウィック児童サービス局は，毎日，空港を巡回し，助言と援助を提供し，入国面接で共同活動をするための経験豊富な特任ソーシャルワーカーを派遣している。
・若者が入国に伴う面接を終了したら，児童サービス局は若者を安全な里親

委託か支援的宿舎の提供者へと移管する。
- 私たちは若者の潜在的な危険を見つけるためウェスト・サセックス警察児童保護チームとともに，24時間以内に，どうすれば彼らのリスクを減らせるか，警察，入国管理局，児童サービス局の取り調べとアセスメントの続行を連携させつつ調整戦略会議を開く。
- 専門家との戦略会議の後，私たちは，私たちのだれがどのように助けようとしているか，彼らがこれからさらされるかもしれない様々な種類の搾取（強制的家庭内労働，売春，奴隷労働など）を懸念していることを説明するために，当事者の若者と通訳と面談する。
- 彼らの安全を守るため，私たちは彼らに専門家と情報を共有し，DNAサンプルの採取と写真撮影することについての同意書への署名を求め，身の安全を守る計画を遵守することへの同意を要請する。計画とは，これまで電話をしていた人との接触やインターネットの利用，学校や商店などどこへ行くにも付添をつけることを，安全を脅かすリスクが最小になったと私たちが確信するまで，数週間，行うことを意味している。
- 任意のため，安全計画に署名しない場合でも，私たちは若者の福祉を保護するケアラーと共に最善を尽くす。
- 私たちは人身売買の被害にあった若者を，時には難民申請に良い結果をもたらすこともあるため，英国人身売買救済センター（United Kingdom Human Trafficking Centre : UKHTC）に照会する。
- 私たちは，支援的宿舎の提供者や若者とともに取り組んでいる里親養育者とともに活動し，若者が到着した最初の数週間以内に必要とする集中的な安全計画を運営する研修を提供している。これはきわめて良好な成果をあげており，私たちのケアから行方不明になってしまい人身売買された若者の人数の減少が見られてきている。

（出典：ガトウィック児童サービスにより提供された実践例
West Sussex County Council）

　これらの問題に対応するため，政府は人身売買の被害にあった若者と活動を共にする人を援助するための実務指針をまとめた（HMgoverment 2011b）。

『移行指針』は,「リービングケア」と「移民」状態の両方の問題があるUASCが養護から成人期へと移行する時のさらなる支援を確定している。

> 永住権を持たない多数のUASCの自立計画は,まず二重ないし三重の観点からの計画がなされなければならず,それは時間の経過により若者の移民状態が解決された時に書き換えられなければならない。計画作成にあたり,次のことが基盤になる。
>
> ・若者が永住権を持たない状態で英国にいる時は不確定期間での移行計画となる。
> ・長期滞在許可（たとえば,難民許可）が認可されたら,英国における長期的観点に立った計画となる,または
> ・適切な時点で出身国に帰国する場合または移民申請期間が終了した場合は,若者は英国を離れる決定をするかそのために必要なことをせねばならない。　　　　　　　　　　　　　　　　　（『移行指針』6.22.p.39）

『移行指針』で詳述されているように,個別アドバイザーと自立計画は各段階で中枢の役割を担っている。それは次のとおりである。

・若者の法定代理人および英国国境事務所の専任のケース責任者と共に活動し若者が難民申請の過程を理解することを確認し,若者に難民申請手続きと可能性について理解させ,必要な支援を提供する。
・「難民地位に該当」,「人道的配慮による在留許可」,「裁量による在留許可」のいずれであれ,またはUASCが在留不許可により難民申請が却下されたにせよ,難民申請の結果に応じた継続的支援を提供すること。

個別アドバイザーは,3年ないし5年間在留することが可能となった若者の場合,財政的支援,住居,教育,雇用,職業訓練のための資金調達について一人ひとりの若者の成果を調べてゆく重要な役割がある。彼らはまた,庇護を却下され出身国への帰国を計画している若者には,通常,英国国境事務所と協働

しながら取り組まねばならないこともある。ウェイドは，実務家が特に不確かなことを取り扱うなかで，この活動で必要とされていることを，次のように強調している。

> アセスメントは，養護を離れる前の若者の日常生活に関わる不確実性，外部情報の欠如，若者がこうしたことに遭遇した時に持ち込んだ無理もない疑念や混乱によって，複雑になる。一部の経緯は時間をかけるにつれ明らかになるが，そうではないものもある。壮大なカンバスにおいて，不確実性は政府の移民政策の本質が絶え間なく転変することから生じている。若者一人ひとりにとり，難民決定過程から不確実性は生じている (p.2429)。

レズビアン，ゲイ，バイセクシュアル，トランスジェンダーの若者への支援

　養護出身のレズビアン，ゲイ，バイセクシュアルおよびトランスジェンダー（LGBT）の若者の支援ニーズについての英国での調査研究はきわめて少ない。英国では 2000 年児童（リービングケア）法導入以前と以後に実施されたブロードの政策的調査研究だけであり，そこでは「リービングケアワークにおける反差別の実践と政策」の一部として「ゲイとレズビアンの主導性」を確定している（Broad 2005）。ブロードの知見は，一般に，反差別政策はチーム政策と個別的な決定よりも実務への影響ははるかに少ないことを示唆している。また，地方自治体の 3 分の 1 が性的健康そして／またはセクシュアリティを取り扱うプログラムがあることを報告しているスコットランドの実証結果がある（Dixon and Stein 2005）。
　スミス（2011）による米国での調査研究の結果は，多くの重要な問題を明らかにしている。

- LCBT の若者は彼らの性的指向またはジェンダーアイデンティティのため自分の家族から拒否されてきたかもしれない。あるいは養護にいる間に，彼ら

の性的指向とジェンダーアイデンティティは公表されているかもしれない。
- もし彼らが実家族から拒否されたら，彼らは家庭に戻れないだろう。加えて彼らの家族やコミュニティとの永続的なつながりを欠いてしまうかもしれない。
- 彼らは養護から逃げ出したり，スタッフの性的指向への違和感のために不安定な委託を経験したりしているかもしれない。
- 彼らは施設養育に委託されることが多く，サービスを受けることが少なく，身体的虐待や性的虐待をより受けやすい。
- ニューヨーク市にあるホームのLGBTの若者に関するある研究では，すべての若者が仲間，スタッフやその他の提供者から言葉による嫌がらせを受け，70パーセントが身体的暴力を受け，56パーセントが自分のグループや里親家庭にいるよりも安全と感じて，しばらく路上で生活したことがあると報告していたことを明らかにしている（Jacobs and Freundlich 2006）。

スミスによる政策と実践への勧告の詳細は次のとおりである。

レスビアン，ゲイ，バイセクシュアルおよびトランスジェンダーの若者への支援

- 差別，安全の問題，支援の欠如は，LGBTにフレンドリーな里親とスタッフの募集およびグループホームスタッフと児童福祉専門家を対象とした少数派の性的指向とジェンダーアイデンティティに関する必須研修により，里親養育システムにおいて解決されるべきである。
- アフターケアを提供する団体のスタッフは，メンターシップとロールモデルを提供すべく，ジェンダーアイデンティティと性的指向に多様でなければならない。そして自分について打ち明けることができる安全な環境を提供すること。
- アセスメント過程は，LGBTとしてのアイデンティティとその結果――絶望感，安全の問題，自殺，嫌がらせと差別にさらされること，健康状態と習慣，危険な性的行動を考慮しなければならない。
- 諸団体と専門家たちは健康教育，コミュニティグループ，LGBTの若者の

ための支援について精通していなければならない。

(出典：Smith 2011, p. 183)

少年犯罪を経験した若者たち

背景

　英国における社会的養護の子どもの犯罪率についての公式データは，2000年に初めて収集された。その年以来，社会的養護の若者は，そうではない若者よりも高い割合で青少年司法システムに関与していることを示している。2011年3月末時点で12か月以上継続して社会的養護にある10歳から17歳までの児童および青少年30,230人のうち，2,210人（7.3パーセント）が1年間で有罪判決ないし最終警告や懲戒を受けており，すべての子どもについては，3パーセントであった。犯罪は13〜15歳の若者よりも16〜17歳の若者のほうが割合が高く，男子のほうがより多かった（Deparment for Education 2010c, 2011b）。少年非行更生施設（YOIs）および服役している若者のうち4分の1から半数は，それ以前の人生のどこかの時点で養護にいたことがあった（Blades *et al.* 2011）。しかしながら，これらを結びつけることには注意深くならなければならない。要因は，広範なライフコースにあるからである。

調査結果知見：養護で生活すること

　シンクレア（Sinclair）とギブズ（Gibbs）はチルドレンズホームの研究で，チルドレンズホームでの生活開始1か月から6か月後に警告や有罪判決を受けなかった若者は40パーセントであったことを明らかにした（Sinclair and Gibbs 1998）。またテイラー（Taylor）による調査研究では，すでに犯罪に関わってきてしまった若者にとり，養護は特に若い男性の犯罪行動を助長してしまう否定的な影響があることを示唆している（Taylor 2003）。養護にいる若者は，養護，特にチルドレンズホームにおける彼らの行動や可視化や監視の強化のせいで罪を犯すことになりやすいことを示唆している（NACRO 2005）。

　13〜17歳の若者23人の意見を基にした質的調査研究は，養護にいることが彼らを犯罪につなげる可能性があるか調べたところ，なんら一貫した答えは

出なかった。「これは養護に入る以前や入った後の，個人の経験や過ごし方による」(Blages et al. 2011, p.2)。しかし，何が犯罪へと至らしめるかについての若者の意見は次のとおりである。家族や友人との接触の喪失ないしほとんどないこと，ケアラーやソーシャルワーカーとの関係が充分でないこと，仲間との難しい関係や仲間からの圧力，そして委託の種別や回数だった。これら一つひとつの対極が，罪を犯すことに対する「防御」と若者からは捉えられ，そしてこれらのことが養護の質を改善するべきだという調査研究者による勧告の基盤を形成している (Blades et al. 2011)。スコフィールドら (2012) により複数のアプローチを用いて社会的養護の子どもたちと犯罪の関係について実施された研究では，教育と健康を含め，犯罪行動のリスクを最小限にするためには早期に養護に入ることと優れた専門家による支援を伴う，質が高い安定した委託が重要だと強調している。これらは養護出身の若者のレジリアンスを促進する基盤である。研究はまた，「養護に遅い時期に入ることは，保護的で可能性ある関係および構造的な活動への関わりを利用すれば，犯罪のリスクを軽減する」ということを示唆した (p.3)。調査研究はまた「深刻なリスク要因は……若者の委託先における挑発的行動と軽微な犯罪への対応として，警察や裁判所の関与により不適切に犯罪化すること」を明確にしている (p.3)。

調査結果知見：リービングケア

101人の若者を対象としたディクソンら (2006) による緻密な研究は，犯罪が報告された時点（養護を離れる前12か月以内）でのベースラインのデータと追跡データ（養護を離れて9か月以降に収集されたもの）との両方がある。リービングケアワーカーによる若者が関与した犯罪についてのアセスメントでは，次のことがわかった。

・若者の5分の2以上がベースラインの時点で犯罪に関わる問題ありと査定され，フォローアップ時点では3分の1以下（27パーセント）だった。
・若者の9パーセントはベースラインの時点で常習的な犯罪者と記載され，フォローアップ時点では4パーセントだった。
・犯罪には暴行，詐欺，器物損壊罪，薬物使用とその取引，アルコールが関わ

る暴力や騒動，不法侵入と窃盗があり，少数の若者は車の盗難や運転中の犯罪行為に関わっていた。
- 研究対象の若い男性の半数はベースラインの時点で犯罪が報告され，これは若い女性の2倍だった。フォローアップ時点で，その差はほぼ4倍に拡がった。
- 養護中の犯罪と養護を離れた後に犯罪に関与することには関連があった。
- 養護からの逃走，無断欠席，低学力と物質濫用と犯罪との相関関係には有意差があった。
- 里親養育から移った若者は，チルドレンズホームに居住していた若者よりもベースラインの時点で罪を犯すことが少なかった。
- 研究対象の3分の1以上が，フォローアップ期間中に犯罪の被害者になっていた。報告で多かったのは，不法侵入，暴行，ひったくりの被害だった。一部の若者は不法侵入のために自分の住まいから立ち退かされていた。
- フォローアップの時期を過ぎた犯罪と前向きなキャリア成果——教育，職業訓練，雇用において首尾よく進展してゆくこと——の達成の失敗とは関連がある。
- 犯罪に関わる問題がある若者はそうした問題がない若者よりも，養護を離れた後に住居を移りやすい傾向があった。
- 犯罪と養護を離れた後の精神的なウェルビーイングの低さには関連があった。
- 研究では，少年非行対策チーム，保護観察官そしてリービングケアワーカーに援助されている若者は，そうではない若者よりも度重なる支援と接触を受けてきていた。

青少年司法システムにおけるケアリーバーのための追加的支援

これまで検討された調査研究でわかったことは，犯罪行動をより幅広い文脈において考慮する必要があるということである。若者に良質の養護で安定性を提供し，教育およびウェルビーイングのニーズに応え，彼らの成人への過程を支援することは，さらなる犯罪を防止ないしは減少させるであろう。『移行指針』pp.41-44参照）で詳述されているように，養護出身で罪を犯した若者は，18歳以下なら少年非行対策チーム（Youth Offending Team）により監督され，18歳

に達した後であれば保護観察官により監督される。しかし後述のことを確実にするためには戦略的，実働的，実務的レベルでの機関同士の調整された対応が重要である。

・若者は逮捕時に大人の支援を受け，警察署にいる間にソリシター（事務弁護士）らにつながる。
・彼らは安心安全な住居に代わるものとして，適切な住居の提供と保釈支援プログラムにより，自宅で生活する若者たちと同じく保釈へとつながる。
・情報は，個別アドバイザーと少年事件裁判のリスクアセスメントと判決前報告書を遂行する責任を負うワーカーとで共有される。
・養護出身の若者が拘留されたとき，自立計画過程は継続し，担当の個別アドバイザーが定期的に若者を訪問し，釈放後の再定住計画を立てる。
・これには適切な住居，保釈調整，支援資源，教育や職業訓練，雇用への援助，健康管理，財政的支援を計画することが含まれ，リービングケア，少年事件担当，保護観察スタッフの責任と役割についても明確にする。
・若者が少年非行対策チームまたは保護観察官により監督されている地域ではリービングケアの貢献も確定され，調整される。

物質濫用の若者たち

　英国の公式データでは，2011 年において少なくとも 12 か月以上社会的養護が継続している子どものうち 1,960 人（4.3 パーセント）が，物質濫用の問題があると確定されていることを示している（Deparment for Education 2011b）。このうち半数以上（56.6 パーセント）は問題への介入を受けたが，3 分の 1 以上（34.9 パーセント）は提供された援助を拒否した。物質濫用は，16 歳と 17 歳の男子により多く見られた（Department for Education 2011b）。
　調査研究では，養護にある児童と若者そして養護を離れた若者は，一般人口と比較すると，タバコ，飲酒，薬物使用が相対的に高い割合であることを表していた（Meltzer et al. 2003）。施設養育と里親養育で生活する若者（平均年齢 15.歳）400 人の調査を基礎とした研究では，養護にいる若者は一般人口と比較して

薬物の不法使用の割合が高く，特に大麻，シンナー，アンフェタミン，エクスタシー（MDMA），コカインを使用している割合が高かった（Newburn, Ward and Pearson 2002）。養護にいる若者は一般人口に比べてクラック[1]とヘロインを使用している割合が有意に高く，大麻，コカイン，クラック，ヘロインをより常習していることを研究は示していた。

　同研究ではまた，若者が早い時期に薬物使用に手を染めており，それが薬物取引の問題と相関していることを明らかにした。しかし飲酒の問題は，相対的にはそれほど多いものではなかった。若者の多くは喪失，悲嘆，拒否を経験しており，これらの若者の一部はこうした否定的経験の補償やうつと闘うために薬物へと向かってしまっていた（Newburn *et al.* 2002）。

　リービングケアの途上であったり，早くに家を出ていたり，養護を離れて間もない若者たち200人（平均年齢18歳）を対象とした調査では，自己報告による薬物使用の割合は一般人口と比較して高いことが明らかとなった（Ward, Henderson and Pearson 2003）。しかしこれは主として大麻使用だった。ほぼ4分の3（73パーセント）は大麻を吸引し，半数（52パーセント）は最近1か月以内に使用があり，3分の1（34パーセント）は日常的に吸っていると報告している。直近1か月以内に15パーセントがエクスタシーを使用し，10人に1人はコカインを使用していた。若い男性と女性との間での薬物使用の差はほとんどなかったが，白人の若者82パーセントと比較すると非白人の若い男性による薬物の使用（44パーセントがいかなる薬物も使用していなかった）は，より少なかった。混血の若者では，これまでの人生のどこかで薬物を不法所持していた者が95パーセントだった。調査対象の3分の2が日常的に喫煙をし，3分の1はすくなくとも1週間に1度は飲酒をしていた（Ward *et al.* 2003）。

　ふたつのグループを除き，質的面接では独立した生活形態を目指したりそれが近づくにしたがい，薬物の消費については低い割合が報告されていることが示されていた。該当しないふたつのグループのうち，ひとつはホステル（簡易宿泊所）で生活するようになった者たちで，もう一つは独立生活を充分に計画しなかったりずさんな計画で独立した生活に移って行ったりした者たちだった。住居管理のような養育と実務的責任が養護からの移行の一部として充分に計画されている場合は，より安定した生活スタイルを堅固にし，薬物使用の割合を

減少させた。研究はまた，薬物使用に「手を染めた」のが，一般人口においてみられるよりも，ケアリーバーではより若い年齢で生じていることが明らかとなった (Ward et al. 2003)。

ディクソンら (2006) のケアリーバー 101 人を対象とした緻密な研究でもまた物質濫用の割合が高いことがわかった。若者と彼らのワーカー両方の報告に基づき複数の尺度を組み合わせた研究では，養護を離れる以前に物質濫用の問題があった若者は 5 人に 1 人以下であったが，養護を離れた 9 か月以内ではおよそ 3 分の 1 に増加していた。リービングケアワーカーによるアセスメントでは養護を離れる以前に「深刻な問題ないし問題有り」の若者が 10 分の 1 だったがこのグループが養護を離れて数か月以内に 5 分の 1 にまで増加していた。

男性と女性との間にはほとんど差はないが，この研究でも非白人の若者のほうが白人の若者よりも薬物使用が少ない傾向にあった。薬物使用やアルコールへの主なルートは 10 代での使用経験，仲間の同調圧力と物質濫用における家族の歴史である。調査研究はまた，物質濫用の問題がある若者は初期の不安定な住居経験や低いキャリア成果の傾向があり，一般に自分のメンタルヘルスと生活についてより否定的であることを示していた。

若者のほとんどは援助を受けてはいるものの，薬物ないしアルコールの問題に取り組む特化した介入よりも一般的な支援だった。専門家の援助を受けてきた若者たちは，ボランティア団体あるいは少年非行対策チームによる支援，加えてリービングケアサービスからの追加的支援，薬物および嗜癖問題サービスを受けていた。薬物およびアルコールの問題が，犯罪行動，人間関係の問題など，若者の生活のその他の面に及ぼす影響についての実証結果がある。その結果，支援のためにより全体的なアプローチがとられ，それには健康や嗜癖問題といった他の機関も関与することになる (Dixon et al. 2006)。物質濫用の若者の追加的支援ニーズには，次のものがある。

・薬物および物質濫用について早期に同定すること。
・薬物および嗜癖問題サービスによる専門家の援助。
・薬物およびアルコールの問題と若者の生活のその他の局面との関連を認識し根本的な問題に取り組む必要性。

要　約

- 本章はさらなる支援を必要とする若者のグループを，成人期への道のりの過程について前半の章で検討されたことよりもさらに明らかにした。
- 障がいがある若者にとってこのことは，養護の質の改善，移行の期間中のさらなる支援そして児童サービスから成人サービスへと移行するときに「何が良好に機能しているか」学ぶことができる。
- 養護出身の若者が10代の親になる割合の高さは，実家庭での否定的な経験と質の低い養護が関連しているであろう。いかなる理由であれ，若者が実務的かつ個別的支援を受けることが重要である。
- 非白人出身と少数民族出身，それらが組み合わさった両親をもつ子どもを含めた若者たちは民族的なグループによる違いはあるものの，その他の若者たちが養護を離れ成人期への道のりの過程で出会う多くの類似の課題に直面する。そして肯定的な（前向きな）家庭を構築し，コミュニティと結びつき，民族的に多様な雇用調整をはかることを認識し，政策および実務的対応を含んでいる。
- 大人の同伴者がいない難民申請中の子どもたちと活動することは，難民申請の手続き中の不確かさを扱うことを意味している。個別アドバイザーは「リービングケア」と「移民」状態との両方をともないながら，養護から成人期への移行にある若者のニーズを確定し，対応する必要がある。前者についてはニーズのアセスメント，自立計画作成，各若者の背景を考慮すること，そしてそれぞれの若者の環境から生じたニーズに対応する専門家について個別アドバイザーが関わることである。後者については，若者の難民申請とその決定までの間，彼らを支えることに関わることである。
- LGBTの若者は，養護システムの中で彼らのニーズがより認識されることにより援助されるだろう。そのためには，ジェンダーアイデンティティと性的指向において多様なスタッフとケアラーがいること，活動のためのさらなる研修，そしてアセスメント過程と継続する支援の提供において，彼らのニーズをよりいっそう認識することを含んでいる。

- 青少年司法システムにおけるケアリーバーは，逮捕時，保釈中，拘置時そして拘置所からの釈放時に援助するうえでリービングケアサービス，少年非行対策チームおよび保護観察官間での機関同士の対応を調整する必要がある。
- 物質濫用の若者にとり，養護にいる間にその行動を早期に把握し，その時点また養護を離れた後でのリービングケアサービスからの支援と同様に，専門家の援助を受けることは重要である。

◆訳注
（1）純度の高いコカイン。

第Ⅲ部

結 論

レジリアンスとは,「ありきたりな魔法」である。
(Ann S. Masten* 2001)

＊ Ann S. Masten は, ミネソタ大学子ども発達研究所教授。

第 11 章

思慮に富む旅路

> 時代の最先端にある考えというのは不吉な前兆である。
> 時間がたてば，必ずや時代遅れになるのだから
> ——ジョージ・サンタヤナ，1913 年

本書は，養護を離れてから大人になるまでに若者が歩む旅路を探究してきた 本章では，前半の章で提示されたり，主要な政策および実践の基盤となったりした，調査研究で新たにわかった見解を考察してゆく。これには，社会的包摂 普遍性と選択性についての議論，参加すること，ライフコース，安定性と愛着 そして社会的移行が入る（Stein 2006c）。これらの概念は，養護から成人期へと歩む若者のレジリアンスを促進するための理論的枠組みを発展させるため最終章で検討してゆく（Stein 2005; 2008a）。

社会的包摂，普遍性と選択性

養護を離れる若者は，まぎれもなく若者であり，彼らの運命はすべての若者と共通した様々な機会，政策そして態度により形づくられている。第 2 章でふれたように 1980 年代には養護を離れる若者は高い割合で失業の痛手を受け，2010 年以後は世界規模の経済的，構造的そして社会政策の変化が，社会において若者へ普遍的に影響を及ぼしていることが，ひとつの指標となっている。16 歳以降の継続教育と高等教育，雇用と職業訓練，所得援助，住居，健康とウェルビーイングに関する普遍的政策を理解することは，すべての若者が大人への歩みの機会を高めるものであり，市民意識と社会的包摂の基盤である。

本書の第 II 部でまとめられた調査研究が示しているように，ひとつのグループとしてのケアリーバーは，社会的排除のリスクが高い。彼らは養護を経験し

てこなかった若者よりも低い学歴，16歳以後の継続教育や高等教育への進学率も低く，ホームレスになりやすく，また失業や身体的・精神的健康の問題，犯罪行動において高い割合となる傾向がある。しかしまた第Ⅱ部で詳述しかつ後述するように，ケアリーバーの前進においてはケアリーバーそれぞれにより様々な相違があり，このことは社会的排除という観点では隠されてしまうであろう。くわえて第10章で検討したように，ケアリーバーのうち特別なグループはその他のケアリーバーよりも，成人期への歩みの途上ではより支援が必要とされる。そうした人たちには，障がいがある若者，若年の親，少数民族出身の若者，大人の同伴者がいない難民申請中の児童と青少年，LGBTの若者そして少年犯罪を経験した若者と物質濫用の若者が入る。

　ここで明らかなことは，ケアリーバーたちが普遍的サービスにより自分の機会につながり，それを最大限に活かそうと思うならば，まずはグループとして，次に特定のケアリーバーとして，選択的サービスあるいは専門家のサービスを必要とするであろう。メンデス（Mendes）と，ジョンソン（Johnson）とモスルハディン（Moslehuddin）（2011）はケアリーバーのための支援の「社会的投資モデル」を提案した。それは，「ケアリーバーが彼らの乳幼児期の不利に打ち克ち，社会的，経済的，コミュニティでの活動での主流に効果的に参加できるよう，積極的優遇措置の支援とプログラムに政策立案者に投資することを要請する」（p.54）ものである。そしてスウェーデンでの調査研究が示すとおり，ケアリーバーのニーズには，普遍的サービスだけでは応えられない（Höjer and Sjöblom 2011）。第3章では専門家によるリービングケアサービスの発展を概観している。そこではこれらのサービスが，ケアリーバーの成人期への道のりでの援助のために，住居，教育，雇用および職業訓練，財政，健康とウェルビーイングそして個別支援と社会的支援により，ケアリーバーの中核的なニーズにどのように応えているのかを示している。

　しかし同時に，普遍的サービスと選択的サービスとのバランス（均衡）がとられることを認識することも重要である。ほとんどのケアリーバーはたとえそれが充分に考えられたものであっても，専門家によるプロジェクトまたは専門家対策の中に組み込まれることを望まない。その目的は，たとえそれが複線的アプローチとなる場合でも，ケアリーバーができるかぎりすみやかに普遍的サ

ービスに入ってゆくために，彼らにとり必要な追加的支援を提供することでなければならない。第3章で概説した「社会的共同親ケースモデル」は，明確に定義された役割と責任の範囲での機関内および機関同士の活動を公式に設定することによりバランスを取るべく，組織的によく設計されているように見える——そしてそれは若者自身により高く評価されている。しかし本書の第Ⅰ部と第Ⅱ部で詳述したように，若者の意見も含め公式データと調査研究の両方からの実証結果は，リービングケアサービスの質については受け入れがたいというものである。選択的サービスと普遍的サービスの双方における進行中の課題は縦割り行政的判断を減らしてゆくこととリービングケアサービスの質を改善してゆくことである。

　こうした状況に対応して，NCAS（全英養護諮問事業），ナショナルボイス，ケアリーバー協会（The Care Leavers Foundation），プリンセス・トラスト（The Princess Trust）[1]を含めた多くの第3セクター団体は，彼らがケアリーバーに提供している支援の改善を目指し，中央政府関係部局に向けてキャンペーン活動を行っている。こうした団体による『あらゆるところにつながろう』（Access all Areas）キャンペーンの主な提案は，社会的養護の子どもたちおよび養護を離れる若者への政府の諸政策や彼らへの支援の結果について評価することで，「養護を保証する」すべての政策に，中央政府関係部局を深く関与させることである。これは，部局横断的なワーキンググループの立ち上げと各部局が以下の6つの領域において綿密な検討により行動計画を作成することで，調整され監視されるものである。

1. 18～25歳のケアリーバーが抱える脆弱性を政策文書において**明確に承認し**優先的に位置づけること。
2. 傷つきやすい大人のニーズに応える対策として18～25歳のケアリーバーへ**の一律の特別給付金**。
3. 自由裁量要件がある法令と指針に関係するすべての政策領域において，30歳未満のケアリーバーには優先性が高いニーズや傷つきやすさについての適用解釈を**拡大**すること。
4. 異なる政府の関係部局と地方サービスとの間において**情報とデータを共有す**

るしっかりとしたシステムを構築し維持すること。
5. **連携活動と運用**を，異なる政府関係局と地方サービスとリービングケアサービスとの間で確実にすること。
6. ケアリーバーへの**迅速な対応**と，**個別的サービス**。

(NCAS, 2012, P.1)

　しかしリービングケアサービスの範囲と質において存在する不平等を減少させるために縦割り行政と取り組むことは，これまで検討してきたように，普遍的サービスと専門家サービスとの間の関係と同じく，中央政府関係部局，地方自治体および地方サービスの提供者との間の関係をさらに認識することが必要である。サービスのレベルを引き上げるひとつの方法は，改善につながる行動計画を発展させ総括する責任を伴いながら，「良い」サービスと「劣る」サービスとの間を公式的につなげることを保証することである。この過程は，多様なサービスの実際を示した第10章で検討したようにケアリーバーの特別なグループと一緒に最良の実践を共有することもできるであろう。

参加すること

　選択的であれ普遍的であれサービスに焦点を当てることは，関係の質の重要性またはいかに若者が個人的には決定に，集合体としては彼らの人生にいかに影響する政策に関与することになるかを見逃してはならない。英国における若者の参加の起源はほぼ40年前に遡り，1975年児童法が端緒を開いた旅路は，英国においても国際的にも，法律，政策そして実践において大きな発展が見られた。そしてこの旅路においては，英国の養護で生活している若者と養護を離れた若者の権利運動がナショナルボイスの活動を通して変化をもたらすうえで大きな役割を果たし，それはいまも継続している（Stein 2011）。
　若者の参加についての議論——サービスを改善すること，意思決定を改善すること，子どもの人権を引き上げること，法的責任を確実にすること，民主的過程を強化すること，そして児童の保護を促進すること——は，地方および国レベルでの児童サービスへの権利に基づいたアプローチの基盤として次第に認

識されている。

　養護で生活している若者と養護を離れた若者の参加に関しては,養護評議会ないし誓約(Pledges)の発展——またはサービスを提供する地方自治体による若者への関与,そしてサービスの監査者と評定者として若者が関わっている社会的養護の子どものための改善推進(Leading Improvements for Looked After Children: LILAC)プロジェクトにおける政策レベルに反映されている(Stein 2011)。それはまた,英国の児童コミッショナー(Childrens Commissioner)と児童権利局長(Children's Rights Director)の役割により,全国レベルで反映されている。後者の貢献には,養護で生活している若者と養護を離れた若者の意見の定期的な調査を含んでいる。NCASはまた,「若者の基準評価フォーラム」(Young People's Benchmarking Forum)を導入している。

　実践に関しては,本書の第Ⅱ部で詳述しているように,養護計画,ニーズのアセスメント,自立計画過程の作成,養護を離れる準備と住居の選択,そして成人期への道のりにおいて若者を支援することの過程など,各段階で若者の関与が中心になっている。独立審理審査官(Independent Reviewing Officers: IROs)の役割の強化と,若者を護る中でのアドボケーターの関与は,第4章で検討されているように,彼らが養護を離れる以前に準備され整えられている。養護からの移行に成功した若者は,さらにサービスにつながるだけでなく,より相互的関係をもてるようになることが,調査研究と実践において実証されている。彼らは質の良い住居を**交渉**し,教育と雇用に**携わり**,コミュニティと余暇活動に**参加**することができている(Hart 1984; WNTD 2008)。

　しかしこのことは,「陰り」がまったくないことを示唆しているわけではない。実務家は日々,困難な問題に直面している。だれが参加するのか,なぜ参加するのか,だれが参加しないのか,なぜ参加しないのか,どのような決心をしたかだけでなく,若者の参加は,年齢や能力,若者自身の選択にどのくらい依るのか? そして査定され専門的に定義されたニーズと若者の意見との間で,どのようにバランスを取るべきか?

ライフコースと結果

　本書の第Ⅱ部で総括された調査研究の実証的結果は，ライフコースアプローチは3つの観点から若者の成人期への道のりをより深く理解するのに貢献することができることを示している（Horrocks 2002）。第1は，そこでは若者の人生を，統合的な全体像として，別々のサイクルまたは発達段階のひとつのシリーズと区別したものとして見ている。このことは，若者が養護に入る以前，養護にいる間，養護を離れたときに若者に何が起きているのかを自己充足的経験としてよりも集積的過程として見られるべきである。第2に，それは個々の人のライフコースの内部関連的側面を認識している——たとえば，第Ⅱ部の複数の章が示しているように，若者の住居，キャリアと健康，そしてウェルビーイングの道のりが，いかにしばしば密接に結びつき，強化されているか。第3は，ライフコースアプローチの中心は，個人の経歴と若者の団体および彼らの社会的かつ経済的文脈とにまたがる相互的関係である。これは政策と介入が，養護を離れる若者がその潜在可能性を最大限に生かす機会を，いかに制限するのかあるいは提供するのかを理解することが必要である。そして最も大事なことは，これまで検討してきたように，いかに若者が受けるサービスを形成することに関与するかである。

　くわえて養護を離れた若者の移行を解明するライフコース理論を用いたエスノグラフィー[2]の調査研究は，結果を評価することの複雑性と，16歳の時点での教育達成のようなある時点に固定した観点に単一の定性的尺度を用いる限界に私たちは気づいている。若者には彼らの社会的かつ家庭の背景の多様性，養護経験，若者の「成果」の力動的性質により，それぞれ異なった出発点があることを認識する必要がある。それらの「成果」は，「公式的な」尺度の時期により，しばしば変化している。それらは相互に密接に結びついているにもかかわらず，尺度の違いにより，結果は様々に出る。そして18歳で独立した若者の人生は決して容易ではないという若者についての定性的仮説がしばしば持ち上がっていた。第7章で示唆されてきているように，若者によりなされる進歩にはより複雑な尺度が必要とされている。

第11章　思慮に富む旅路

社会的養護の安定性と愛着

　本書の第Ⅱ部は，若者の実家族との初めての分離あるいは後になっての分離に続き，彼らの不安定性と委託の破綻の経験に焦点を当てている。いずれも，若者の成人期への道のりに長く影を落とすものである。社会的養護の子どもたちに関する 92 の国際研究における相関関係についてのまとめでは，身体的および精神的健康と雇用を含めた広範囲に及ぶ成人後の結果には，委託の安定性が重要な媒介であることを確定している（Jones *et al.* 2011）。1980 年以後実施された研究では，30 パーセントから 40 パーセントの若者が 4 回ないしそれ以上の委託移動を経験していた。そしてそのグループの 6 パーセントから 10 パーセントの若者が，10 回かそれ以上という非常に多くの移動を経験していた（これらの研究のレビューとして Stein 2005 と Stein 2009a を参照）。愛着理論は，若者の自分の家庭や自分をとりまく環境からの分離を探究する準拠枠を提供しており，それには彼らの愛着のパターン，養護経歴，委託の破綻あるいは安定性，そしてこうした経験が養護後の彼らの人生のための物語を含んでいる（Howe 2005; Schofield 2001; Schofield and Beek 2006）。

　本書の第Ⅱ部で詳述したように，その主旨は，若者が自らの乳幼児期の問題を克服するのを助ける，安定した委託を若者に提供し，彼らの成人期への旅路での強力な情緒的「基盤」を提供する必要性である。若者は，ケアラーを彼らに機会を提供し大人の世界を模索し自信を得るよう力づけるはたらきをする安全基地として経験できるようにしなければならない。若者の家族関係の質を含めて，若者の年齢，発達そして個人的環境により，これは愛着を補償することを通して，あるいは若者の人生に安定性と連続性を提供することにより，達せられるであろう。第 4 章で概観したように，里親養育者と長期間にわたる愛着を形成している良い例がある——若者が里親養育者のもとに定住して 18 歳以降も委託先にとどまり，里親養育から「支援的宿舎」へと断裂のない移行をする例である。

社会的移行

　序論で検討され，第Ⅱ部「成人期への道のり」で展開している，本書の一貫したテーマは，養護を離れる若者の多くは16歳から18歳の間に独立した生活に移ることである。彼らの同年代の若者の大多数は20代半ばまで家庭にいるのに対して，彼らは自分の同年代の若者よりもはるかに若い年齢でかつ少ない時間で成人期へと旅立つことを期待されている。里親養育またはチルドレンズホームを離れ，しばしば別の地域に新たな家を用意し，一部の若者にとっては同時に家庭からの出発となり，学校を終えそして継続教育，職業訓練，雇用へと進路を見つけてゆき，あるいは失業に対処してゆく。一言でいえば，彼らの成人期への旅路は，急かされかつ圧されている。またこうした若者の多くにとって，養護を離れることはしばしば最終的な出来事（イベント）であり，困難な時にも引き返すという選択肢はない。

　しかしその後——調査研究の実証的データは1986年に遡るが（Stein and Carey 1986）——徐々に変化も始まっている。第4章と第5章にその実際を表したとおり，18歳で養護を離れる若者がしだいに増え，法律が強化されてきたことで，若者が養護を離れるときには充分な発言権を持ち，一部の若者は21歳まで里親養育者のもとにとどまる機会が与えられている。しかし養護を離れる若者に比べると，一般人口の若者が養護を離れる時期は遅く，決定的な「自立の格差」は依然として存在している。

　里親養育での生活であれチルドレンズホームでの生活であれ，すべての養護出身の若者に，養護からの緩やかで延長された移行の機会が与えられることは重要である。コールマン（Coleman）が開発した「青年期のフォーカルモデル」の実証的検証は，時間をかけて対人関係問題に対処する機会をもつことは若者が移行の課題にいかに恙なく対応するかを示している。換言すれば，同時期に数多くの対人関係問題に直面しなければならないこうした若者たちは，適応の重要な問題を経験することになる（Coleman and Hendry 1999）。養護からの移行に関する調査研究は，人類学的視点を適用しつつ，フォーカル理論と，若者に通常の経験をさせることについての議論を投げかけている（Hart 1984）。

ハート（Hart）は，社会的移行の過程は伝統的に別々の，しかしお互いに関連のある3つの段階があることを示唆している。離れることないしは解除すること，移行それ自体，そして新たなまたは異なる社会的状態へと統合してゆくことの3つである。ポスト近代社会ではより多く機会を提供するということはより多く危機が増すが，3つの段階が関連した心理的「諸活動」は依然残るものの，この過程は大半の若者にとって，より延長されかつより構造が弱くなっている。本書の第Ⅱ部およびこれまで検討したように，養護を離れる多くの若者にとり，すぐに大人になれるという期待が存在している。彼らは自由，模索，振り返り，リスクを負いかつアイデンティティを探究するための時間を提供し「ゆっくり考える」機会を若者に与える移行という重要な準備段階をほとんど経験しそこなっている。

　今日の若者の大多数は継続教育，特に高等教育の経験を通してこれを獲得しているが，第7章と第8章で示したように，多くのケアリーバーは養護に入る前の経験の結果としてこのような教育的機会の活用ができない状態でいる。また延長された移行の文脈においては，金銭的，実務的そして情緒的支援を提供するうえでの家庭の役割が増すことになる。しかし第5章で検討されたように多くのケアリーバーにとりこの重要な時期での彼らの家族関係は，支持的というよりは，何もなかったり問題が多かったりする（Biehal and Wade 1996; Sinclair et al. 2005）。この文脈においては第Ⅱ部で検討したように，リービングケアサービスおよび非公式な社会的ネットワークから提供される支援は，若者にとりきわめて重要である。

　質的研究やエスノグラフィー研究もまた，移行の過程について私たちの知見を増している。ウォードの研究は，多くの若者にとり彼らの人生での委託の破綻や断続的な過去の経験は前進する時期につながる感覚を発達させる障がいとなり，このことが厳しい心理社会的結果をもたらすかもしれないということを提示している（Ward 2011）。フランソン（Franson）とストッロ（Storro）（2011）によるノルウェーにおける若者の養護からの移行についての意見を質的に分析した研究では，移行の3つのパターンを確定している。前進してから過去を断ち切ること，継続的な変化，そして彼らの人生においてさらなる問題のリスクに対処する方法としての移行である。ルーマニアでの質的研究は，若者はしば

しばふたつの異なる，しかし社会的かつ心理的につながりのある経験をしていること，そして彼らは前者（新たな住居を探すこと，就労すること，新しい友人をつくること）を経験することを期待されている一方，心理的には依然として関係を終えることと分離とに対応する時間を必要としていることを示している（Dimma and Skehill 2011）。

　移行についてのこれらの異なるしかし相互補完的な視点から出てきた主要な内容は次のとおりである。第1は，様々なサービスは若者の養護からの移行の性質と時機を反映して組織化されるべきであり，通常の移行により近づくべきである。これには，第5章で説明したような，「18歳以降も委託先にとどまること」やさらに「前進プロジェクト」の例に見るように，すべての若者にとり彼らが落ち着いて生活できる機会も含む。そして第2に，サービスの組織と文化は，若者が時間をかけて変化に対応するために，心理的空間をもつニーズがあることを認識せねばならない。このことは移行の様々な段階，特に移行それ自体と移行の中間段階の意義を認識することを含めなければならない。

要　約

- 若者は普遍的サービスと選択的サービスのバランスをとりながら援助される。若者にとって専門家対策の中に取り込まれることは好ましくない。できるだけすみやかに普遍的サービスに若者がつながるよう支援することを目的とすべきである。
- リービングケアサービスの範囲と質に存在する不平等を是正するために縦割り行政の弊害に取り組むことは，普遍的サービスと専門的サービスとの関係と同様に，中央政府関係部局，地方自治体，地方サービスの提供者との間の関係を認識する必要がある。
- 若者は，個人としては自分の人生を形成する決定に関与し，集団としては，政策発展への貢献に関与するべきである。
- ライフコースの観点は，時間の経過と若者が成人期への道のりで直面する課題の双方において，彼らの人生の様々な側面を結びつけてゆくことにある。
- 良質な委託の安定性は，若者の成人期への道のりを成功へと導く情緒的基盤

を提供する。
・すべての若者に，時間をかけて変化に対応できるよう心理的空間の提供を含め，移行の様々な段階を認識しつつ，養護からの緩やかな移行と支援の機会が提供されるべきである。

◆訳注
（1）介護者のためのプリンセス・ロイヤル・トラスト（The Princess Royal Trust for Carers PRTC）。1991年，アン王女の提唱により，ケアラーの社会的価値が認められ，ケアラーの生活の質（QOL）が最大限になることを基本理念として設立された。2012年4月，プリンセス・ロイヤル・トラストとクロスロードケアは統合され，ケアラーズ・トラスト（Carers Trust）となった。
（2）フィールドで生じている現象を記述し理解する手法。文化人類学において未開の民族の調査に端を発し，その後社会学で様々な集団の生活様式や行動様式を明らかにする方法として用いられるようになった。近年では教育や看護などの場面において日常的でミクロな生活世界や対人関係を理解する方法として用いられている。

第 12 章

養護から大人へのレジリアンスを促進する

養護，それは私にたくさんの機会をもたらしてきた……
かつて私は，自分が何をしたいのかわからなかった……
今は，自分がどの方向に向かっているのかわかる。
家では，私の両親は私がすることなんて全然かまわなかった。

　この最終章は，レジリアンスが，本書の理論的根拠を伝えてきた主要なテーマ，考え方，概念をいかに統合するかを解明してゆく。まずはレジリアンスを定義することから始まり，不利な背景をもつ若者のレジリアンスを促進することと関連する要因を要約する。養護で生活する若者や養護を離れた若者に「レジリアンス促進要因」を適用することに続き，養護を離れた若者の 3 つの主なグループについて検討する。養護から離れることに成功した「前進している」若者たち，「何とか生き抜いている」若者たち，最も困難を抱えている「苦闘する若者」たちである。これまでの章で検討されたように，調査研究から生まれた主要なテーマがいかにレジリアンスの枠組みの発展に役立つかを探究する基盤を提供するだろう。

レジリアンスとは何か？

　レジリアンスとは，若者がそれまで受けてきたであろう不利な背景や様々な問題あるいは逆境そして経験してきたであろう重圧にもかかわらず，自らの人生の目標を達成することを可能にする特質，と定義することができる。レジリアンスは，不利な状況に打ち克ち，対応し，回復することに関するものである。だがそれは異なる時期や文化そしてリスク経験にのみ関係し——傷つきにくさとは区別された，どちらかといえば抵抗力に近いもの——そしてそれは時間の経過で発達してゆくものである（Masten 2001, 2004; Rutter 1999）。また若者にレ

ジリアンスを見いだすのに,競争心を必要とはしない。マステン(Masten)(2001)が示唆しているように,それは「ありきたりな魔法」である——「基本的な人間の適応システムが作動した結果の普遍的な現象である」(p.227)。

カヴァナン(Cavanan)は,レジリアンスの最新の5つの定義についての自身の総括において,それらの定義を貫いている一貫性を強調している。すなわち「これらすべては,内包されるものであれ,外部にあるものであれ,多様であり,脅威と逆境,個人と環境の相互作用,支援的要因と有害的要因とに対処しつつ,発達,適応,成果に関わっている」(Cavanan 2008, p.2)。序論で概説したように,本書はレジリアンスについてエコロジー的観点を適用している。そしてこのことは養護の質,教育,家族および社会的ネットワーク,そして若者が成人期への道のりでいかに支援されているか,あるいはまたいかにないがしろにされているかに焦点を当てつつ,実在する語りと優れた実践例で実証している。レジリアンスについてのエコロジー的観点はまた,若者の生活における構造的な不平等と社会政策的反応の影響を含め——第2章および本書の第Ⅱ部で検討したように,個人的発達および社会的背景との関係性を認識している。簡潔に言えば,多くの若者にとり不平等を変革するためには,不平等に打ち克つべく手に手をとって進まなければならない。

レジリアンスを促進する諸要因

きわめて不利な家庭背景をもつ若者のレジリアンスは,少なくとも家族の中のひとりとの補償的かつあたたかな関係——または少なくともひとりは無条件に支持的な親ないし親の代替となる人との安全な愛着,肯定的な学校生活経験,計画を立て,自制できる感覚,ハイリスクな地域との訣別や新たな機会など「転換点」のチャンスが与えられていること,子どもの時期に高い知能であることと気質的なリスクが低いこと,そして肯定的な仲間の影響があること,が関連していることがわかってきている(Rutter, Giller and Hagell 1998)。

彼らのライフサイクル全体の中で子どもや若者が経験する重要な移行に関連したレジリアンスの要因に関する国際的な調査研究論文の総括は,この構図に当てはまる(Newman and Blackburn 2002)。これまで明らかにされてきた要因と

同じく，ニューマン（Newman）とブラックバーン（Blackburn）は，逆境に打ち克てる子どもや若者は次のことを兼ね備えていると結論づけた。すなわち強力な社会的支援のネットワーク，家族以外で関わってくれるメンターか人物，学習への熱意と情緒的成熟を促進する課外活動，傷つくことと同様に利点をも認識するような逆境について枠組みを再考する能力，変化をもたらす能力あるいは機会――たとえばボランティア活動を通じて他者を助けること，あるいはパートタイム労働を経験することなどにより違いを経験する，そして問題解決能力と情緒対応スキルを発達させる機会となるような挑戦的な場面に出てゆくことである（Newman and Blackburn 2002）。

社会的養護で生活する若者とリービングケアの若者のレジリアンスを促進すること

　第11章のはじめに提示したように，社会的排除の準拠枠を適用することは，ケアリーバーたちの異なるグループ間に存在する違い，とりわけ彼らの進歩と結果における違いを見えなくしてしまうかもしれない。定義では，社会的排除は「リスク要因」と乏しいライフチャンスに関わるものである。しかし「社会的養護」の若者に関する研究論文に，レジリアンスを中核的に組織化された概念として適用する研究論文が増えつつある（Gilligan 2001; 2009; Newman 2004; Schofield 2001）。養護を離れる若者にこれはどのように適用するのだろうか？
　若者に安定性を供給する決定的な重要性は，本書の第Ⅱ部で強調し，第11章で検討した。良質な養護を提供する安定した委託を経験した若者は，養護にいた時期に度重なる移動や破綻を経験してきた若者よりも成人期への道のりがより順調であることが多い。安定性は二つの観点において，レジリアンスを促進する潜在可能性がある。第1は，若者にケアラーとのあたたかで補償する関係を提供することにより――あるいはこれまで検討したように，補償的な安全な愛着はそれ自体，委託破綻に類する期間を減少するであろう。第2は，必ずしも第1に依拠するものではないが，安定性は若者の生活における養護の連続性を提供し，それは若者に情緒的安心感をもたらし，前向きな教育成果やキャ

リア成果に貢献するであろう。

　若者が自己理解，自尊心，自己有効感を含め肯定的なアイデンティティの感覚を発達させるのを助けることもまた，彼らのレジリアンスを促進するであろう。レジリアンスに関する調査研究論文に明白には認識されてはいないが，アイデンティティは，レジリアンスの構成要素であるだけでなく，レジリアンスと結びついているものと見なすことができる。すなわちそれは，計画を立て自制できる感覚，そして傷つくことと同様に利点も含めて逆境を再考する枠組みを構築する能力である。

　ケアリーバーが肯定的なアイデンティティを育てられるよう助けることは，第1に社会的養護の若者が経験した養護の質と愛着——これまで検討してきた重要なレジリアンス促進要因と，第2は，自分の生い立ちの背景と個人の歴史について彼らが知り，理解すること，第3は，その他の人たちが自分をどう認識し対応するのかについて彼らが経験することと結びついている。そして最後に，第11章の参加についての検討で詳述したように，彼らが自分自身と自らの来し方に影響を与え，形づくった機会をどう捉えるかである。

　教育的な成果を達成することを含め学校生活を肯定的に経験することは，不利な家庭背景をもつ若者や養護で生活する若者のレジリアンスと関連する。第7章で詳述したように，1987年に遡る調査研究の実証および1999年以後の全国的データの集積は，社会的養護の子どもと若者の多くは一般人口の子どもたちよりも，学力がより低い水準であることを示している。彼らはまた，より多くが特別教育のニーズがある状態や学校から排除されている状態，不登校の状態にあり，また高等教育への進学もより少ない状態である。

　アンダーアチーブメントの理由は多面的であり，社会的不利，実親の乏しい養育がもたらす社会的，情緒的，行動の問題，そして若者を補償することについての養護と教育の失敗がある。第7章で検討したように，教育的成果の向上を主導的な目標とした多様な取り組みが1997年以後導入されてきており，まだ明らかにされていないものの，若者の教育経験に肯定的な効果をもたらしている。しかし，結果にのみ焦点を当てることは，多くの若者がきわめて不利な出発点から進歩しているという実証結果を見逃すこととなり，これは公式的な尺度において認められるべきである。アンダーアチーブメントの恒久的な本質

——または学力格差——は，その原因の範囲と深さを反映しており，レジリアンスの促進は，第1は諸要因の認識と必要とされる幅広い対応，第2は一人ひとりの若者による進歩を認めることであることを示唆している。

学校教育で進歩し成果を成し遂げることは，16歳以後の継続教育，高等教育，職業訓練そして納得する雇用を見つけるための基盤である。第8章は，16歳以降の教育を継続している養護出身の若者の意欲を「促進するもの」を明らかにする，YiPPEE調査研究プロジェクトを取り上げた。そこでは養護と教育の両方における改善のニーズに焦点を当て，それには，委託の安定性，学習に追いつくための早期の支援，行動指向的個別教育計画，ソーシャルワーカーとケアラーによる教育優先，学業での格差を補償するための個別のチューター（指導者），家族，ケアラーおよび専門家からの支援，資金と実務的援助，好意的な学校，カレッジおよび高等教育機関で合意した明確な運用規定，18歳以後も委託先にとどまること，そして雇用よりも教育を推進するリービングケアチームと教育専門家を含めることである。

第8章はまた，NCASの「養護から雇用へ」プロジェクトによる養護出身の若者の雇用機会を改善している実例を提示している。プロジェクトの最初の3年間からの主要なメッセージが，労働への意欲を高め，就労に至るよう支援している社会的共同親の貢献を強調している。

学校あるいは養護それ自体もまた，転換点を提供し，学習への意欲と情緒的成熟を含めて新たな友人や機会をもたらす余暇活動ないし課外活動に参加する門扉を開くであろう。そして，これもまたレジリアンスを促進する。実際に，レジリアンスのある若者が，家庭または養護での否定的な経験を他者の援助により転換する機会にすることができた。

第3章で詳述したように，リービングケアを準備することもまた，若者に計画を立てることや問題解決そして新たな能力を身につける機会を提供するであろう。そして，これもまたすべてレジリアンス促進要因となる。これには自己管理スキル（自己衛生管理，節制した食生活と性的健康を含めた健康管理），実務的スキル（予算を立てること，買物，調理，掃除），そして対人関係スキル（公的な関係と個人的な関係に関わることを管理すること），それぞれのスキルの発達が含まれる。準備することは全体的なアプローチであり，若者にとり実務的，情

緒的,対人関係的スキルと等しい重要さで結びついていなければならない。
　健康であることと肯定的なウェルビーイングの感覚を持っていることは,レジリアンスを作りあげるもう一つの方法である。第9章で詳述したように,多くの子どもと若者は身体的および精神的健康の両方の問題を持って養護に入りこれらの問題は若者がリービングケアの要求に対応するときに増幅する。若者が養護に入るときには,彼らのニーズを充分に理解するアセスメントと「治療的里親養育」および彼らの社会的,情緒的,行動的ニーズを解決するためのその他の治療的介入を含めた,安定した質の高い委託がされなければならない。第11章で取り上げたように,せかされかつ圧されての移行で求められる心理的課題は,すべての若者に対し養護からのより緩やかな移行の機会と,リービングケアサービスと肯定的な家族および親族のネットワークの維持による成人期への継続的支援の提供により,置き換えられるべきである。第10章で述べたように,特定のケアリーバーのグループは,成人期への道のりにおいて彼らのレジリアンスを促進するために追加的支援サービスが有効である。

若者のいくつかのグループ

　1980年から2012年にかけて実施された研究も含め,これまで検討した調査研究で新たにわかったことに関する説明では,若者は大きく3つのグループに分けられる,それぞれ,養護から「前進している若者たち」,「何とか生き抜いている若者たち」そして「苦闘する若者たち」である。
　この3つのグループを確定することは,彼らのレジリアンスを促進するための内容を含め,本書で検討した研究結果の普遍性を若者の人生につなぐひとつの方法を提供している。彼らがいずれのグループにもあてはまらなくても,時間の経過あるいは彼らの環境ないし彼らが受ける支援の変化にともない,若者はグループ間を移ってゆく。

前進している若者たち

　私は私自身であり，どこかへ行かされることはなく，許可を求めることもいらない，ひとりの人間なのだとよりいっそう感じる……私は私自身で，ずっとまっとうなのだ。

　最初のグループである養護から順調に「前進している若者たち」は，安心できる愛着関係も含め，生活によりいっそうの安定性と連続性があり，自分の家族関係を理解して，そこから心理的に前進することができていた。そして養護を離れる以前に何らかの学業的成功を達成していた。彼らの準備は緩やかで，養護をより年長になってから離れ，その前進はよく計画がなされていた。「選択的」サービスから「普遍的」なサービスへと移ることができていた。継続教育または高等教育に進学すること，自分が望む職に就くこと，パートナーを見つけることあるいは自分自身が親になることは，「自分は普通だという感情」あるいは養護後のアイデンティティを発達してゆくうえで重要な役割を果たしていた。

　「前進している」グループは，自立した生活の課題とさらなる自制を獲得することを前向きに受けとめている。彼らはこのことを自分の自信と自尊心を向上させるものと見ていた。一般に，彼らのレジリアンスは養護での生活，養護を離れること，養護後の経験により強められてきていた。彼らは提供される援助を有効に活用し，それまでのケアラーとの接触と支援を維持し，そして支持的な社会的ネットワークを持つことができていた。

何とか生き抜いている若者たち

　　私は，より自立し……よりタフで……世の中をよりしっかり理解している。

　第2のグループ，「何とか生き抜いている若者たち」は，「前進している若者たち」のグループよりも養護で生活している間，より不安定で，措置の変更や破綻を経験してきていた。彼らはまた，しばしば里親養育の破綻やチルドレンズホームの突然の退所の後，より年少で能力も知識もほとんどないまま養護を

第12章　養護から大人へのレジリアンスを促進する　185

離れがちであった。彼らは養護を離れた後，ホームレス，低賃金未熟練労働ないし短期労働や失業も含めた様々な問題や頻回な移動を経験していた。彼らはまた孤立と依存のパターンにより個人的関係かつ専門家との関係においても様々な問題を経験しがちだった。

　このグループの多くは，養護を離れた後，自分自身を「よりタフ」で，「自分の過去とは切り離して」やってきている「サバイバー」と見なしていた。彼らは自分たちが直面した多くの問題はしばしばいまだに対応中であるが，自分をさらに成長させ，自己信頼を高めていると信じていた——彼らの自分自身を独立した存在とする見解は，住居，金銭，個人的問題での援助のために，支援団体にかなりの依存をしているという現実と矛盾しているにもかかわらず。米国での調査研究では，彼らの自己信頼の考え方——「君を殺さないことが君をもっと強くしている」（養護を離れた若者によるニーチェの引用）——が彼らの非公式の社会的ネットワークと援助を求める関係を制限し傷つけることになってしまうことを明らかにしている（Samuels and Pryce 2008, p.1208）。

　本書で検討してきた調査研究結果は，人生を変えたり，レジリアンスを促進したりするものは，成人期への道のりで受ける専門的支援であることを示している。リービングケアワーカーと個別アドバイザーである専門家が，これらの若者を援助することができた。養護を出た若者によるメンター（またはピア・メンター）を含めたメンターによる相談は，若者が自立までの旅路の間彼らを援助し，専門家による支援または問題を抱えた家族関係とは違うタイプの関係を彼らに提供するだろう。住居を見つけ維持するうえで若者を援助することは彼らのメンタルヘルスとウェルビーイングにとり重要である。親族や友人も含めた家族もまた助けとなるが，そうした関係は子どもの時期の肯定的経験の上に構築されたものであり，一部の若者にとってはそこに戻ることはきわめて問題があることが明らかになっている。総体的に，時間をかけて，専門的な支援のネットワークと個人的な支援のネットワークとの組み合わせが，彼らのきわめて恵まれない出発点に打ち克つのを助け，そして首尾よく前進するのを助けることができるのである。

苦闘する若者たち

> 自分みたいなのはまっぴら……自分のことなんて気にしない，それなのにどうして他の人のことを気にかけなきゃいけないんだ。

ケアリーバーの第3のグループ，「苦闘する若者たち」は，最も不利な状態にあった。彼らは深刻なマルトリートメントを含む養護以前での家庭の経験で最も傷を負うていた。**多くは**，養護は彼らを補償することができず，あるいは彼らが自分の過去の困難を克服するよう援助することができなかった。養護における彼らの生活には多くの委託の変更があり，これまで取り上げた様々な調査研究のなかで最も多くの措置変更を経験し，彼らの人生に関わる逸脱，特に彼らの個人的な関係および教育と関係する崩壊を含んでいた。

彼らはまた，養護での，しばしば初期のころから始まった困難にみまわれ，社会的，情緒的，行動的困難や学校での問題やトラブルなど一連の困難を抱えていた。彼らは家族の一員やケアラーと補償的な関係を築きにくく，委託破綻に続きより年少で養護を離れがちだった。リービングケアの時点で，彼らのライフチャンスは実際に，きわめて乏しかった。養護を離れた後，彼らは失業しがちであり，ホームレスになりやすく，自分の住居を維持するのが非常に難しかった。彼らはまた孤独で，孤立していて，メンタルヘルスの問題があることが多く，しばしばきわめて複合的なニーズがある若者としてプロジェクトにより定義されていた。リービングケアサービスによる支援は，必ずしも彼らがそのきわめて不利な出発点に打ち克つのを助けることができるとは限らず，彼らはまた専門的支援や個別の支援が欠けていたり，疎外されていたりした。しかし彼らにとっては，だれかがそこにいて，第9章と第10章で検討された専門家の支援サービスの恩恵を受けられることは，重要である。

ライフコースを通してレジリアンスを促進すること：国際的視点

表12.1は，本章で明確にされた主要なテーマを一覧にしている。それは，レジリアンス，愛着，社会的移行，参加すること，普遍性と選択性といった基

盤となる概念が，養護を離れ，大人になる若者に関わるため，彼らがどこにいようと，リービングケアについてより国際的に考える準拠枠を提供している。

表12.1 ライフコースのすべてにわたってレジリアンスを促進すること

レジリアンス促進要因	選択的サービス	普遍的サービス
養護で生活すること		
愛着，安定性，アイデンティティとウェルビーイングの肯定的感覚	良質な委託「権威ある養育」	養親教育
学校教育の肯定的経験	アセスメント，専門家の援助による補償——教育，健康，ウェルビーイング	教育，健康サービス
ターニングポイント	新しい経験	青少年，余暇
計画すること，問題解決，学習	全体的な準備，参加	参加
養護からの移行		
通常の過程としての移行	定着した委託にとどまること	サービスの継続
時間をかけて問題に焦点を当て取り組む機会と空間	自立計画と住居，キャリア，健康とウェルビーイングの支援	16歳以降の教育，雇用，職業訓練，住宅サービスと健康サービス
	金銭的支援	給付金庁
社会的ネットワーク	ネットワークの維持	若者，余暇，新たなネットワークを探究すること
成人期への養護		
生活を自制する力の獲得と自立した生活への挑戦	準備が整った時の委託からの移行	住宅の選択
納得したキャリア，教育，雇用，養育	自立計画の継続と金銭的支援	高等教育，キャリア
パートナー，パートナーの家族，実家庭のメンバー，以前のケアラーへの肯定的な愛着	それまでのケアラーとの接触	
社会的ネットワーク	養護との友好関係	教育，労働，余暇とのネットワーク
否定的な実家族関係を理解し心理的に前進すること	カウンセリングへの照会	健康サービス

　国際的に，調査研究が養護を離れる若者についてより豊富な理解をもたらしてきているのは，ほんのこの10年である。社会的排除についての国際的な実証の増加は——養護にいる子どもの乏しい成果とそのことが若者の成人期への

旅路に長い影を落としていること——2003年の養護から成人期への移行に関する国際調査グループ（Transitions from Care to Adulthood International Research Group: INTRAC）の設立につながり，初めてヨーロッパ，中東，オーストラリア，米国から研究者たちが結集した。

グループの活動は，標準化された準拠枠（主要な文脈的データ，事例，福祉制度の種類，法的および政策的文脈，2次的データの活用，そして調査研究知見）と4つのテーマに分かれた章（グローバルな問題，法的および政策的準拠枠，2次的データの活用，調査研究からのメッセージ）から成る16か国の章立てを含めた最初の出版計画に至った。同書は，地域的，国家的，グローバルな過程を経た探究を重ねた基盤のうえに構築するニーズを認識することで，締めくくっている（Stein and Munro 2008）。

2010年に，共産主義社会以降の東ヨーロッパおよび中央アジアにおける若者の成人期への移行についての知見がわずかしかないことに対応して，児童養護慈善事業であるSOS子どもの村（SOS Children's Village）[1]は，既述したINTRACの準拠枠を適用して12か国のベースライン調査を実施した（Lerch with Stein 2010）。INTRACのメンバーにより実施されたその後の調査研究は，『児童青少年事業報告』（Children and Youth Services Review）の特別編集号として報告された（Stein, Ward and Courtney 2011）。

しかし，ピンカートンが示唆しているように，2003年以後進展はしており，INTRAC諸国により文化的多様性があることが実証されている（Anghel 2011; Ibrahim and Howe 2011）ものの，私たちは巨視的視点をもつにはいまだ道遠く，「アフリカ，中国，インド，南米でのリービングケアに関する利用可能な情報が整っていない」（p.2412）。さらに15か国の調査研究では，各国政府はそれぞれ自国の制度を発展させようとしなければ，国連・子どもの権利委員会（United Nations Convention on the Rights of the Child: UNCRC）に基づくケアリーバーのニーズを理解し促進することに限られた関わりだけしかなされていないことを示していた。研究者たちは，『子どもの代替養育のための新たなUNCRCのガイドライン』（Guidelines for the Alternative Care of Children）がリービングケアがより高い優先性を受けるという結果につながることを示唆している（Munro et al. 2012）。

今後に向けて，ピンカートンは調査研究のふたつの方向性を示唆している。

第1は，国際比較をするための3つの領域モデル，すなわち直接的に国の状態に影響を与える国際的過程を大きな尺度で捉える巨視的領域，国家，福祉制度社会的専門家で展開される関係性についての中間的領域，そして日々の実践に焦点を当てたミクロの領域（Pinkerton 2008）である。第2は，彼は「養護を離れることにおけるグローバル化された社会的エコロジー」を提案している（p.2414）（Pinkerton 2011）。これは，支援の社会的エコロジーの中で，養護を離れる若者にとってのレジリアンスの概念と社会的資本と潜在的利益を集結したものである。

　最後に，本書で検討された調査研究知見より引き出されたテーマをつないでゆくと，リービングケアは若者であることから大人になることへの普遍的な旅路でなければならないということである。自分のニーズに適った普遍的かつ選択的サービスにより援助され，こうした普遍的な旅路を経験する若者は，彼らのキャリアや個人的な生活は充実し，虐待またはネグレクトといった家庭的な問題による傷から立ち直りやすい。良質の養護を経験すること，そして成人期への道のりが充分に準備され支援されることにより，彼らは自立でき，情緒的に孤立したり道を外れたりすることなく，首尾よく養護から「前進」し「ふつうの」あるいは「普遍的な」アイデンティティを確立することが可能となる。

◆訳注
（1）1949年，ヘルマン・グマイナーにより，オーストリアのイムストに設立された，危険な生活環境や家族崩壊，戦争や災害で親を失うなどの理由により，孤独な状態におかれている子どもたちのために創設された国際非政府開発組織。全世界に550か所以上，82,000人以上の子どもや青少年たちが家族的生活ができるように，援助，サポートされている。

補遺 1

関係する子どもおよびかつて関係した子どもの
ニーズのアセスメントと自立計画の内容

	ニーズの次元	計画に含むこと
1.	健康と発達	・基本的な健康ケアサービスの利用。 ・若者が社会的養護を受けていた時に実施された養護計画において立てられた健康計画に基づいた彼らのニーズに沿った医療ケアと歯科ケアの準備。 ・健康の専門医と治療サービスへのアクセス。 ・若者が自分で健康的なライフスタイルを維持することが可能となる行動を理解する準備。 ・前向きな余暇活動に参加し，全うし，楽しむ機会。
2.	教育，職業訓練と雇用	・若者の熱意，キャリア目標，そしてそれを達成するための行動と支援。 ・キャリアアドバイスへのアクセス。 ・教育目標と支援——若者の個別教育計画の活用の継続。 ・継続教育および／または高等教育にいる若者を支援する準備。 ・若者が適切に徒弟見習い制度につくこと，大学入学出願をすること，あるいは，必要な資格を取得できるようにする支援。 ・労働実習，キャリア相談または雇用への進路などのための調整。
3.	情緒と行動の発達	・若者が自尊心を発達させ，肯定的な愛着を維持するために自治体はいかに援助するか。 ・若者は自尊心，レジリアンス，自信を表現しているか？ ・他者に共感し，論理的に考え，自分自身の行動に適切な責任を負う能力のアセスメント。 ・愛着と適切な関係を形成する能力，適切な情緒を表現する，変化に対応する，ストレスの取り扱い，そして自己抑制と適切な自覚を表現する能力。
4.	アイデンティティ	・若者の民族性，宗教的志向，性的指向から生じる彼らのニーズに自治体が対応する方法。 ・若者が養護で子どもの時期を過ごしたことやケアリーバーであることから派生する自分のアイデンティティをどのように理解するか？ ・若者が自分の年齢とアイデンティティを確定することに関連する手がかりとなる記録を入手するために自治体が援助する方法。

5.	家族関係と社会的関係	・若者の両親と拡大された家族との関係のアセスメント。 ・家族との接触——養護計画のすべてにわたって行われる。 ・若者と仲間，友人とのネットワーク，重要な大人との関係。こうした関係での全ての好ましくない状態に対する戦略。 ・これらの関係が，いかに若者の移行が順調に行われるよう貢献するか，また，いかに若者が自分が属するコミュニティに統合するのに役に立つか。
6.	自立した生活に必要な実務的スキルとその他のスキル	・よりいっそうの自立に向けた次の計画を立てるのに必要となる，全面的な実務的スキルを適切に準備すること。 ・彼らはより自立して生活を管理することを期待されているため，より大きな責任を負う準備をすること。
7.	金銭的準備	・ケアリーバーの金銭的ニーズと経済力のアセスメント。銀行口座をもち，国民健康保険番号を取得し，定期預金の重要性を理解しているか？ 金銭的支援および必要な支出に見合った適切な収入へのアクセスがあるか？ ・自立計画は，関連する子どもを管理するための自治体の提案，若者が金銭的支援や緊急時対応を受けるための調整を含まねばならない。 ・かつて関係していた子どもに発行する金銭的援助の収支報告書。
8.	（適切な）住居	・若者が生活している住居／彼らが生活すると考えられる住居の質のアセスメント。 ・これはあらゆる範囲で若者のニーズにどのくらい適切か？ ・それを改善するにはどの段階を踏まなければならないのか？（『ケアリーバー指針』のスケジュール2）

出典：『移行指針』（*Transitions Guidance*, Department for Education 2010a, p. 17）

補遺 2

教育，職業訓練およびキャリアのために計画すること

- 若者は，教育活動を経験するとき，大きな安定性を獲得する。早い時期に計画を立てることは，大学進学を考えるとき重要である。特に，自分の家から移ったところでの，18歳の誕生日から継続教育を開始する時点までの委託の調整は，あらかじめ18歳の誕生日より前に取り組まれ，十分に彼らの賛同を得なければならない。彼らを里親養育していた家庭に，彼らが18歳の誕生日がすぎてもとどまれるように調整する必要があるだろう。そして計画は，長期休暇にも備える必要がある (5.6)。

- 若者は，自分がいる地方自治体から受け取る予定の実務的支援と金銭的支援の内容を知る必要がある。そのため地方自治体は，若者が継続教育ないし高等教育に進学するとき受け取ることとなる金銭的支援の詳細についての政策書面を社会的養護の子どもやケアリーバーに渡さねばならない。それぞれの責任ある自治体が用意したものとして，各ケアリーバーが期待できる金銭的支援についての情報は，大学学生基金からどの支援を受ける資格があるかを説明している情報により補完されるべきである (5.7)。

- 自立計画は，教育または職業訓練が継続しているかぎりすべてのかつて関係していた子どもたちのために継続しなければならない。大学にいる多くの若者が自分が生活していた地域や今までのケアラーや支援のネットワークから離れたところで生活することになるので，一人ひとりの子どものための自立計画は，それぞれの地方自治体から彼らが期待できる実務的支援に取り組まなければならない。これらの調整には，個別アドバイザーとの接触の水準と頻度を含むべきである。計画は，若者が進学する大学がある地域の若者と会うように特別に手配すべきである。こうした面談のうち何回かは大学スタッフの中で特定の人（たいていケアリーバーの個人指導者）が関わることが望

ましい。そうすることで高等教育機関は自立計画過程にしっかり関わり，関係するケアリーバーが自分の学位取得のために学び，潜在可能性を開くために可能な支援を得ることを確実にすることに緊密に携わることができる (5.8)。

- 自立計画は，学期中および短期休暇，夏期長期休暇の財政的準備を含めた住居調整に取り組まなければならない。それまでの委託先に戻ることができない若者の場合，個人的な事情に最も適している安定した代替となる住居が提供されなければならない。一部の若者にとり，このことは管轄となる自治体の地域にある住居に戻ることと関係する。また，自分が進学した大学の地域にとどまることを望むかもしれない。多くの大学は現在，52週間の住居を提供している。どちらの選択にせよ，早い時期から計画を作成することが必須である (5.9)。

- 若者が21歳の誕生日以降も教育または職業訓練の課程を継続している場合提供されている実務的支援と金銭的支援は，引き続き彼らの自立計画に取り込まれなければならない (5.10)。

- 専門家の知見が得られることは，大学に進学したケアリーバーに最大限の支援をするために必要とされるものであり，地方自治体はこのグループの若者のための専任の個別アドバイザーの役割が発展するよう考慮することを願うその役割は，若者が自分を管轄する自治体から訪問を受け，自分が属している高等教育機関からの適切な支援と学業的なアドバイスを受けることを保証する専門的知識と助言を提供するために用いられる (5.11)。

- 地方自治体は，徒弟見習い制度，職業訓練期間，職業コースまたは雇用に従事しているすべてのケアリーバーを支援するための政策と過程を用意することを保証しなければならない。これらの政策は，一般的な財政的支援を考慮する必要があり，その財政的支援は，若者が広範な職業訓練の機会または雇用に参加することで全面的に特典を得ることができるように，自治体が追加

の金銭的特典が必要かどうか査定したうえで受け取るものである（5.4）。

- 統合的ユースサービス事業（Integrated Youth Service/Connections）とキャリア・アドバイザーズ（Career Advisers）との統合的な連携活動は，責任を担う自治体が若者が利用可能な選択肢と権利特典（entitlements）について十分に知ることを保証するために不可欠である。地方自治体は，若者の自立計画についての情報を提供するキャリア計画ツールを活用すべきである（5.5）。

- 自治体は，それぞれの地域におけるケアリーバーの雇用，教育および職業訓練のニーズを推進するため各自治体のパートナーと活動せねばならない。自立計画は，地方自治体がそれぞれの地域のケアリーバーの雇用可能性をいかに改善するかについてのアウトラインを示すべきである。それらは，ケアリーバーが職業体験実習，徒弟見習い制度そしてその他の職業訓練や雇用の機会について認識し，つながることを確実にすべきである。

出典：『移行指針』（*Transitions Guidance*, Chapter 5, pp. 31-33）

参考文献

Ahrens, K.R., DuBois, D.L., Richardson, L.P., Fan, M.-Y. and Lozano, P. (2008) 'Youth in fostercare with adult mentors during adolescence have improved adult outcomes.' *Paediatrics*, 121, 2, e246–e252.

A National Voice (2005) *There's No Place Like Home.* Manchester: A National Voice.

A National Voice (2007) *Please Sir! Can I Have Some More?* Manchester: A National Voice. Available at www.anationalvoice.org/work/reports/Please-sir-can-i-have-some-more, accessed on 24 May 2012.

Anghel, R. (2011) 'Transition within transition: how young people learn to leave behind institutional care whilst their carers are stuck in neutral' *Children and Youth Services Review*, 33, 12, 2526–2531.

Archard, D. (1993) *Children: Rights and Childhood.* London: Routledge.

Baker, C. (2007) 'Disabled children's experience of permanency in the Looked After system.' *British Journal of Social Work*, 37, 7, 1173–1188.

Baker, C. (2011) *Permanence and Stability for Disabled Looked After Children.* Insights 11. Glasgow: IRISS.

Barn, R., Andrew, L. and Mantovani, N. (2005) *Life After Care: The Experiences of Young People from Different Ethnic Groups.* York: Joseph Rowntree Foundation. Available at www.jrf.org.uk/sites/files/jrf/1859351921.pdf, accessed on 5 March 2012.

Barn, R. and Mantovani, N. (2007) 'Young mothers and the care system: contextualising risk and vulnerability' *British Journal of Social Work*, 37, 2, 225–243.

Barnardo's (1987) *Developments in Child Care.* Film Script. Barkingside: Barnardo's.

Bean, T.M., Derluyn, I., Eurelings-Bontekoe, E., Broekaert, E. and Spinhoven, P. (2007) 'Comparing psychological distress, traumatic stress reactions, and experiences of unaccompanied refugee minors with experiences of adolescents accompanied by parents.' *The Journal of Nervous and Mental Disease*, 195, 4, 288–297.

Beresford, B. and Cavet, J. (2009) 'Transitions to adult services by disabled young people leaving "out of authority" residential schools.' *Research Works*, 2009–04, York: Social Policy Research Unit, University of York.

Berlin, M., Vinnerljung, B. and Hjern, A. (2011) 'School performance in primary school and psychosocial problems in young adulthood among care leavers from long term forster care.' *Children and Youth Service Review*, 33, 12, 2489–2497.

Berridge, D., Biehal, N., Lutman, E., Henry, L. and Palomares, M. (2011) *Raising the Bar? Evaluation of the Social Pedagogy Pilot Programme in Residential Children's Homes.* Research Brief, Department for Education-RR148. London: Department for Education.

Berridge, D., Dance, C., Beecham, J. and Field, S. (2008) *Educating Difficult Adolescents.* London: Jessica Kingsley Publishers.

Biehal, N., Clayden, J., Stein, M. and Wade, J. (1995) *Moving On: Young People and Leaving Care Schemes.* London: HMSO.

Biehal, R, Dixon, J., Parry, E., Sinclair, I. et al. (2012) *The Care Placements Evaluation (CaPE). Evaluation of Multidimensional Treatment Foster Care for Adolescents (MTFC-A).* Research Brief, DFE-RR 194. London: Department for Education.

Biehal, N. and Wade, J. (1996) 'Looking back, looking forward: care leavers, families and change.' *Children and Youth Services Review*, 18, 4–5, 425–46.

Bilson, A., Price, P. and Stanley, N. (2011) 'Developing employment opportunities for care leavers.' *Children and Society*, 25, 382–393.

Blades, R., Hart, D., Lea, J. and Willmott, N. (2011) *Care - a Stepping Stone to Custody?* London: Prison Reform Trust.

Blakeslee, J. (2011) 'Expanding the scope of research with transition-age foster youth: applications of the social network perspective.' *Child and Family Social Work*. Published online, DOI:10.1111/j. 1365–2206.2011.00 787.x.'

Bostock, L., Brodie, I., Clapton, J., Fish, S., Fisher, M., Morris, M., Kearney, P. and Rutter, D. (2009) *Increasing the Number of Care Leavers in 'Settled, Safe Accommodation'*. C4EO Vulnerable Children Scoping Review 3. London: Centre for Excellence and Outcomes in Children and Young People's Services.

Bowlby, J. (1953) *Child Care and the Growth of Love*. Harmondsworth: Penguin Books.

Brady, L. (2011) *Where is My Advocate? A Scoping Report on Advocacy Services for Children and Young People in England*. London: Office of the Children's Commissioner.

Broad, B. (1998) *Young People Leaving Care: Life After the Children Act 1989*. London: Jessica Kingsley Publishers.

Broad, B. (1999) 'Young people leaving care: moving towards 'joined up' solutions?' *Children and Society*, 13, 2, 81–93.

Broad, B. (2003a) *After the Act: Implementing the Children (Leaving Care) Act 2000*. Leicester: Action on Aftercare Consortium and De Montfort University.

Broad, B. (2003b) 'Young people leaving care: the impact of the Children (Leaving Care) Act 2000.' *Childright*, 199, 16–18.

Broad, B. (2005) *Improving the Health and Well-Being of Young People Leaving Care*. Lyme Regis: Russell House Publishing.

Broad, B., Hayes, R. and Rushforth, C. (2001) *Kith and Kin: Kinship Care for Vulnerable Young People*. London: National Children's Bureau.

Brodie, I., Goldman, R. and Clapton, J. (2011) *Mental Health Service Transitions for Young People*. Research Briefing 37. London: Social Care Institute for Excellence (SCIE).

Brodie, I. and Morris, M. (2010) *Improving the Educational Outcomes for Looked After Children and Young People*. Vulnerable Children, Knowledge Review 1. London: C4EO.

Burgess, C. (1981) *In Care and Into Work*. London: Tavistock.

Calder, A. and Cope, R. (2003) *Breaking Barriers? Reaching the Hardest to Reach*. London: The Prince's Trust.

Cameron, C, Bennett, K., Simon, A. and Wigfall, V. (2007) *Using Health, Education, Housing and Other Services: a Study of Care Leavers and Young People in Difficulty*. Research Brief. London: University of London, Institute of Education, Thomas Coram Research Unit.

Cameron, C, Petrie, P., Wigfall, V, Kleipoedszus, S and Jasper, A. (2011) *Final Report of the Social Pedagogy Pilot Programme; Development and Implementation*. London: Thomas Coram Research Unit, Institute of Education, University of London.

CAMHS (2008) *Children and Young People In Mind: The Final Report of the National CAMHS Review*. London: CAMHS.

Canavan, J. (2008) 'Resilience: cautiously welcoming a contested concept.' *Child Care in Practice*, 14, 1, 1–7.

Care Leavers' Foundation (with Children & Young People Now) (2009) *Setting Up: a Place to Call Home*. Bala: Care Leavers Foundation. Available at www.thecareleaversfoundation.org/documents/APlacetoCallHome-ASurveyonLeavingCareGrants.pdf, accessed on 5 March 2012.

Chase, E. and Knight, A. (2006) 'Is Early Parenthood Such a Bad Thing?' In E. Chase, A. Simon and S. Jackson (eds) *In Care and After, A Positive Perspective.* London: Routledge.

Chase, E., Knight, A. and Statham, J. (2008) *The Emotional Well-being of Young People Seeking Asylum in the UK.* London: British Association for Adoption and Fostering.

Clarke, J. (1996) 'After Social Work?' In N. Parton (ed.) *Social Theory, Social Change and Social Work.* London: Routledge.

Clayden, j. and Stein, M. (2005) *Mentoring Young People Leaving Care, Someone for Me.* York: Joseph Rowntree Foundation.

Coleman, J.C. and Hendry, L. (1999) *The Nature of Adolescence.* London: Routledge.

Collins, M.E. (2001) 'Transition to adulthood for vulnerable youths: a review of research and implications for policy.' *Social Service Review*, 75, 2, 271–291.

Colton, M (2002) 'Factors associated with abuse in residential child care institutions.' *Children and Society*, 16, 1, 33–44.

Consumer Focus (2011) *Care Leavers Perspectives on Public Services, Exploring the drivers and Barriers for Care Leavers Using Public Services in England.* London: Consumer Focus.

Courtney, M.E. and Dworsky, A. (2006) 'Early outcomes for young adults transitioning from out-of-home care in the USA.' *Child and Family Social Work*, 11,3, 209–219.

Courtney, M.E., Lee, J.A. and Perez, A. (2011) 'Receipt of help acquiring life skills and predictors of help receipt among current and former foster youth.' *Children and Youth Services Review*, 33, 12, 2242–2451.

Davies, C. and Ward, H. (2011) *Safeguarding Children Across Services: Messages from Research.* London: Jessica Kingsley Publishers.

Department for Children, Schools and Families (2009) *Care Matters; Ministerial Stocktake Report 2009.* London: Department for Children, Schools and Families.

Department for Children, Schools and Families (2010) *Promoting the Emotional Health of Children and Young People, Guidance for Children's Trust partnerships, Including How to Deliver NI 50.* London: Department for Children, Schools and Families.

Department for Children, Schools and Families and Communities and Local Government (2010) *Provision of Accommodation for 16 and 17 Year Old Young People who may be Homeless and/or Require Accommodation.* London: Department for Children, Schools and Families and CLG.

Department for Children, Schools and Families and Department of Health (2009) *Statutory Guidance on Promoting the Health and Well-being of Looked After Children.* London: Department for Children, Schools and Families and Department of Health.

Department for Education (2010a) *The Children Act 1989 Guidance and Regulations Volume 3: Planning Transition to Adulthood for Care Leavers.* London: Department for Education.

Department for Education (2010b) *Children Act 1989 Guidance and Regulations, Volume 2, The Care Planning, Placements and Case Review (England) Regulations 2010 and the Care Planning, Placements and Case Review Regulations 2010 Statutory Guidance.* London: Department for Education.

Department for Education (2010c) *Outcomes for Children Looked After by Local Authorities in England, as at 31 March 2010* (statistical first release 16/12/2010). London: Department for Education.

Department for Education (2010d) *Children Looked After in England (Including Adoption and Care Leavers) Year Ending 31 March 2010* (statistical first release 30/9/2010). London: Department for Education.

Department for Education (2011a) *Children Looked After in England (Including Adoption and Care Leavers) Year Ending 31 March 2011* (statistical first release 28/9/2011). London: Department for Education.

Department for Education (2011b) *Outcomes for Children Looked After by Local Authorities In England, as at 31 March, 2011* (statistical first release 14 December 2011). London: Department for Education.

Department for Education and Skills (2003) *Every Child Matters*. London: HMSO.

Department for Education and Skills (2004) *Every Child Matters: Change for Children*. London: HMSO.

Department for Education and Skills (2005) *Youth Matters*. London: HMSO.

Department for Education and Skills (2006) *Care Matters: Transforming the Lives of Children and Young People in Care*. London: HMSO.

Department for Education and Skills (2007) *Care Matters: Time for Change*. London: HMSO.

Department of the Environment (1981) *Single and Homeless*. London: HMSO.

Department of Health (1997) *'When Leaving Home is Also Leaving Care': An Inspection of Services for Young People Leaving Care*. Social Services Inspectorate. London: Department of Health.

Department of Health (1998) *Quality Protects: Framework for Action*. London: Department of Health.

Department of Health (1999) *Me, Survive, Out There? New Arrangements for Young People Living in and Leaving Care*. London: Department of Health.

Department of Health (2000) Local Authority Circular, LAC (2000) 15.

Department of Health (2001) *Children (Leaving Care) Act 2000: Regulations and Guidance*. London: Department of Health.

Department of Health (2003) *Guidance on Accommodating Children in Need and Their Families*. LAC 13. London: Department of Health.

Del Valle, G., Lazaro–Visa, S., Lopez, M. and Bravo, A. (2011) 'Leaving family care: transitions to adulthood from kinship care.' *Children and Youth Services Review*, 33, 2475–2481.

Dickson, K., Sutcliffe, K., Gough, D. and Statham, J. (2010) *Improving the Emotional and Behavioural Health of Looked-After Children and Young People*. Vulnerable Children Knowledge Review 2. London: C4EO.

Dimma, G. and Skehill, C. (2011) 'Making sense of leaving care: the contribution of Bridges model of transition to understanding the psycho-social process.' *Children and Youth Services Review*, 33, 12, 2532–2539.

Dixon, J. (2008) 'Young people leaving care: health, well-being and outcomes.' *Child and Family Social Work*, 13, 2, 207–217.

Dixon, J., Lee, J., Wade, J., Byford, S., Weatherley, H. and Lee, J. (2006) *Young People Leaving Care:an Evaluation of Costs and Outcomes*. Final Report to the Department for Education. York: Social Policy Research Unity, University of York.

Dixon, J. and Stein, M. (2005) *Leaving Care, Through Care and Aftercare in Scotland*. London: Jessica Kingsley Publishers.

Donkoh, C, Underhill, K. and Montgomery, P. (2006) *Independent Living Programmes for Improving Outcomes for Young People Leaving the Care System* (Campbell Systematic Reviews). Oslo: Campbell Collaboration.

Donzelot, J. (1980) *The Policing of Families*. London: Hutchinson.

Farmer, E. and Moyers, S. (2008) *Kinship Care, Fostering Effective Family and Friends Placements*. London: Jessica Kingsley Publishers.

First Key (1987) *A Study of Black Young People Leaving Care*. Leeds: First Key.

First Key (1992) *A Survey of Local Authority Provision for Young People Leaving Care*. Leeds: First Key.

Flynn, J.R. and Tessier, G.N. (2011) 'Promotive and risk factors as concurrent predictors of educational outcomes in supported transitional living: extended care and maintenance in Ontario.' *Children and Youth Services*

Review, 33, 2498-2503.
Ford, T., Vostanis, P., Meltzer, H. and Goodman, R. (2007) 'Psychiatric disorder among British children looked after by local authorities: comparison with children living in private households.' *British Journal of Psychiatry*, 19, 319-325.
Fostering Network (2011) *More than a Room*. Conference Report. London: The Fostering Network. Foyer Federation (2011) *Identification of Good Practice in Enhanced Housing Support for Teenage Parents: a Report by the Foyer Federation*. London: The Foyer Federation.
Franson, E. and Storro, J. (2011) 'Dealing with the past in the transition from care: a post-structural analysis of young people's accounts.' *Children and Youth Services Review*, 33, 12, 2519-2525.
Garnett, L. (1992) *Leaving Care and After*. London: National Children's Bureau.
Georgiades, S.D. (2005) 'A multi-outcome evaluation of an independent living program.' *Child and Adolescent Social Work Journal*, 22, 5-6, 417-439.
Giddens, A. (1991) *Modernity and Self-identity : Self and Society in the Late Modern Age*. Cambridge : Polity Press.(邦訳:アンソニー・ギデンズ著,秋吉美都,藤太郎,筒井淳也訳『モダニティと自己アイデンティティ──後期近代における自己と社会』ハーベスト社, 2005年)
Gilligan, R. (2001) *Promoting Resilience: a Resource Guide on Working with Children in the Care System*. London: BAAE
Gilligan, R. (2009) *Promoting Resilience: Supporting Children and Young People who are in Care, Adopted, or in Need*. London: BAAF.
Glover, J. and Clewett, N. (2011) *No Fixed Abode: the Housing Struggle for Young People Leaving Care in England*. Barkingside: Barnardo's.
Godek, S. (1976) *Leaving Care*. Barkingside: Barnardo's.
Gordon, D., Parker, R. and Loughran, F. (2000) *Disabled Children in Britain: a Re-analysis of the OPCS Disability Survey*. London: HMSO.
Hai, N. and Williams, A. (2004) *Implementing the Children (Leaving Care) Act 2000, The Experience of Eight London Boroughs*. London: NCB.
Hannon, C, Wood, C. and Bazalgette, L. (2010) *In Loco Parentis*. London: Demos,
Harder, T.A., Knorth, E.J. and Kalverboer, M.E. (2011) 'Transition secured? A follow-up study of adolescents who have left secure residential care.' *Children and Youth Services Review*, 33, 12,2482-2488.
Harris, J., Rabiee, P. and Priestley, M. (2002) 'Enabled by the Act? The Reframing of Aftercare Services for Young Disabled People.' In A. Wheal (ed.) *The RHP Companion to Leaving Care*. Lyme Regis: Russell House Publishing.
Hart, A. (1984) 'Resources for Transitions from Care.' *In Leaving Care-Where?* Conference Report. London: National Association of Young People in Care.
Heywood, J. (1978) *Children in Care*. London: Routledge.
HM Government (2011a) *Preventing Suicide in England: a Cross-Government Strategy to Save Lives*. London: HM Government.
HM Government (2011b) *Safeguarding Children Who May Have Been Trafficked: Practice Guidance*. London: Department for Education, Home Office.
HM Inspectorate of Prisons (2011a) *The Care of Looked After Children in Custody: a Short Thematic Review*. London: HM Inspector of Prisons.
HM Inspectorate of Prisons (2011b) *Resettlement Provision for Children and Young People, Accommodation and Education, Training and Employment*. London: HM Inspector of Prisons.
Hodes, M., Jagdev, D, Chandra, N. and Cunniff, A. (2008) 'Risk and resilience for psychological distress amongst

unaccompanied asylum seeking adolescents.' *Child Psychology and Psychiatry*, 49, 7, 723–732.

Höjer, I., Johansson, H., Hill, M., Cameron, C. and Jackson, S. (2008) *The Educational Pathways of Young People From a Public Care Background in Five EU Countries*. London: University of London, Institute of Education, Thomas Coram Research Unit.

Höjer, I. and Sjoblom, Y. (2011) 'Procedures when young people leave care-views of 111 Swedish social services managers.' *Children and Youth Services Review*, 33, 12, 2452–2460.

Horrocks, C. (2002) 'Using life course theory to explore the social and developmental pathways of young people leaving care.' *Journal of Youth Studies*, 5, 3, 325–335.

House of Commons (1968) *Report of the Committee on Local Authority and Allied Personal Social Services*. London: HMSO.

House of Commons (1984) *Second Report from the Social Services Committee, Children in Care*. London: HMSO.

House of Commons (2000) *Report of the Tribunal of Inquiry into the Abuse of Children in Care in the Former County Council Areas of Gwynedd and Cllwyd Since 1974: Lost in Care*, London: HMSO.

House of Commons (2011) *Looked After Children: Further Government Response to the Third Report from the Children, Schools and Families Committee, Session 2008–09, Fifth Special Report of Session 2010–11*. London: HMSO.

Howe, D. (1995) *Attachment Theory for Social Work Practice*. London: Macmillan.

Howe, D. (2005) *Child Abuse and Neglect: Attachment, Development and Intervention*. Basingstoke: Palgrave Macmillan.

Ibrahim, R.W. and Howe, D. (2011) 'The experience of Jordanian care leavers making the transition from residential care to adulthood: the influence of a patriarchal and collectivist culture.' *Children and Youth Services Review*, 33, 12, 2469–2474.

Iglehart, A.P. (ed.) (2004) 'Kinship foster care: filling the gaps in theory, practice and research' (special issue).' *Children and Youth Services Review*, 26, 7, 613–686.

Jackson, S. (1987) *The Education of Children in Care*. Bristol: School of Applied Social Studies, University of Bristol.

Jackson, S. (2002) 'Promoting stability and continuity of care away from home.' In D. McNeish, T. Newman and H. Roberts (eds) *What Works For Children?* Buckingham: Open University Press.

Jackson, S., Ajayi, S. and Quigley, M. (2005) *Going to University from Care*. London: Institute of Education.

Jackson, S., Cameron, C, Hollingworth, K. and Hauri, H. (2011) 'England.' In S. Jackson and C. Cameron (eds) *Final Report of the YiPPEE Project, WP12, Young People From a Public Care Background: Pathways to Further and Higher Education in Five European Countries*. London: Thomas Coram Research Unit, Institute of Education, University of London.

Jackson, S. and Sachdev, D. (2001) *Better Education, Better Futures: Research, Practice and the Views of Young People in Public Care*. Ilford: Barnardo's.

Jackson, S. and Thomas, N. (2000) *What Works in Creating Stability for Looked After Children*. Ilford: Barnardo's.

Jacobs, J. and Freundlich, M. (2006) 'Achieving permanency for LGBTQ youth in care.' *Child Welfare*, 85, 2, 299–316.

Jones, R., Everson-Hock, E.S., Papaioannou, D. et.al. (2011) 'Factors associated with outcomes for looked after children and young people; a correlates review of the literature.' *Child: Care, Health and Development*, 37, 5, 613–622.

Kahan, B. (1976) *Growing Up in Care*. Oxford: Blackwell.

Kiernan, K. (1992) 'The impact of family disruption in childhood on transitions made in young adult life.' *Population Studies*, 46, 213–234.

Kohli, R. and Mather, R. (2003) 'Promoting psychosocial well-being in unaccompanied young asylum seekers.' *Child and Family Social Work*, 8, 3, 201–212.

Leonard, C. (2011) *Care Leavers in Further Education—the Lost Cohort*. Research Report for Aimhigher West Area Partnership. Bristol: Aimhigher.

Lerch, V. with Stein, M. (eds) (2010) *Ageing Out of Care: From Care to Adulthood in European and Central Asian Societies*. Innsbruck: SOS Children's Villages.

Lupton, C. (1985) *Moving Out*. Portsmouth: Portsmouth Polytechnic.

Malek, M. (2011) *Enjoy, Achieve and Be Healthy, the Mental Health of Black and Minority Ethnic Children and Young People*. London: The Afiya Trust.

Malek, M. andjoughlin, C. (2004) *Mental Health Services for Minority Ethnic Children and Adolescents*. London: Jessica Kingsley Publishers.

Marsh, P. and Peel, M. (1999) *Leaving Care in Partnership: Family Lnvolvement with Care Leavers*. London: HMSO.

Masten, A.S. (2001) 'Ordinary magic: resilience processes in development.' *American Psychologist*, 56, 227–238.

Masten, A.S. (2004) 'Regulatory processes, risk and resilience in adolescence.' *American Psychologist*, 56, 227–238.

McAuley, C. (2005) *Pathways and Outcomes: aTen Year Follow Up Study of Children who have Experienced Care*. Belfast: Department of Health, Social Services and Public Safety. Available at www. equality.nisra gov.uk/pathways.pdf, accessed on 5 March 2012.

McBriar, N., Noade, L. and Ringland, B. (2001) 'First evaluation of the Down Lisburn Trust befriending scheme for young people leaving care.' *Child Care in Practice*, 7, 2, 164–174.

McCrea, R. (2008) *Evaluation of the Former Foster Care Scheme 'Fostering a Better Future for Young People* (Leaving Care Implementation Project). Belfast: The Fostering Network.

McDowell, j. (2011) *Transitioning from Care in Australia: an Evaluation of Creates 'What's the Plan?' Campaign*. Create Report Card 2011. Sydney: Create Foundation.

McKelvey, R.S. and Webb, J.A. (1995) 'Unaccompanied status as a risk factor in Vietnamese Amerasians.' *Social Science and Medicine*, 41, 261–266.

Meltzer, H., Corbin, T., Gatward, R., Goodman, R. and Ford, T. (2003) *The Mental Health of Young People Looked After by Local Authorities in England*. London: HMSQ.

Meltzer, H., Corbin, T., Gatward, R., Goodman, R. and Ford, T. (2004) *The Mental Health of Young People Looked After by Local Authorities in England*. London: National Statistics.

Meltzer, H., Gatward, R., Goodman, R. and Ford, T. (2000) *Mental Health of Children and Adolecsents in Great Britain*. London: HMSO.

Mendes, P. (2009) 'Improving outcomes for teenage pregnancy and early parenthood for young people in out-of-home care: a review of the literature.' *Youth Studies Australia*, 28, 3, 11–18.

Mendes, P., Johnson, G. and Moslehuddin, B. (2011) *Young People Leaving State Out-of-Home Care, Australian Policy and Practice*. Melbourne: Australian Scholarly Publishing.

Milham, S., Bullock, R., Hosie, K. and Haak, M. (1986) *Lost in Care*. Aldershot: Gower.

Miller, S. and Sweetman, L. (2007) *Making the Difference: Putting the Care Back into Corporate Parenting*. London: WMTD, Rainer and NCB.

Mooney, M., Statham, J., Monck, M. and Chambers, H. (2009) *Promoting the Health of Looked After Children, a*

Study to Inform Revision of the 2002 Guidance. Research Report DCSF-RR125. London: Department for Children, Schools and Families.

Morgan, R. (2009a) Children's Care Monitor 2009: Children on the State of Social Care in England Reported by the Children's Rights Director for England. London: Ofsted.

Morgan, R. (2009b) Children's Messages to the Minister: a Report on Children's Contributions to the 2009 Ministerial Stocktake of Care, by the Children's Rights Director for England. London: Ofsted.

Morgan, R. and Lindsay, M. (2006) Young People's Views on Leaving Care: What Young People in, and Formerly in, Residential and Foster Care Think About Leaving Care. Newcastle upon Tyne: Commission for Social Care Inspection.

Morgan, R. and Lindsay, M. (2012) Young People's Views on Care and Aftercare. Office of the Children's Rights Director. London: Ofsted.

Morgan-Klein, B. (1985) Where Am I Going to Stay? Edinburgh: Scottish Council for Single Homeless.

Morris, J. (2002) Moving Into Adulthood: Young Disabled People Moving Into Adulthood. York: Joseph Rowntree Foundation.

Mulvey, T. (1977) 'After-care - who cares?' Concern, No. 26. London: National Children's Bureau.

Munro, E.R., Lushey, C, National Care Advisory Service, Maskell-Graham, D. and Ward, H. with Holmes, L. (2012) Evaluation of the Staying Put: 18+ Family Placement Programme Pilot: Final Report. Loughborough: Centre for Child and Family Research, Loughborough University.

Munro, E.R., Lushey, C, Ward, H. and National Care Advisory Service (2011) Evaluation of the Right2BCared4 Pilots: Final Report. Research Brief, Department for Education. RB106.London: Department for Education.

Munro, E.R., Pinkerton, J., Mendes, P., Hyde–Dryden, G., Herczog, M. and Benbenishty, R. (2011) 'The contribution of the United Nations Convention on the Rights of the Child to understanding and promoting the interests of young people making the transition from care to adulthood.' Children and Youth Service Review, 33, 12, 24 17–2423.

NACRO (2005) Reducing Offending for Looked After Children. London: NACRO.

Nandy, S. and Selwyn, J. (2011) Spotlight on Kinship Care, Using Census Microdata to Examine the Extent and Nature of Kinship Care in the UK. Bristol: University of Bristol.

National Care Advisory Service (2008) Introduction to Leaving Care. London: NCAS.

National Care Advisory Service (2009) Journeys to Home: Care Leavers' Successful Transition to Independent Accommodation. London: NCAS.

National Care Advisory Service (2010a) What is 'Suitable Accommodation? Summary of NCAS Survey on how to Define Suitable Accommodation for Care Leavers. London: NCAS.

National Care Advisory Service (2010b) What Could Make the Difference? Care Leavers and the Welfare Benefits System. London: NCAS.

National Care Advisory Service (2011a) Making the Cut: Planning Transitions for Care Leavers in an Age of Austerity. London: NCAS.

National Care Advisory Service (2011b) Statistical Briefing: Looked-After Children and Care Leavers. London: NCAS.

National Care Advisory Service (2011c) From Care2Work, Phase 1 Final Report. London: NCAS.

National Care Advisory Service (2011d) From Care2WorkJ Monitoring Summary, April-September 2011. London: NCAS.

National Care Advisory Service (2012) Access All Areas: Action for All Government Departments to Support

Young People's Journey from Care to Adulthood. London: NCAS.

National Foster Care Association (2000) *Rights of Passage: Young Disabled People, the Transition from Foster Care to Adult Life: a Study of Young People with Learning Difficulties*. London: National Foster Care Association.

NCB (2011a) *Open Public Services White Paper*. NCB Member Briefing. London: NCB.

NCB (2011 b) *ARC Guide for Services-Supporting Disabled Young People from Black and Minority Ethnic Communities Through the Transition to Adulthood*. London: NCB.

NCB (2012) *Positive for Youth: a New Approach to Cross-Government Policy for Young People Aged 13–19*. NCB Member Briefing. London: NCB.

NCVYS (The National Council for Voluntary Youth Services) (2011) *Payment by Results and Social Investment. Briefing Paper*. London: NCVYS.

Newman, T. (2004) *What Works in Building Resilience?* Barkingside: Barnardo's.

Newman, T. and Blackburn, S. (2002) *Transitions in the Lives of Children and Young People: Resilience Factors*. Interchange 78. Edinburgh: Scottish Executive.

Newburn, T., Ward, j. and Pearson, G. (2002) *Drug Use Among Young People in Care*. Research Briefing 7. London Economic and Social Research Council.

NICE and SCIE (2010) *Promoting the Quality of Life of Looked-after Children and Young People*. NICE Public Health Guidance 28. London: National Institute for Health and Clinical Excellence and Social Care Institute for Excellence.

Ofsted (2009) *Support for Care Leavers*. London: Ofsted.

Ofsted (2010) *An Evaluation of the Provision of Mental Health Services for Looked After YoungPeople Over the Age of 16 Accommodated in Residential Settings*. London: Ofsted.

Ofsted (2011) *Children on Independent Reviewing Officers*. A report by the Children's Rights Director for England. London: Ofsted.

Packman, J. (1981) *The Child's Generation*. London: Blackwell and Robertson.

Page, R. and Clark, G. (eds) (1977) *Who Cares? Young People in Care Speak Out*. London: National Children's Bureau.

Park, J.M., Metraux, S., Broadbar, G. and Culhane, D.P. (2004) 'Public shelter admission among young adults with child welfare histories by type of service and type of exit.' *Social Service Review*, 78, 2, 284–303.

Parton, N. (1985) *The Politics of Child Abuse*. London: Macmillan.

Pearce, J.J. (2011) "Working with trafficked children and young people: complexities in practice.' *British Journal of Social Work*, 41, 1424–1441.

Pearson, G. (1975) *The Deviant Imagination*. London: Macmillan.

Petrie, P., Boddy, J., Cameron, C, Simon, A. and Wigfall, V. (2006) *Working with Children in Europe*. Buckingham: Open University Press.

Pinkerton, J. (2006) 'Developing a global approach to the theory and practice of young people leaving state care.' *Child and Family Social Work*, 11, 3, 191–198.

Pinkerton, J. (2008) States of Care Leaving, Towards International Exchange as a Global Resource.' In M. Stein and E. Munro (eds) *Young People's Transitions from Care to Adulthood: International Research and Practice*. London: Jessica Kingsley.

Pinkerton; J. (2011) 'Constructing a global understanding of the social ecology of leaving out of home care.' *Children* and *Youth Services Review*, 33, 12, 2412–2416.

Pinkerton, J. and McCrea, J. (1999) *Meeting the Challenge? Young People Leaving Care in Northern Ireland*. Aldershot: Ashgate.

Priestley, M., Rabiee, P. and Harris, J. (2003) 'Young disabled people and the "new arrangements" for leaving care in England and Wales.' *Children and Youth Services Review*, 25, 11, 863–890.

Quilgars, D., Fitzpatrick, S. and Pleace, N. (2011) *Ending Youth Homekssness: Possibilities, Challenges and Practical Solutions*. Executive summary. London: Centerpoint.

Rabiee, P., Priestley, M. and Knowles, J. (2001) *Whatever Next? Young Disabled People Leaving Care*. Leeds: First Key.

Rainer (2007) *Home Alone: Housing and Support for Young People Leaving Care*. London: Rainer.

Rees, G., Stein, M., Hicks, L. and Gorin, S. (2011) *Adolescent Neglect: Research, Policy and Practice*. London: Jessica Kingsley Publishers.

Refugee Council (2005) *Ringing the Changes: the Impact of Guidance on the Use of Sections 17 and 20 of the Children Act 1989 to Support Unaccompanied Asylum Seeking Children*. London: The Refugee Council.

Ridge, T. and Millar, J. (2000) 'Excluding children: autonomy, friendship and the experience of the care system.' *Social Policy and Administration*, 34, 2, 160–175.

Ridley, J. and McCluskey, S. (2003) 'Exploring the perceptions of young people in care and care leavers of their health needs.' *Scottish Journal of Residential Childcare*, 12, 1.

Rutter, M. (1999) 'Resilience concepts and findings: implications for family therapy.' *Journal of Family Therapy*, 21, 119-144.

Rutter, M., Giller, H. and Hagell, A. (1998) *Antisocial Behaviour by Young People*. Cambridge: Cambridge University Press.

Samuels, G.M. and Pryce, J.M. (2008) "What doesn't kill you makes you stronger': survivalist self-reliance as resilience and risk among young adults aging out of foster care.' *Children and Youth Services Review*, 30, 1198–1210.

Santayana, G. (1913) *Winds of Doctrine, Modernism and Christianity*. London: J.M. Dent.

Saunders, L. and Broad, B. (1997) *The Health Needs of Young People Leaving Care*. Leicester: De Montfort University.

Savage, T. (ed.) (2009) *Profiling London's Rough Sleepers: A Longitudinal Study of CHAIN Data*. London: Broadway Homeless and Support.

Schofield, G. (2001) 'Resilience and family placement: a lifespan perspective.' *Adoption and Fostering* 25, 3, 6–19.

Schofield, G. (2002) 'The significance of a secure base: a psychosocial model of long-term foster care.' *Child and Family Social Work*, 7, 4 259–272.

Schofield, G. and Beek, M. (2006) *Attachment Handbook for Foster Care and Adoption*. London: BAAF.

Schofield, G., Ward, E., Biggart, L, Scaife, V. et al. (2012) *Looked After Children and Offending: Reducing Risk and Promoting Resilience*. Norwich: Centre for Research on the Child and Family, UEA and TACT.

Scotland's Commissioner for Children and Young People (2008) *Sweet 16? The Age of Leaving Care in Scotland*. Report to the Scottish Parliament. Edinburgh: SCCYP.

Scottish Council for Single Homeless (SCSH) (1981) *Think Single*. Edinburgh: SCSH.

Scottish Health Feedback (2001) *A Study of the Health Needs of Young People with Experience of Being in Care in Glasgow*. Glasgow: The Big Step.

Scottish Health Feedback (2003) *The Health Needs and Issues of Young People from Glasgow Living in Foster Care Settings*. Glasgow: The Big Step.

Sempik, J., Ward, H. and Darker, I. (2008) 'Emotional and behavioural difficulties of children and young people at entry into, care.' *Clinical Child Psychology and Psychiatry*, 13, 2, 221–233.

Shaw, C. (1998) *Remember my Messages: the Experiences and Views of 200 Children in Public Care*. London. The Who Cares? Trust.

Simon, A. (2008) 'Early access and use of housing: care leavers and other young people in difficulty.' *Child and Family Social Work*, 13, 1, 91–100.

Sinclair, I., Baker, C, Lee, J. and Gibbs, I. (2007) *The Pursuit of Permanence: a Study of the English Care System* London: Jessica Kingsley Publishers.

Sinclair, I., Baker, C, Wilson, K. and Gibbs, I. (2003) *What Happens to Foster Children? Report to the Department of Health*. York: University of York.

Sinclair, I., Baker, C, Wilson, K. and Gibbs, I. (2005) *Foster Children, Where They Go and How They Get On*. London: Jessica Kingsley Publishers.

Sinclair, I. and Gibbs, I. (1998) *Children's Homes: a Study in Diversity*. Chichester: Wiley.

Sirriyeh, A. (2011) 'Research: good practice when working with refugee and asylum seeking children.' *Community Care* 15 April, 6694, 1–3.

Skuse, T., Macdonald, I. and Ward, H. (2001) *Looking After Children: Transforming Data into Management Information*. Report of longitudinal study at 30 September 1999, third interim report to the Department of Health. Loughborough: Centre for Child and Family Research, Loughborough University.

Slesnick, N. and Meade, M. (2001) 'System youth: a subgroup of substance-abusing homeless adolescents.' *Journal of Substance Abuse*, 13, 3, 367–384.

Sloper, P., Beecham, J., Clarke, S., Franklin, A., Moran, N. and Cusworth, L. (2011) 'Transition to adult services for disabled young people and those with complex health needs.' *Research Works*, 2011–02. York: Social Policy Research Unit, University of York.

Smith, B. W. (2011) *Youth Leaving Foster Care: a Developmental Relationship-Based Approach to Practice*. Oxford: Oxford University Press.

Social Exclusion Unit (1998) *Rough Sleeping*. London: HMSQ

Social Exclusion Unit (1999) *Teenage Pregnancy*. London: HMSO.

Social Exclusion Unit (2002) *Young Runaways*. London: SEU.

Social Exclusion Unit (2003) *A Better Education for Children in Care*. London: HMSO.

Stanley, K. (2001) *Cold Comfort: Young Separated Refugees in England*. London: Save the Children.

Stein, M. (1990) *Living Out of Care*. Barkingside: Barnardo's.

Stein, M. (1991) *Leaving Care and the 1989 Children Act: the Agenda*. Leeds: First Key.

Stein, M. (1999) 'Leaving Care: Reflections and challenges.' In O. Stevenson (ed.) *Child Welfare in the UK*. Oxford: Blackwell.

Stein, M. (2004) *What Works for Young People Leaving Care?* Barkingside: Barnardo's.

Stein, M. (2005) *Resilience and Young People Leaving Care: Overcoming the Odds*. York: Joseph Rowntree Foundation.

Stein, M. (2006a) 'Missing years of abuse in children's homes.' *Child and Family Social Work*, 11, 11–21.

Stein, M. (2006b) 'Research review: young people leaving care.' *Child and Family Social Work,* 11, 3, 273–279.

Stein, M. (2006c) 'Young people aging out of care: the poverty of theory' *Children and Youth Services Review,* 28, 422–435.

Stein, M. (2008a) 'Resilience and young people leaving care.' *Child Care in Practice,* 14, 1, 35–44.

Stein, M. (2008b) 'The making of leaving care policy 1971–2008.' *Youth and Policy,* 100, 241–251.

Stein, M. (2009a) 'Young People Leaving Care.' In G. Schofield and J. Simmonds (eds) *The Child Placement Handbook: Research, Policy and Practice.* London: British Association for Adoption and Fostering.

Stein, M. (2009b) *Quality Matters in Children's Services: Messages from Research.* London: Jessica Kingsley Publishers.

Stein, M. (2011) *Care Less Lives, the Story of the Rights Movement of Young People in Care.* London: Catch-22. （邦訳:マイク・スタイン著,津崎哲雄訳『英国の社会的養護当事者の人権擁護運動史――意見表明による劣等処遇克服への歩み』明石書店, 2014年）

Stein, M. and Carey, K. (1986) *Leaving Care.* Oxford: Blackwell.

Stein, M and Dumaret, A.-C. (2011) 'The mental health of young people aging out of care and entering adulthood: exploring the evidence from England and France.' *Children and Youth Services Review,* 33,12, 2504–2511.

Stein, M. and Ellis, S (1983) *Gizza Say: Reviews and Young People in Care.* London: NAYPIC.

Stein, M. and Maynard, C. (1985) *I've Never Been So Lonely.* London: NAYPIC.

Stein, M. and Morris, M. (2010) *Increasing the Numbers of Care Leavers in 'Settled, Safe' Accommodation.* Vulnerable Children Knowledge Review 3. London: C4EQ

Stein, M. and Munro, E. (eds) (2008) *Young People's Transitions from Care to Adulthood: International Research and Practice.* London: Jessica Kingsley Publishers.

Stein, M., Pinkerton, J. and Kelleher, J. (2000) 'Young people leaving care in England, Northern Ireland, and Ireland.' *European Journal of Social Work,* 3, 3, 235–246.

Stein, M. and Wade, J. (2000) *Helping Care Leavers: Problems and Strategic Responses.* London: Department of Health.

Stein, M., Ward H. and Courtney, M. (2011) 'Editorial: international perspectives on young people's transitions from care to adulthood.' *Children and Youth Services Review,* 33,12, 2409–2411.

Stone, M. (1990) *Young People Leaving Care.* Redhill: The Royal Philanthropic Society.

Taylor, C. (2003) 'Social Work and Looked After Children.' In D.B. Smith (ed.) *Evidenced-Based Practice.* London: Jessica Kingsley Publishers.

Thomas, S., Nafees, B. and Bhugra, D. (2004) '"I was running away from death' - the pre-flight experiences of unaccompanied asylum seeking children in the UK.' *Child Care, Health and Development,* 30, 2, 113–122.

Tilbury, C, Creed, P., Buys, N. and Meegan, C. (2011) 'The school to work transition for young people in state care: perspectives from young people, carers and professionals.' *Child and Family Social Work,* 16, 345–352.

Utting, W. (1991) *Children in Public Care: a Review of Residential Child Care.* London: HMSO.

Utting, W. (1997) *People Like Us: the Report of the Review of the Safeguards for Children Living Away From Home.* London: HMSO.

Vasillou, C. and Ryrie, I. (2006) 'Someone there to talk to.' *Mental Health Today,* October, 23–26.

Vernon, J. (2000) *Audit and Assessment of Leaving Care Services in London.* London: NCB.

Vinnerljung, B., Franzen, E. and Danielsson, M. (2007) 'Teenage parenthood among child welfare clients: a Swedish national cohort study of prevalence and odds.' *Journal of Adolescence,* 30, 97–116.

Wade, J. (2008) 'The ties that bind: support from birth families and substitute families for young people leaving care.' *British Journal of Social Work*, 38, 1, 39–54.

Wade, J. (2011) 'Preparation and transition planning for unaccompanied asylum-seeking and refugee young people a review of evidence in England.' *Children and Youth Services Review*, 33, 12, 2424–2430.

Wade, J., Biehal, N., Farrelly, N. and Sinclair, I. (2011) *Caring for Abused and Neglected Children: Making the Right Decisions for Reunification or Long-term Care*. London: Jessica Kingsley Publishers.

Wade, J. and Dixon, J. (2006) 'Making a home, rinding a job: investigating early housing and employment outcomes for young people leaving care.' *Child and Family Social Work*, 11, 3, 199–208.

Wade, J., Mitchell, F. and Baylis, G. (2005) *Unaccompanied Asylum Seeking Children: the Response of Social Work Services*. London: BAAF.

Ward, H. (2011) 'Continuities and .discontinuities: issues concerning the establishment of a persistent sense, o self amongst care leavers.' *Children and Youth Services Review*, 33, 12, 2512–2518.

Ward, J., Henderson, Z. and Pearson, G. (2003) *One Problem Among Many. Drug Use Among Care Leavers in Transition to Independent Living*. Home Office Research Study 260. London: Home Office.

Ward, H. and Skuse, T. (2001) 'Performance targets and stability of placements for children looked after away from home.' *Children and Society*, 15, 333–346.

Who Cares? Trust (1993) *Not Just a Name: the Views of Young People in Foster and Residential Care*. London: National Consumer Council.

WMTD (2008) *Making the Difference. Putting the Care Back Into Corporate Parenting. A Practical Guide for Local Authorities as Corporate Parents*. London: Rainer.

Wolmar, C (1980) 'Out of care.' *Roof*, March/ April, London: Shelter.

York Consulting Limited (2007) *Evaluation of the Columba 1400 Careleaver Programme. Final Report*. Edinburgh: Scottish Executive. Available at www.scotland.gov.uk/Resource/Doc/168892/0046968.pdf, accessed on 5 March 2012.

Youth Justice Board (2007) *Accommodation Needs and Experiences*. London: Youth Justice Board.

Zeira, A. and Benbenishty, R. (2011) 'Readiness for independent living of adolescents in youth villages in Israel.' *Children and Youth Services Review*, 33, 12, 2461–2468.

解 題
わが国の児童養護における自立と自立支援

東北福祉大学特任教授 　草間　吉夫

はじめに

　21世紀を間近に控えた1990年代後半，社会福祉制度改革全般のあり方が議論されたのは，周知の通りである。その中核を担ったのが，社会福祉基礎構造改革である。審議会では活発な議論が展開されたが，そこで示されたキーコンセプトのひとつが，自立であった。この自立という考え方は，後年，社会福祉法はじめ介護保険法や改正児童福祉法，障害者自立支援法，生活保護法など福祉全般の法律制定に大きな影響を与えた。

　自立が法律に反映されてから10数年を経過した今日において，自立という言葉や意味はわが国に成熟してきたのだろうか。筆者の認識は否定的である。確かに社会福祉界ではある程度浸透はしてきたものの，社会一般にはまだまだ定着を見ていない。

　一例を挙げたい。筆者が首長をしていた茨城県高萩市の事例である。8年間首長を担ったが，市役所や議会，市民レベルにおいて，あるいは会長を務めた社会福祉協議会の定例会の中で，自立という言葉はほとんどと言っていいほど聞かれなかった。用語だけならまだしも，議論や協議すら皆無に等しかったのが実情であった。

　さて1997年に施行された改正児童福祉法には，養護児童の自立支援を行うことが明記された。あれから18年の時を刻んだ児童養護施設等では，どのような自立支援が展開されているのだろうか。現在でも施設現場では，手探り状態で自立支援に取り組んでいるのが実情ではなかろうかと推察する。

　本稿では，筆者の修士論文[1]を下地にしながら自立における概念の現状や定義を概観しつつ，わが国の児童養護の新しい自立支援の流れについて論述してみたい。

Ⅰ.自立論の現状

　社会福祉の分野において，自立はいつごろから使われるようになったのだろうか。愛知淑徳大学教授で障害者自立生活問題研究所所長の谷口明広[2]は，「医師を初めとする医療専門職者に対して絶対服従の姿勢から脱却した時点」が自立思想の芽生えではないかと指摘している。

　そして，その思想の歴史には「『インディペンデント・リビング・ムーブメント（以下，IL運動）』として発展した米国型の『自立』と，スウェーデンにおける『フォーカス運動』やデンマークといった北欧を中心に展開されていった，障がい者が生活主体者としての生き方を保障する『ノーマライゼーション』あるいはイギリスの『チェシャーホーム運動』に見られるような欧州型の『自立』のふたつに大別できる」としている。

　とりわけ米国における自立思想が芽生えた背景には，1960年代後半から始まったカリフォルニア大学バークレー校やイリノイ大学において，障がいを持つ学生が起こした運動が大きく影響を与えている[3]。

　現在，社会福祉分野において「自立」は，処遇や援助と同様に様々な局面で多様な意味合いを持って使用されている言葉のひとつであるが，わが国の代表的な国語辞典である『広辞苑』を引くと，「他の援助や支配を受けず自分の力で身を立てること」と説明されている。

　自身が障がいを持ちながらも，米国で始まった障がい者自身による自立生活運動（IL運動）に強い影響を受け，実際に訪米して本場の自立生活運動組織にて研修を積んで帰国した後，日本で初めて障がい者のための自立生活センターを立川市に設立した樋口恵子[4]は，「自分の手で生活の一こま一こま，人生を自分で選び，決定することが自立」であるという自立概念を定義している。

　しかしながら前述の谷口[5]は，「日本語で表される『自立』とは，欧米各国で使用されている言葉に比べても，概念規定が困難である」と指摘している。日本社会事業大学前学長の高橋重宏[6]も，「『自立とは何か』という命題に対し必ずしも十分な検討が行われているとは言いがたい」と指摘している。

　自立論は特に障がい者福祉のなかで議論やあり方が展開されてきた面は否めないが，谷口・高橋両氏の指摘する通り，わが国における自立論の現状は，ま

だまだ十分ではないと思われる。

II. 自立の定義

　ここでは、日米の2機関と『現代福祉学レキシコン第2版』から提示された定義を見てみたい。

　1978年にアメリカ自立生活調査研究所[7]が出した定義は次の通りである。「自立とは、日常生活における自己選択、自己決定、自己管理、そして自己実現の行為と過程をいう」。

　この米国の定義に対して、東京都心身障害者福祉センター[8]では、「自立とは、『生活保護や福祉サービス』を受けないですむようになることを意味するものではない。むしろ逆に、たとえばどんな重度な障がいであっても、彼または彼女が、地域社会において、主体的に生きる全人格者として、その自己実現を図ることこそが、本物の自立である」と定義している。

　社会福祉辞典ではスタンダードに位置する『現代福祉学レキシコン第2版』における自立の定義は、「自己以外のものの助力なしに、または他人から支配を受けずに自己の意志によって決定し、行動すること」と解説している。

　自立の定義は健常者または障がい者、あるいは高齢者や児童福祉分野など、その対象とする相手によって定義も変わっていくものと考えられる。つまり、独り立ちする児童においては、退所後にいかに社会適応を果たしていくかといった社会的自立に力点が置かれている。その一方で障がい者の自立となると、社会の中で彼らの尊厳と生活保障をいかに図るかといった社会参画権や自己決定権および自己選択権といった権利保障に重点を置いている。高齢者の自立ともなると、尊厳の保持とともに日常生活の場面において、いかにひとりで生活できているか日常生活動作（Activities of Daily Living: ADL）の面が最重要視されていると考えられる。

　このように自立の捉え方や定義は対象者によって、表1のように重視する点が変わってくるものと考えられる。ここで取り上げた自立の定義には、障害の有無にかかわらず人間本来が有している「人としての尊厳」と、それを可能な限り達成できるように「保障」していくことを通して、自己実現を図ることが重要であると強調されていると考えられる。

表1 重視する自立の視点

対象者 \ 視点	社会的自立	権利保障	ADL
児　童	●		
障がい者		●	
高齢者			●

III. 児童養護における自立の概念

　前項では社会福祉における自立の定義を見てきた。ここでは児童養護における自立の概念の経緯を見ていく。
　児童養護の世界で最も早くから入所児童の自立に焦点を当てて研究してきた先駆者のひとりである東洋英和女子大学前教授の大嶋恭二[9]は、児童の社会的自立という観点から自立概念（要素）の提示を試みている。「就労自立を中心に……（中略）……日常生活の自立，精神の自立があって初めて全体として社会的自立が構成される」。いずれは社会に巣立つことを前提とした上で，一般社会にどれだけスムーズに溶け込められるかという「社会的適応能力」と，就労自立・日常生活の自立・精神の自立という3要素に加えて，それらを可能ならしめる就労自立能力・日常生活管理能力・人間関係形成能力・精神的文化的生活能力の4能力を自立の概念に置いたところに，大嶋の自立概念の特色がうかがえる。
　大嶋が考える3要素の意味するところは次の通りである。就労の自立は，「就労して，その収入によって，自分の生活を支えていけること」，日常の生活は，「最低限の日常生活を営むことができること」，そして精神の自立は，「主体性をもち，社会人として当たりまえの行動ができること」であると規定している。
　前掲の高橋[10]は，「『自立』には，『個人的な自立』と『社会的な自立』があり個人的自立は，『身体的自立』と『社会的自立』と大きく区分される」とし，「社会的自立についても，『個人としての社会的自立』と『社会的認知』としての社会的自立が考えられる」とする概念提示を試みている。
　淑徳大学教授の柏女霊峰[11]は，「『自立』には，個人的な自立と社会的認知としての自立がある。個人的自立には，身体的自立と心理的自立，社会的自立

がある」とする概念を提示している。

　神奈川県立大学教授の新保幸男[12]は，「『自立』という言葉の意味は，その言葉が用いられている文脈によって必ずしも一様ではない」との見解を示しつつ，「『経済的自立』『精神的自立』『社会的自立』『身体的自立』という4つの構成要件のどれかにその重心を置きながらも，他の構成要件との調和を取りながら全体としての『自立』が達成される」という概念を打ち出している。

　以上，児童養護の代表的な研究者における自立の概念を見てきたが，前項同様にそれぞれ自立に対する捉え方や重心の置き方が少しずつ違うことがわかる。したがって，児童養護の自立の概念も一様ではないことが言える。前掲の柏女[13]は，「自立の概念についての再検討が求められる」と指摘している。

　筆者が考える自立の概念は，最初に挙げた大嶋の捉え方に近い。そのなかでも特に重要な要素として「精神的自立」を挙げたい。ここで言う精神的自立とは，「自分と他人の区別，すなわち入所児童にとっては親あるいは保護者になるが，その親に対する見方に偏見がなく客観視できるとともに，ある程度受容できている状態」のことを指している。

　筆者の約19年におよぶ施設生活体験と5年間の児童指導員経験から，このような捉え方を形成するに至った。社会的自立を図る場合，親への気持ちが整理されていないと，その後の生活で支障をきたす場面を筆者は何度も目にしてきたからである[14]。

Ⅳ．児童養護における自立の定義

　児童養護における自立の定義を明確にしている研究者は多くない。このようななか，東京国際大学准教授の村井美紀[15]は，「『自立』するとは，『自分でやろうとする意欲＝主体性』を持つこと」と定義している。

　筆者は，自立を次のように定義したい。「自立とは自己実現するための諸能力を高めることである。児童の自立とは，精神的自立・経済的自立・日常的自立を確立しながら，その総体としての社会的自立を高め自己実現していく過程と状態をいう」。つまり，自立は最終目的ではなく，あくまでも自己実現するために欠かせない必要な手段あるいは達成すべき目標であると捉えている。

Ⅴ．児童養護における自立支援の理念

　企業経営に限らず福祉経営や様々な福祉的支援を行うには，その行動原理となる哲学やあるべき姿，すなわち理念が必要であることに異論を挟む者はいない。ここでは，1997年施行の改正児童福祉法に伴って旧厚生省児童家庭局家庭福祉課（現厚生労働省）が監修した『児童自立支援ハンドブック』（以下ハンドブック）[16]から，自立支援の理念を見てみたい。このハンドブックでは，法的側面と処遇的側面のふたつの視点から自立支援について記述している。

　第1の法的側面における児童自立支援の理念は，「平成6年の『児童の権利条約』の批准・発効などを背景として，要保護児童施策の改革が行われたのである。その基本理念は，児童を単に保護・養育する対象として捉えるのではなく，その人格と主体性を尊重しつつ調和のとれた成長発達を支援していくべきであるとの認識が高まってきた。これらを背景にして，要保護児童をもっぱら保護や救済の対象として受動的立場に置くのではなく，独立した人格主体として認めた上で，児童が家庭や社会に支えられながらも自ら成長発達していくものであることに着目し，年齢と成熟度に応じて児童の意向を尊重しながら，自立を社会的に支援していく」[17]ことを謳っている。

　1989年に国連において全会一致で採択された児童の権利条約を，わが国は1994年5月に世界で158番目に批准を済ませたが，法的側面で述べられていることは，児童の権利条約で謳われている条文が，児童の自立支援の理念において多大な影響を与えていることに加えて，その理念形成におけるバックグラウンドとなっていることがうかがえる。特に人格を認めて年齢などに応じて，自立を社会的に支援していくことが強調されているところは，注目を要する部分と思われる。

　さらにハンドブックで述べられていた「自立を社会的に支援していく」という考え方のバックグラウンドには，1980年代後半に精力的な先行研究を行った前掲の大嶋や遠藤克子（東北福祉大学前教授）等の研究成果が反映されていると考えられる。

　第2に，実際に自立していく際の具体的な方法である処遇的側面における理念は，次の通りである。「児童の自立を支援していくということは，一人ひと

りの児童が個性豊かでたくましく，思いやりのある人間として成長し，健全な社会人として自立した社会生活を営んでいけるよう，自主性や自発性，自ら判断し決定する力を育て，児童の特性と能力に応じて基本的生活習慣や社会生活技術（ソーシャルスキル），就労習慣と社会規範を身につけ，総合的な生活力が習得できるように支援していく[18]」ことを理念として掲げている。

このハンドブックでは，施設の入所児童に対して，総合的な生活力を習得するためには，基本的な生活習慣や社会生活技術などを養うための日常処遇の展開が大切であると読むことができる。

ハンドブックにおける理念を一言で表現するならば，「子どもをひとりの人格的存在としてとらえ，健全なる自立が可能となる諸能力及び技術の習得が図られるために社会的支援を行う」ことになるのではないだろうか。

VI. 自立支援の種類

筆者が施設入所していた1980年代半ば，あるいは職員をしていた1990年代前半から半ばにかけて自立援助ホームは存在していたが，自立支援という言葉はまだ確立されていなかった。その理由は，児童福祉法において自立支援という言葉がなく，かつ自立支援が法的に要請されていなかったからである。昭和から1997年頃までは，入所児童の退所支援で主流を占めたのは，アフターケアやリービングケアであった。退所後の継続的な支援の必要性が高まっていたからである。

だが平成以降，とりわけ1997年の法改正後は，アフターケアに代わって自立支援のあり方論が，事例研究会や職員研修会，施設長会，季刊『児童養護』などでテーマとして取り上げられるようになった。また旧厚生省(現厚生労働省)が，既述のハンドブックを1998年10月に発行していることからも，自立支援の動きは法改正後に本格的に始まったと言える[19]。

現在ではどうだろうか。自立支援を行うことが法で明記されたことから，種類も多岐に亘っている。リービングケア，自立援助ホーム（1997年改正法で児童自立生活援助事業として法定化され，第2種社会福祉事業に位置づけられる），家庭復帰支援（親子調整含む），就労支援，20歳措置延長，進学支援，在学中の施設生活支援，各種奨学金給付などが自立支援として展開されている。

今後も児童養護を取り巻く環境やそれに伴うニーズは，大きく様変わりするだろう。変化に応じて，さらに新しい自立支援が開発されていくに違いない。そういう方向性に支援が向かわなければならないのは論を待たない。

Ⅶ. 自立支援のアプローチ

自立支援を展開する際のアプローチとして今後求められる援助に，エコロジカル・システム・アプローチに注目が集まると筆者は考えている。援助の焦点を対象者個人だけではなく，彼を中心に取り巻く環境までを広く包含した視点を持って援助にあたるアプローチが求められてくるからだ。

武蔵大学教授の武田信子は，著書『社会で子どもを育てる――子育て支援都市トロントの発想』のなかで，子育て支援の実際を理解するためには，ソーシャルワーク（エコロジカル・ソーシャル・システム）は大切であると述べているが[20]，その援助技術を自立支援にも応用できるのではないかと筆者は考えている。

図1はエコロジカル・システム・アプローチを示したものである。個人の向かうべき自立のベクトルは，個人を起点に外側へ進んでいくことにある。外側にいくに従い，社会的な自立の度合いが高まっていく。

個人を取り巻く輪は7つあり，その主たる個々の輪の具体的な内容を記述したい。

個人には，心身の発達・自己受容・人間関係構築・ストレングス（その人が元来持っている強さ・力に着目して，それを引き出していく援助技術）・日常生活習慣等がある。家族は，関係構築支援・家庭復帰等が挙げられる。援助者は，子ども・親・社会・機関の調整等がある。施設は，生活環境（小規模化ケア・家庭型ケア・グループホームケア等）・ソーシャル・スキルズ・トレーニング（SST）・関係機関等への提言がある。

地域は，学校・商店・病院・友人等。社会は，包容力向上・認知度向上がある（求められる）。家庭は，個人が結婚出産し子育てがある。次の世代は，個人が子育てして次の世代を育て，負（措置）の連鎖を防ぐ。そのための見守り・相談援助がある。

年齢の上昇に伴って個人を図1の矢印のように外へ外へと向かわせながら，

社会的自立を促進しつつ自己実現を図っていくことが，理想的な人生を送ることに直結する。自立支援は，今や多面的で重層的な展開が求められているため，ソーシャルワーク的視点に立ったアプローチの必要性はますます高まってくると言えよう。

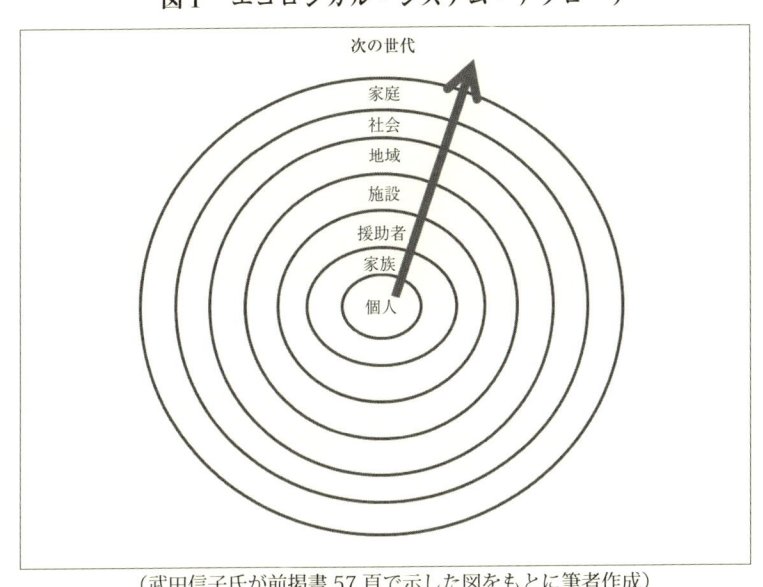

図1　エコロジカル・システム・アプローチ

（次の世代／家庭／社会／地域／施設／援助者／家族／個人）

（武田信子氏が前掲書57頁で示した図をもとに筆者作成）

Ⅷ. わが国の新しい自立支援の動き

　東京都福祉保健局は，退所者の実態アンケート調査結果を2011年（平成23年8月）に公表した。それが『東京都における児童養護施設等退所者へのアンケート調査報告書』[21]である。
　これは，児童養護施設・自立援助ホーム・児童自立支援施設・養育家庭を退所して1年から10年経過した人3,920人を対象とした調査である。回答者は673人（回答率37.9パーセント）だったが，この種の調査は過去に例がなく，東京都が全国初となった。調査は，退所者に対する有効的かつ効果的な支援方策を考える際の貴重なデータとなり得るため，たいへん有益であったと言える。

報告書で筆者が最も気になった点は，16ページに記載された「施設退所直後に『まず困ったこと』」の結果であった。孤独感・孤立感（29.6パーセント）が最上位となったからだ。身近な相談相手・相談窓口（12.8パーセント）も中位上に上がっていることも見逃せない。

　退所児（者）が，その後の生活において社会的孤立感を3人に1人は感じている窮状は，早急に何らかの支援や手立てを講じなければならないことを示している。なぜならば，本人の自己実現はおぼつかないばかりでなく，次の世代へと連鎖してしまう負の世代連鎖を生じるリスクと可能性が高いからである。

　都内で施設児童及び退所児童に対して自立支援を行っているNPO法人ブリッジフォースマイルの林恵子代表は，「効果的な支援を行う上で養護児童の退所後における詳しい実態調査を国が調べる必要がある」と述べている。支援のミスマッチを防ぐことや社会から様々な支援を受けやすくするためにも，根拠（エビデンス）を伴う調査が強く求められる。国は，平成23年度に調査を実施しているが，筆者はより詳細な実態調査の実施を強く要請したい。

　前々項では自立支援の種類について述べたが，そこで触れていない新しい自立支援の動きをふたつ紹介したい。

　ひとつめは，施設生活体験者自身（以下，当事者と言う）による自立支援事業である。すべて2001年以降に当事者団体が全国各地で少しずつ設立されている。表2は，現在の社会的養護の当事者団体数である（2015年2月11日現在）これは当事者団体の全国組織「こどもっと」の清水真一前代表が調査作成したものである。

表2　社会的養護の当事者団体数（全国組織「こどもっと」を除く）

No	団体名	代表者	所在地	運営形態	補助金の有無	設立年月日
1	だいじ家	塩尻真由美	栃木県宇都宮市	NPO法人	無	2014.8.29
2	日向ぼっこ	渡井隆行	東京都文京区	NPO法人	有	2006.3.3
3	なごやかサポートみらい	蝦沢 光	愛知県名古屋市	NPO法人	無	＜任意団体＞ 2008.9.21 ＜NPO法人化＞ 2013.11.8

4	Children's View & Voice (CVV)	德廣潤一	大阪府大阪市	任意団体	無	2001.6
5	ひ・まわり	石川玲子	静岡県三島市	任意団体	無	2004.6.15
6	レインボーズ	池田征人	鳥取県鳥取市	任意団体	無	2010.4.1
7	ふたばふらっとホーム	園 武友	東京都新宿区	NPO法人	無	2011.3.15
8	社会的養護の当事者参加民間グループこもれび	佐野 優	千葉県松戸市	任意団体	無	2008.6.4
9	COLORS	伊達 昭	京都府	任意団体	無	2011.12.7
10	奈良県社会的養護の当事者団体明日天気になぁれ	M	奈良県天理市	任意団体	無	2010.9.6
11	さくらネットワークプロジェクト	滝澤正美	東京都文京区	任意団体	無	2001.4.27
12	白ひげ	三浦宏一郎	神奈川県横浜市	任意団体	無	2014.5.5

　セルフヘルプ活動とも言える当事者による当事者のための活動が，近年徐々に広がっていることは，新しい自立支援の流れであると言える。当事者からの視点（当事者性），入所児童の思いや意見の代弁（代弁性），当事者起点の援助のあり方（当事者援助論），思いの共有（共感性），法制度の提言（提言性），地位の向上（発信性）などの活動に期待がかかる。

　施設職員はじめ行政職員や研究者あるいは支援者では，気づかない視点を持ち合わせているのが当事者およびその活動（独自性）であろう。当事者活動は，当事者性・代弁性・当事者援助論・共感性・提言性・発信性・独自性などのメリットがある。このメリット（強み）をさらに強化しつつ，よりよい児童養護を推進する役割が，当事者団体には求められる。

　そのためには，公的機関や民間団体，個人の財政的支援が望まれる。21世紀型自立支援となる当事者活動の盛衰は，内外の支援の有無が鍵を握っていると言える。国民の民度が問われると言ったら言い過ぎになるだろうか。

ふたつめは，民間人による退所児（者）自立支援を行う団体である。2000年代以降に相次いで誕生している。2004年にNPO法人ブリッジフォースマイル（千代田区），2010年にNPO法人おかえり（天理市）とNPO法人フェアスタート（横浜市），2012年にNPO法人タイガーマスク基金（文京区）などが設立された。これらは代表的な民間主導の自立支援団体である。

　活動は団体によって様々だが自立支援の種類は多岐にわたる。進学支援・就労支援・居場所づくり・SST・相談援助・その他などである。これらの団体の特徴は，児童養護に関係が薄かった民間の人々が立ち上げた点にある。退所児（者）を支援する輪が社会に少しずつ広がっているのは，たいへん喜ばしいことである。養護児童の自己実現が図られる度合いが高まるからである。救われる児童が増えることは，救われない児童の減少を意味し，負の連鎖予防の大きな一助となると言っても言い過ぎにはなるまい。

　さらに付言すれば，近年，財界人が児童養護施設や財団法人を設立する動きが出ていることも注目を要すると筆者は考えている。その代表的な人物としては，京セラ株式会社の稲盛和夫名誉会長，株式会社ビックカメラの新井隆司会長，SBIホールディングス株式会社の北尾吉孝社長の名が挙げられよう。

　財界人自ら児童養護の充実発展にひと肌脱いでいることは，たいへん心強い味方と言える。公的支援でカバーできない運営経費を私財拠出で賄っていることを，筆者は聞き及んでいるからである。施設児童の質的な成長機会が向上することは，自己実現を図るための自立諸能力を高めることにつながると言える。後に続く財界人を期待したい。

　以上述べてきたように，自立支援の新しい流れが国内で生まれている。当事者活動，民間人支援，そして財界人関与がそれである。養護児童の自己実現のために，この流れがさらに大きくしかも確かになることを願うばかりである。

IX. わが国の自立支援政策の展望

　ここでは筆者の自治体首長としての経験を踏まえ，わが国のあるべき自立支援の制度的展望を簡潔に述べてみたい。養護児童の自立を確かなものにするには，3点セットの充実が求められる。ヒト・モノ・カネがそれである。これらを充実させていくことが，効果的な自立支援につながっていくと考えている。

3点セットを具体的に述べると，ヒトとは，自立支援を行う人員を増やすことを意味する。現状において自立支援は，児童福祉法の弾力運用が条件つきで認められているに過ぎず，対象児童すべてをカバーできていない。制度化されているのは自立援助ホームのみという現状である。このため今後は，当該団体に専門員の人員増が欠かせない。
　モノは，支援を行う拠点の整備を意味する。Ⅷで触れたことになるが，退所者が施設退所後に一番困っているのは孤独感・孤立感である。退所者が気兼ねなく相談できる人と，気軽に行ける場所の拠点整備が欠かせない。効果的な制度は，大都市（政令指定都市・中核市）に拠点を設けることである。地方都市より大都市の方が職種と求人数が豊富にあり，就労自立の確実性が高まるからである。大都市に拠点整備を義務づけることは一案となろう。
　カネは，予算措置を意味する。制度ができても実行に移すための財源がなければ，制度あってサービスなしとなってしまう危険性がある。それを回避するためにも財源を確保することが求められる。従前の予算要望活動だけでなく，行政機関はじめ国会議員や超党派議連といったステークホルダー（利害関係者）に対して，関係者が積極的にロビー活動することが欠かせない。ロビー活動の活発化をどう図っていくかは，今後の課題となろう。
　さらに付言すれば，自立支援を包含する社会的養護に対する理解や世論を喚起するプロモーション活動も欠かせない。と言うのは，社会的理解の度合いに比例して，支援の質量が増えていくからである。社会的養護のプロモーション強化を図るため，一流広告代理店とタイアップすることは一考に値するだろう。
　効果的な自立支援を行うには，やるべきことはシンプルだ。3点セット＋プロモーションの充実を図ることだ。それを実現させるには，戦略＋戦術とウォームハート＋クールヘッドが求められる。

Ⅹ．英国の自立支援の動き

　自立支援の具体的実践には，多面性と多様性の両面がある。対象者の数だけニーズが存在し，個別ニーズに応じた多種多様な支援が必要となるからである。本書翻訳者である池上和子氏が紹介する英国におけるケアリーバーへの具体的な取り組み事例であるリービングケア施策は，支援の多様性を学ぶ際，とても

有益な視座を提供してくれている。

2011年施行のリービングケア法は，12歳以上で2年以上の社会的養護を受けると，「養護」認定を受けることができる。「養護」認定を受けると，18歳以降から25歳になるまで，ケアリーバーとして，様々な特典を受けることが保障される。

具体的には，第1には，準備ができる前に養護を離れることがないように，若者が法的に再考されることへの保証と移動前に彼らの意見を考慮されるようになったこと。第2には，個別アドバイザーをつけることが，教育や職業訓練プログラムの履修を望む25歳以下のケアリーバーまで延長されたこと。第3には，地方自治体に高等教育奨学金支給を要請（義務化）されたことが挙げられる[22]。この他にも，公営住宅への優先的入居や福祉給付など，様々なサービスを受けることができるようになった。

近代福祉の発祥地で，しかも日本の児童養護より前を行く英国における自立支援の最新先進事例は，わが国の近未来の方向性を構想するときに参考となる点が随所に見られ，具体的支援を展開する手引書になっている。本書の一読を薦めたい。英国の自立支援の動き（リービングケア）を知ることは，幅広い視点を持って展望することになり，よりよい児童養護，ひいてはあるべき自立支援へつながると筆者は考えている。

おわりに

かつて私が大学生だったころ，出身施設「臨海学園」の創設者である遠藤光静老師に尋ねたことがある。「児童福祉とは何ですか」と。返ってきた言葉は，「児童の自主自立精神の確立を図ること」であった。児童福祉法にまだ自立支援が盛り込まれる10年以上も前の話である。本稿を執筆するに際して，改めて老師の透徹した深い児童養護論に触れたあの日の教えが蘇ってくる。

児童は社会の宝である。同時に未来でもある。次代の担い手が未来を切り拓き，百人百様の自己実現という花を咲かせるために，私たちがすべき自立支援は数多ある。私たちの熱意と姿勢が求められている。

戦後，推計50万人もの養護施設出身者[23]が世に巣立ったが，児童の自立支援は，「彼らを自己実現に導くために展開する諸援助の行為と過程の連続であ

る」と言える。児童→自立＝諸能力＋自己実現→社会発展→持続性→未来の好循環の流れを関係者と共に創っていきたいと思っている。

　最後に，筆者を社会的自立へと導いてくださった恩師とお世話になった関係諸氏に本稿を捧ぐ。

◆註

1　草間吉夫『I県の児童養護施設における児童自立支援計画の現状と一考察』2004年
2　阿部志郎他編『社会福祉実践の思想』ミネルヴァ書房，125〜127頁，1989年
3　定藤丈弘他編『現代の障害者福祉』有斐閣，50〜58頁，1998年。本書ではアメリカの自立運動の歩みが詳しく論述されている。
4　樋口恵子『エンジョイ自立生活──障害を最高の恵みとして』現代書館，60〜61頁，1998年
5　前掲書2，127頁
6　髙橋重宏『子ども家庭福祉論──子どもと親のウェルビーイング促進』放送大学教育振興会，194頁，1998年
7　一番ヶ瀬康子他編『戦後社会福祉教育の五十年』ミネルヴァ書房，246頁，1998年
8　前掲書2，127頁
9　青少年福祉センター編『強いられた自立──高齢児童の養護への道を探る』ミネルヴァ書房，72〜74頁，1989年
10　前掲書6，194頁
11　柏女霊峰，山形文治編『新しい子ども家庭福祉』ミネルヴァ書房，48〜49頁，1998年
12　『世界の児童と母性』VOL.45 1998-10，資生堂社会福祉事業財団，14〜17頁，1998年
13　前掲書11，76頁
14　前掲書12，30〜33頁
15　村井美紀，小林英義編著『虐待を受けた子どもへの自立支援──福祉実践からの提言』中央法規出版，141頁，2002年
16　厚生省児童家庭局家庭福祉課監修『児童自立支援ハンドブック』児童福祉協会，1998年

17 前掲書 16, 17 頁
18 前掲書 16, 18 頁
19 前掲書 1, 6〜8 頁
20 武田信子『社会で子どもを育てる――子育て支援都市トロントの発想』平凡社, 49〜64 頁, 2002 年
21 『東京都における児童養護施設等退所者へのアンケート調査報告書』東京都保健福祉局, 2013 年
22 マイク・スタイン著, 池上和子訳『社会的養護から旅立つ若者への自立支援 英国のリービングケア制度と実践』23〜31 頁, 2015 年
23 前掲書 1, 29 頁

◆参考文献・資料

1 草間吉夫『I 県の児童養護施設における児童自立支援計画の現状と一考察』2004 年
2 長谷川眞人他編『生活を創る子どもたちを支えて――社会的養護を支援する NPO 法人「こどもサポートネットあいち」の 5 年間』福村出版, 2013 年
3 武藤素明編『施設・里親から巣立った子どもたちの自立――社会的養護の今』福村出版, 2013 年
4 草間吉夫『高萩市長草間吉夫の 1500 日随想録第二集』茨城新聞社, 2014 年
5 草間吉夫『随想録高萩市長草間吉夫の 1600 日』茨城新聞社, 2010 年
6 草間吉夫『ひとりぼっちの私が市長になった！』講談社, 2006 年
7 草間吉夫他『子どもの虹情報研修センター紀要』No.5（2007）, 子どもの虹情報研修センター, 2007 年
8 『子育て情報支援誌』No.11, 全国心身障害児福祉財団, 2007 年
9 『社会的養護の課題と現状 養護児童施設等の社会的養護の課題に関する検討委員会・社会保障審議会児童部会社会的養護専門委員会とりまとめ』厚生労働省, 2011 年
10 『東京都における児童養護施設等退所者へのアンケート調査報告書』東京都保健福祉局, 2011 年
11 『全国児童養護施設調査 2014 社会的自立に向けた支援に関する調査』NPO 法人ブリッジフォースマイル, 2014 年
12 『全国児童養護施設調査 2013 社会的自立に向けた支援に関する調査』NPO 法人ブリッ

ジフォースマイル，2013年
13 『自立支援白書2013』NPO法人ブリッジフォースマイル，2014年
14 『自立支援白書2012』NPO法人ブリッジフォースマイル，2013年
15 『自立支援白書2011』NPO法人ブリッジフォースマイル，2012年
16 『自立支援白書2010』NPO法人ブリッジフォースマイル，2011年
17 全国児童養護施設協議会『季刊児童養護40周年記念誌』全国社会福祉協議会全国児童養護施設協議会，2010年
18 『「児童養護施設の近未来像Ⅱ（中間まとめ）」報告書』全国児童養護施設協議会制度検討特別委員会，2002年
19 『児童養護施設再編への提言——児童福祉施設のあり方委員会報告』児童福祉施設のあり方委員会，全国社会福祉協議会，1995年
20 『「養護施設の近未来像」報告書』全養協制度検討特別委員会，全国社会福祉協議会，全国児童養護施設協議会，1995年『児童養護施設等実態調査の概要』厚生労働省雇用均等・児童家庭局，昭和52年・58年・62年・平成4年・10年・15年・20年（過去7回分）
21 『養護施設の半世紀と新たな飛翔』全国社会福祉協議会養護施設協議会，1996年
22 『第50回記念大会 全国児童養護施設長研究協議会』全国児童養護施設協議会，1996年
23 『養護施設の40年』児童養護施設協議会，全国社会福祉協議会，1986年
24 高橋重宏監修『日本の子ども家庭福祉 児童福祉法制定60年の歩み』明石書店，2007年
25 『子どもを未来とするために——児童養護施設の近未来』全国児童養護施設協議会制度検討特別委員会小委員会，2003年
26 植松二郎・末崎茂樹『きょうだいは70人——まっすぐ生きろ！ 児童養護施設の子どもたち』佼成出版社，2003年
27 鈴木力編『児童養護の実践の新たな地平——子どもの自立支援と権利擁護を実現するために』川島書店，2003年
28 村井美紀他編『虐待を受けた子どもへの自立支援——福祉実践からの提言』中央法規出版，2002年
29 『子どもの権利を擁護するために』厚生労働省雇用均等・児童家庭局監修，児童福祉協会，

2002 年

30　許斐有他編『子どもの権利と社会的子育て──社会的子育てシステムとしての児童福祉』信山社出版，2002 年

31　『社会福祉研究第 82 号』鉄道弘済会，2001 年

32　草間吉夫他『塾報 99 年 12 月号』松下政経塾，1999 年

33　『世界の児童と母性 VOL.45』資生堂社会福祉事業財団，1998 年

34　竹中哲夫『現代児童養護論第 2 版』ミネルヴァ書房，1995 年

35　青少年福祉センター編『強いられた自立──高齢児童の養護への道を探る』ミネルヴァ書房，1989 年

36　筑前甚七他『保育実践への児童福祉 改訂版』ミネルヴァ書房，1993 年

37　吉田久一他『社会福祉思想史入門』勁草書房，2000 年

38　武田信子『社会で子どもを育てる──子育て支援都市トロントの発想』平凡社，2002 年

39　黒木保博他『社会福祉実践の新潮流－エコロジカル・システム・アプローチ－』ミネルヴァ書房，1998 年

40　阿部志郎他編『社会福祉実践の思想』ミネルヴァ書房，1989 年

41　『中央児童福祉審議会基本部会第 2 回議事録』1996 年 4 月 9 日

42　高橋重宏『子ども家庭福祉論──子どもと親のウェルビーイング促進』放送大学教育振興会，1998 年

43　花村春樹『「ノーマリゼーションの父」N.E. バンク-ミケルセン──その生涯と思想』ミネルヴァ書房，1998 年

44　一番ヶ瀬康子他編『戦後社会福祉教育の五十年』ミネルヴァ書房，1998 年

45　定藤丈弘他編『現代の障害者福祉』有斐閣，1998 年

46　吉澤英子他編『養護原理（保育講座）』ミネルヴァ書房，1993 年

47　樋口恵子『エンジョイ自立生活──障害を最高の恵みとして』現代書館，1998 年

48　『季刊児童養護』第 1 〜 34 巻 1 号，全国児童養護施設協議会，1970 〜 2003 年

49　『季刊児童養護　創刊 100 号記念特集号』全国児童養護施設協議会，1995 年

50　第 50 回全国養護施設長研究協議会東京都実行委員会『Tomorrow（東京の養護）』東京都社会福祉協議会，1996 年

51　『月刊福祉──その方向と課題 10 月号』全国社会福祉協議会，1996 年

52　古川孝順『児童福祉改革――その方向と課題』誠信書房，1991 年
53　小林司『「生きがい」とは何か――自己実現へのみち』日本放送出版協会，1989 年
54　柏女霊峰・山形文治編『新しい子ども家庭福祉』ミネルヴァ書房，1998 年
55　厚生省児童家庭局家庭福祉課監修『児童自立支援ハンドブック』児童福祉協会，1998 年
56　京極高宣編『現代福祉学レキシコン第二版』雄山閣出版，1998 年
57　庄司洋子他編『福祉社会事典』弘文堂，1999 年
58　柏女霊峰監修『子ども家庭福祉・保健用語辞典――子ども家庭福祉・保健・心理・教育』資生堂社会福祉事業財団，2002 年
59　北村晴朗監修『心理学小辞典』協同出版，1978 年
60　新村出編『広辞苑第五版』岩波書店，1998 年
61　「平成 23 年度社会的養護施設等および里親出身者実態調査報告書」特定営利法人ふたばふらっとホーム，2012 年
62　桑名佳代子・他「児童養護退所者における社会的自立の支援に関する調査研究」日本財団助成事業・宮城大学一般研究報告書。2011 年
63　池上彰編『日本の大問題　子どもの貧困～社会的養護の現場から考える』ちくま新書，2015 年

◆著者略歴
1966 年茨城県つくば市生まれ。家庭の事情により，生後 3 日から高校卒業まで「乳児院」と「児童養護施設」で育つ。東北福祉大学大学院修了。児童養護施設で 5 年間勤務後に松下政経塾に入塾（16 期生）し，要保護児童支援や自立支援をテーマに研究。世界 41 か国訪問。東北福祉大学特任講師を経て 2006 年から 2014 年まで髙萩市長。内閣府厚生労働省・茨城県高萩市の各種委員会委員歴任。社会福祉法人同仁会理事，一般社団法人 ZIRITSU，一般社団法人日本音楽健康協会理事，NPO 法人タイガーマスク基金・NPO 法人なごやかサポートみらい・ALBA 法律事務所・常陽産業研究所の顧問，PHP 研究所コンサルフェロー，明秀学園日立高等学校・第一学院高等学校の後援会長。茨城県石岡市「ふるさと再生会議」会長，宮城県富谷町「地方創生戦略プラン策定審議会」審議委員。現在，東北福祉大学大学院博士課程在籍。妻・1 男 2 女の 5 人家族。

訳者あとがき

　本書は，マイク・スタイン著 Young People Leaving Care　Supporting Pathways to Adulthood の全訳です。著者のスタインは，30年間以上にわたり養護（社会的養護）を離れる若者が直面する問題と課題を中心にリービングケアの支援と調査研究に取り組んできている英国を代表するソーシャルワーカーにして社会福祉研究者であるばかりでなく，リービングケア研究と実践における国際的な第一人者でもあります。さらに先進諸国16か国のケアーリーバーの現状と課題についての国際調査研究グループ「養護から成人期への移行の国際調査グループ」（INTRA: Transitions from Care to Adulthood International Research Group）の共同代表を務め，その調査研究の集積と知見は本書の重要な骨格を成しています。

　本書のタイトルを直訳すれば「養護を離れてゆく若者　成人期への道程を支援すること」という感じになるでしょうか。本書は，日本でいうところの社会的養護を終え，そこから自立への生活を歩みだしてゆく若者の支援のみならず，その基盤となるリービングケア法を中心とした法制度や政策の歴史的過程と展開，養護を離れてゆく若者の現状と課題，そしてそれらをふまえてより良い人生の実現をはかるためのレジリアンス促進の意義等を中心にまとめられています。そうした本書の内容と著者の意図をできるだけ生かすべく，訳書のタイトルを『社会的養護から旅立つ若者への自立支援　英国のリービングケア制度と実践』としました。

　3部，12章から構成されている本書は，本書全体が社会的養護のもとで育った若者が大人としての自立への道程を歩み出す移行期の問題を包括的かつ多次元的に論考が進められています。特に本書の特色としてリービングケアをめぐる問題について制度政策的な論究を歴史的に概観すると同時に，厖大な実証的研究の知見から導き出された支援のニーズと実践例を提示していることがあげられます。このことは著者スタインの多岐にわたる深い学識と長年の実践に裏づけられた鋭い洞察により可能となったものであり，今後の社会的養護の方向性を考えるうえで指針となる必須の書の一つといえます。

　英国の現在のリービングケアの特色については，本書解題で草間吉夫先生が

言及されたとおりです。なかでも養護を離れる若者すなわちケアーリーバーに必ず適切な住居確保と個別アドバイザーがつき最大25歳まで適用になることは看過できない意義があります。本書の第Ⅱ部の最初が住居の問題から論を進めていることは，それだけ社会的養護から巣立つ若者にとり住居の問題がいかに自立の根幹となる意義を含んでいるか，まさしく居場所を象徴しているといえます。ただしこうした英国の制度や支援をもってしても課題となるのは心理的困難を抱えた若者たちであることを，著者は繰り返し本書のなかで強調しています。社会的養護から巣立つ若者の心理的困難と精神病理を熟知し解明してゆくことが今後のリービングケアに必須であり，そのための制度と支援の充実が欠かせないと社会的養護の心理臨床から起点した訳者としても思いを強くするものです。

　このように本書は児童養護施設や里親あるいは自立援助ホームなど社会的養護の実践に身をおいている人はもとより，児童相談所や福祉行政の立場の方，政策や制度の立案に関わる政治家の方々，そして虐待や貧困など困難にして社会的な不利な状況にある子どもの問題について取り組まねばならない教師や研究者など，今日の日本の児童福祉および社会的養護に関わる全ての人たちにとり参考となり，示唆に富むものです。

　本書訳出は，訳者が東京都の児童養護施設・里親等退所者の実態調査の分析，報告書の作成に携わっていた時期に，当時茨城県高萩市長であった草間吉夫先生から翻訳を勧められ，福村出版の宮下基幸常務をご紹介いただいたことが端緒です。草間吉夫先生はあらためて紹介するまでもなく，社会的養護の当事者から実践者，そして自治体の首長として政策立案・施行の要職の経験を背景に社会的養護とケアリーバーのあり方について知見を発信している日本の第一人者です。そうした草間先生に解題を寄稿いただき，心より御礼申し上げます。また本書の翻訳出版をお引き受けくださいました福村出版の宮下基幸常務に感謝申し上げます。最後になりましたが福村出版の小川和加子氏，小玉展子氏には原稿チェックに大変お世話になりました。特に小川和加子氏には訳文のみならず用語，索引に至るまで緻密な検討と作業を頂き，深く感謝いたします。

2015年9月　白露の候青空の下　　　　　　　　　　　　　　　池上　和子

略語一覧（アルファベット順）

略語	原語	日本語訳
BME	Black and Minority Ethnic	非白人系と少数民族
CAMHS	Child and Adolescent Mental Health Service	児童と思春期のメンタルヘルスサービス
CL	Cantril's Ladder	キャントリルの階梯
EET	Education, Employment and Training	教育，雇用，職業訓練
EMA	Educational Maintenance Allowance	教育維持給付金
ESTs	Educational Support Teams	教育支援チーム
GCSE	General Certificate of Secondary Education	全国統一試験
GEM	Going Extra Mile	より前進したプログラム
GHQ-12	General Health Questionnaire-12	精神健康調査質問紙法
HCP	Healthy Care Programme	健康的養護プログラム
HEFCE	Higher Education Funding Council for England	英国高等教育財団協会
INTRAC	Transitions from Care to Adulthood International Research Group	養護から成人期への移行に関する国際調査研究グループ
IROs	Independent Reviewing Officers	独立審理審査官
LAC	Looked After Children	社会的養護の子どもたち
LEAP	Learning, Employment, Advice and Preparation	学習，雇用，アドバイス，準備
LGBT	Lesbian, Gay, Bisexual, Transgender	レズビアン，ゲイ，バイセクシュアル，トランスジェンダー
LILAC	Leading Improvements for Looked After Children	社会的養護の子どものための改善推進プロジェクト
MTFC-A	Multidimensional Treatment Foster-Care	多次元的治療里親養育
NAYPIC	National Association of Young People in Care	全国社会的養護児童協会

NCAS	National Care Advisory Service	全英養護諮問事業
NCVYS	National Council for Voluntary Youth Service	全国青少年ボランティアサービス協会
NYA	National Youth Agency	全国青少年協会
OFFA	Office for Fair Access	公正進学事務局
OFSTED	Office for Standards in Education	教育監視監査局
ONS	Office of National Statistics	国立統計局
PAs	Personal Advisors	個別アドバイサー
PBR	Payment by Results	成功報酬債券
PEPs	Personal Education Plans	個別教育計画
SASH	Safe and Sound Home	安全かつ静かな住まい
SDQ	Strength and Difficulties Questionnaire	強さと困難さ質問紙法
SEN	Special Educational Needs	特別な教育的ニーズ
SEU	Social Exclusion Unit	社会的排除防止局
SIBs	Social Impact Bonds	社会的インパクト債券
UASC	Unaccompanied Asylum-Seeking Children	大人の同伴者がいない難民申請中の子どもたち
UKHTC	United Kingdom Human Trafficking Centre	英国人身売買救済センター
UNCRC	United Nations Convention on the Rights of the Child	国連・子どもの権利委員会
UYP	Unaccompanied Young People	大人の同伴者がいない若者
YiPPEE	Young People from a Public Background pathways to Education in Europe Project	社会的養護出身の若者の教育への道のりについてのヨーロッパプロジェクト
YJB	Young Justice Board	青年司法委員会
YOIs	Young Offenders Institutions	少年非行更生施設
YPSS	Young People's Support Service	若者支援事業

索引

あ行

愛着　12, 16, 67, 174, 188
愛着理論　174
アイデンティティ　191
　肯定的な――　182
　ジェンダー――　157-159, 165
　民族的――　149-150
アフターケア　15-17, 29-30
『あらゆるところにつながろう』
　（*Access all Areas*）　170-171
安全かつ静かな住まい（SASH）　70-71
アンダーアチーバー　91, 93-94, 98
アンダーアチーブメント　102, 113, 182-183
安定性　174, 181-182, 188
安定性と社会的移行　12, 174-175
アンフェタミン　163
『生き抜いて歩み出す』（*Me, Survive, Out There?*）　24-25
移行　175-177
　――サービス　142-143
　――の機会　175
　――の3つのパターン　176
『移行指針』　14, 27, 31, 32, 40, 49, 50, 60, 80, 106, 110, 115, 123, 131, 144-145, 156, 161, 191-195
委託
　――の安定性　183
　――の延長　64, 65-68, 70
　――の種別や回数　160
　――の連続性と安定性　68
　――破綻　84-85, 135, 181
「委託先にとどまること」　77
移民　156, 165
ヴィクトリア・クリンビー　26
うつ　129, 163
影響指標　92-93
英国高等教育財団協会（HEFCE）　106
英国人身売買救済センター（UKHTC）　155
エクスタシー（MDMA）　163
エコロジー的観点　180
エスノグラフィー研究　173, 176-177, 178
『教えることの重要性』（*The Importance of Teaching*）　96
大人の同伴者がいない難民申請中の子どもたち（UASC）　11, 138, 151-154, 165, 169
大人の同伴者がいない若者（UYP）　152-153
　――の里親養育経験　153

か行

学習者支援基金　106
学習障害がある若者　140
学力格差　92-93, 102, 183
学力の問題　92-93
学校教育　91-93
学校生活　182
家族の再生　59
過量服薬　129
傷つきやすい若者　42
キャリアへの道のり　11, 104-105
キャントリルの階梯（CL）　130
教育維持給付金（EMA）　106
教育監視監査局（OFSTED）　57, 111, 127
教育，雇用，職業訓練（EET）　66, 69, 116-118
教育支援チーム（ESTs）　100-101
教育，職業訓練およびキャリア　193-194
教育達成　91, 92
教育的アセスメント　110
救貧法　15
居住型施設　98, 124, 128-129, 141
　——のワーカーたち　73-74
拒否　163
「緊急住居」　82
金銭的支援　193
空間を抱えること　98
『クオリティ・プロテクツ』計画　24-25, 95
クオリティマーク　112, 115, 118, 119, 121
苦闘する若者たち　179, 187

クラック　163
ケアラー
　——からの支援　58-59
　——と住居　64-78
　——のためのトレーニング　34, 134-135
　　定住することと——　55
『ケアリーバー規則』（Care Leavers England Regulations 2010）　51
ケアリーバー協会　170
ケアリーバーの雇用　115
ケアリーバーのための教育，雇用，職業訓練　117
『ケアリーバーのための成人期への移行計画』　11, 14, 27-29, 31, 42, 123
警告　159
継続教育　61, 102, 104-106, 109, 111-113, 168, 175, 183, 191, 193
健康アセスメント　132-133
健康的養護プログラム（HCP）　123-124
健康とウェルビーイング　11, 122-137
行為障害　126-127
『公共サービスに対するケアリーバーの見解』（Care Leavers' Perspectives on Public Services）　41
公正進学事務局（OFFA）　105
高等教育　104-107, 109
行動的，情緒的，社会的困難　99-100
拘留状態にある社会的養護の子ども　87
コカイン　163
国民健康保険　192
国立統計局（ONS）　124-127

国連・子どもの権利委員会（UNCRC）　189
個人的支援　55-56
孤独感　56-57
『子どもの代替教育のための新たなUNCRCのガイドライン』（Guidelines for the Alternative Care of Children）　189
コネクションズ・サービス　25, 38, 112
個別アドバイザー（PAs）　11, 27, 37, 41, 42, 46, 51-52, 107, 131-132, 156-157, 165, 186, 194
　　指定——　40
特別教育計画（PEPs）　108
コミュニティホーム　19
雇用　104-107
　　——機会　113-120, 183

さ行

財政的支援　60-62
再定住計画　87
里親　134
里親家庭　124
里親養育　59, 64-73, 77, 174
　　——から移った若者　161
里親養育および施設養育のケアラー　77
里親養育者　64, 65, 153-154
　　——による委託の延長　66, 68
さらなる上を目指す西部地域連携関係　111-112
参加　12, 19, 50, 171-172
シーボーム報告　18
シェルター設立拠点　22
支援的住居　52, 58, 147
支援的宿舎　64, 70-72, 83, 147, 174
　　——スキーム　64-65, 68-70, 72, 77
支援のニーズ　57
自己管理スキル　49, 183
自殺企図　131
『自殺防止に関するコンサルテーション』（Consultation on Preventing Suicide）　131
自傷行為　129, 130
実親との接触　67
実家族　76-77
実務的支援　57, 193
実務的スキル　49, 183
児童安全保障報告書　24
『児童青少年事業報告』（Children and Youth Service Review）　189
児童と思春期のメンタルヘルスサービス（CAMHS）　123, 128-129, 132, 133, 134, 135-136, 137
『児童と青少年を考える』（Children and Young People in Mind）　123
『児童の養護と愛の成長』（Child Care and the Growth of Love）　16
社会的移行　168, 175-177
社会的インパクト債券（SIBs）　28-29, 31
社会的教育　74
社会的教育アプローチ　73-74
社会的共同親　39-42, 53, 62, 101-102, 118-119
　　——ケースモデル　11, 39-42, 170
社会的ネットワーク　74-76
社会的排除のリスク　168-169

社会的排除防止局（SEU）　93-94
社会的包摂　12, 168
社会的養護出身の若者の教育への道のりについてのヨーロッパプロジェクト（YiPPEE）　107-111, 183
社会的養護で生活する児童青少年のメンタルヘルス　125-129
『社会的養護の子どもたちの健康とウェルビーイングの促進に関する法令指針』（Statutory Guidance on Promoting the Health and Well-being of Looked-After Children）　123, 144
社会的養護の子どものための改善推進プロジェクト（LILAC）　172
社会的養護の子どもの犯罪率　159
若年の親　138, 145-148, 169
　　──を支援すること　147-148
借用前トレーニング　83
10代の親　145, 147, 165
10代の妊娠のリスク　145, 146
住宅供給支援　147
18歳以降も委託先にとどまること＋家庭委託（Staying Put 18+ Family Placement）　46, 65-68
16歳以後の継続教育および高等教育　115
16歳ないし17歳のホームレス　80-82
障がいがある若者　11, 35, 38, 55, 89, 138-145, 169
障がいがあるケアリーバーの移行　144
少数民族出身の若者　148-151, 169
少数民族を背景にもつ若者たち　11-12, 138
情緒的健康　94, 97
情緒的支援　57

情緒と行動の問題　89, 94, 125
少年鑑別所　87
少年更生施設　16
少年事件裁判のリスクアセスメント　162
少年犯罪を経験した若者たち　12, 35, 138, 159-162, 169
少年非行更生施設（YOIs）　86-87, 159
少年非行対策チーム　161, 162, 166
職業訓練　104-107
自立計画　40-41, 48-49, 191-195
自立生活プログラム　89
自立モデル　33-34
人身売買　154-155
　　──の被害にあった若者たち　154-156
親族養育　74-76, 77
身体的訴え　127
身体的および精神的健康　132
身体的健康　124-125, 129
身体的問題　124
シンナー　163
心理教育　134
住まいの問題　11
成功報酬債券（PBR）　28, 31
「性産業に従事した少年少女」の感化院　16, 17, 33
青少年司法システム　159, 161-162
精神健康調査質問紙法（GHQ-12）　130
精神疾患　129
精神的健康の問題　94, 169
精神的障がい　126-127
青年学習機関　106
青年期のフォーカルモデル　175

生年コホート研究　91
青年司法委員会（YJB）　87
政府対ロンドンサザーク特別区（*R(G) v London Borough of Southwark*）　80-81
摂食障害　129, 130
全英基準評価フォーラム　7
全英養護諮問事業（NCAS）　8, 22, 29, 56, 61, 118, 170, 183
全英リービングケア諮問事業　22
全国社会的養護児童協会（NAYPIC）　19
全国青少年ボランティアサービス協会（NCVYS）　28
全国統一試験（GCSE）　92, 101, 105, 109
先験プロジェクト　117-118
前進している若者たち　179, 184, 185
選択的サービス　168-170, 177
「選択的」サービスから「普遍的」なサービス　185
専門家のサービス　169
戦争　152
相互依存モデル　33, 34
喪失　70, 163
ソーシャルケースワーク　16-17
ソーシャルハウジング（低価格賃貸公営住宅）　107-108
ソリシター（事務弁護士）　162

た行

大学進学　193
対人関係スキル　183-184
大麻　163
多次元的治療里親養育（MTFC-A）　135
多重の委託経験　120
多動性障害　126
違いを生み出すものプロジェクト　27
注意欠陥多動性障害　136
朝食付簡易宿泊所　81, 82, 83, 85, 89, 152
徴兵　152
治療的里親養育　184
チルドレンズホーム　19, 159
　　——に居住していた若者　161
強さと困難さ質問紙法（SDQ）　123, 133
低学力　161
定着した安全な住まい　44
「適切な住居」の供給　51
ドイツとデンマークのチルドレンズホーム　74
同一性の問題　149-150
統合的ユースサービス事業　195
特別な教育的ニーズ（SEN）　93, 94, 127
特別なグループの若者たち　11
独立審理審査官（IROs）　46, 48, 172
『どの子も大切』（*Every Child Matters*）　26, 30
『どの子も大切：子どものための変革』（*Every Child Matters: Change for Children*）　26

な行

ナショナルボイス　52, 57, 61, 170, 171
何とか生き抜いている若者たち

179, 184, 185-186
ニーズのアセスメント　41, 49-50, 51
ニーズのアセスメントと自立計画　191-192
ニーズのある児童およびその家族のアセスメントの枠組み　40-41
21歳の誕生日以降も教育または職業訓練の課程を継続している場合　194
妊娠および10代の親になる理由　146
熱傷　129

は行

バーチャルスクールヘッド　95, 97, 102, 110, 115
バーナードー　32, 90
バーナードーズ　85-86
迫害　152
バトル財団　112
判決前報告書　162
犯罪　159-162
　——の被害者　161
犯罪行動　160, 169
　——のリスク　160
犯罪に関わる問題　160-161
反社会的行動の問題　135
ピーターバラ市の里親と養子のための臨床心理的事業　133-135
低い学歴　169
非公式な社会的ネットワーク　176
悲嘆　163
否定的経験　163
非白人とインケア　19
非白人ないし少数民族出身（BME）　148-151, 165

頻回な転居　85
ファーストキー　22
フォイヤー連合　147
服役している若者　159
福祉給付特典　23
物質濫用　162-165, 166
　——の問題　89, 162
　——の若者　12, 162-164, 166, 169
物質濫用者　138
普遍性と選択性　168-171
普遍的サービス　168-170
　——と選択的サービス　177
ブラッドフォードLEAPプロジェクト　116-117
プリンセス・トラスト　170
変動的支援対策　147
亡命の主な理由　152
ボウルビィ　16
ホームレス　11, 22, 35, 44, 64, 79, 169
　——と住宅事情　82-84
ホームレス化防止　79, 80-82, 83
保護観察官　161, 166
保護観察中の10代の子どもの里親養育　73
保釈支援プログラム　162
「母性の剥奪」理論　16

ま行

無断欠席　161
無料一時宿泊所　71
メンター（助言者）　59-60, 63
メンタリング　59-60, 132
　——スキーム　59-60
メンタルヘルス　113, 124, 125-129, 164

──の問題　89, 187
メンタルヘルスおよび情緒と行動に困難な問題がある人　90
メンタルヘルスサービス　57, 128-129, 133
　──の移行　136
最も傷つきやすいケアリーバー　84-87
最も傷つきやすい若者　79

や行

夜間緊急宿泊所　71, 72
薬物使用　163
薬物の不法使用　163
薬物やアルコールの濫用　129
有罪判決　159
有償職業体験学習　118
ユース・コントラクト　106
養護から雇用へ（FromCare2Work）　46-48, 115-118
『養護から大学へ』（Going to University from Care）　107
養護から成人期への移行に関する国際調査研究グループ（INTRAC）　7, 189
養護からの移行　175, 176
養護からの逃走　161
『養護計画，委託およびケース総括イングランド規則2010』（Care Planning, Placements, and Case Review England Regulations 2010）　51, 95
『養護計画，委託およびケース総括規則2010法規ガイダンス』（Care Planning, Placements and Case Review Regulations 2010 Statutory Guidance）　95
『養護児童の声』（Who Cares?）　19
　──トラスト　125
養護の連続性　181-182
『養護問題：変革のとき』（Care Matters: Time for Change）　27, 31
『養護問題：養護にある児童と若者の生活を変えること』（Care Matters: Transforming the Lives of Children and Young People in Care）　26-27
養護問題緑書　89
養護を受ける権利（Right2BCared4）プログラム　46-48
養護を離れた後の若者の健康とウェルビーイング　129-131
養護を離れてからのノーマリゼーション　69
養護を離れる準備　49-50
養子　134-135
より前進した（GEM）プログラム　68-70

ら行

ライフコース　12, 159, 168, 173, 177, 187, 188
ライフコースアプローチ　173
ランカシャー生活の質プロファイル　130
リービングケアサービス　27, 32, 88-90, 132, 171, 177
リービングケアチーム　36, 37
リービングケアについての調査研究　20
リービングケアワーカー　45, 63,

89, 160-161, 186
リストカット　　129
良質な委託　　177, 188
レジリアンス　　10, 12, 59, 152, 160, 168, 179-180, 188
レジリアンス促進要因　　179, 180-184
レスター市における養護から雇用（FromCare2Work）の実践　　117-118
レスパイト養護　　139
レスビアン，ゲイ，バイセクシュアル，トランスジェンダー（LGBT）の若者たち　　11-12, 138, 157-159, 165
路上生活者　　79, 83-84

わ行

若者支援事業（YPSS）　　83
若者住宅供給拠点事業　　82-84
『若者の問題』（*Youth Matters*）　　26
若者ホームレス　　25
『若者を肯定して』（*Positive for Youth*）　　96-97, 106
『我が家への旅路：ケアリーバーの自立した住居への成功した移行』（*Journeys to Home: Care Leavers' Successful Transition to Independent Accommodation*）　　52

法律

1948年児童法　　11, 14, 15-17, 22, 29
1963年児童青少年法　　17
1975年児童法　　171
1969年児童青少年法　　18-23
1989年児童法　　23-24, 30, 33-36, 80, 82, 90, 106
2000年児童（リービングケア）法　　24-26, 29, 36-39, 40, 42, 49, 60, 80, 90, 157
2002年ホームレス法　　80-82
2004年児童法　　26, 95
2008年児童青少年法　　11, 14, 27-29, 31, 40, 42, 95, 144

アルファベット

FromCare2Work（養護から雇用へ）　　46-48, 117-119
Key Stage 2　　92
Key Stage 4　　93
Liverpool City Council v London Borough Hillingdon　　50
Right2BCared4（養護を受ける権利）　　46-48
SOS子どもの村　　189, 190
Staying Put 18+Family Placement（18歳以降も委託先にとどまること＋家庭委託）　　65-68
YiPPEE調査研究プロジェクト　　107-111, 183

◎著者紹介
マイク・スタイン（Mike Stein）
ヨーク大学社会政策調査研究ユニット教授。ソーシャルワーカーの資格を基盤に，30年間以上にわたり養護（社会的養護）を離れる若者が直面する問題と課題を中心に，支援と調査研究に取り組んでいる。また長年，英国のみならず国際的に，リービングケアに関わる指針と研修内容について政府，地方自治体，第三者機関への諮問にも携わってきている。英国を代表するソーシャルワーカーにして社会福祉研究者である。さらにヨーロッパを中心とした先進諸国 16 か国のケアリーバーの現状と課題についての国際調査研究グループ「養護から成人期への移行の国際調査グループ」（INTRAC：Transitions from Care to Adulthood International Research Group）の共同代表でもある。その研究調査の概要と知見は *Young People's Transitions from Care to Adulthood: International Research and Practice*（Jessica Kingsley Publishers, London）として刊行されている。その他主要な著書には，*How does care leaver support in the UK compare with the rest of the world?*（2014），*Care less lives: The Story of the Rights Movement of Young People in Care*（2011）（津崎哲雄訳『英国の社会的養護当事者の人権擁護運動史——意見表明による劣等処遇克服への歩み』明石書店，2014 年），Dixon, J., Lee, J. with Stein, M., Guhirwa, H., Bowley, S. and Catch22 NCAS Peer Researchers（2015）*Corporate Parenting for Young People in Care: Making the difference?* などがある。

◎訳者紹介
池上和子（いけがみ・かずこ）
博士（学術）・臨床心理士。公益財団法人全国里親会および全国里親委託等推進委員会主任研究員。東京女子大学現代教養学部非常勤講師。昭和女子大学女性文化研究所研究員。赤坂アイ心理臨床センター代表。テレビ朝日福祉文化事業団評議員。
2008 年法政大学大学院人間社会研究科修了，博士（学術）。昭和女子大学人間社会学部非常勤講師等を経て現職。精神分析的心理臨床を基盤に，児童養護施設，里親への支援，研修および調査研究を中心に活動。著書に，池上彰編 共著『日本の大課題 子どもの貧困——社会的養護の現場から考える』（筑摩書房，2015），共著『社会的養護の未来をめざして——東京都の児童養護施設等退所者の実態調査からの検討と提言』（筒井書房，2013）。訳書に，共訳『フロイトを読む——年代順に紐解くフロイト著作』（岩崎学術出版社，ジャン-ミシェル・キノドス著，福本修監訳，2013），共訳『ロジャーズ選集（下）』（誠信書房，伊東博・村山正治監訳，2001）などがある。

社会的養護から旅立つ若者への自立支援
英国のリービングケア制度と実践

2015年10月30日　初版第1刷発行

著　者　マイク・スタイン
訳　者　池上 和子
発行者　石井 昭男
発行所　福村出版株式会社
　　　　〒113-0034
　　　　東京都文京区湯島2丁目14番11号
　　　　TEL　03-5812-9702
　　　　FAX　03-5812-9705
　　　　http://www.fukumura.co.jp
印　刷　株式会社文化カラー印刷
製　本　本間製本株式会社

©Kazuko Ikegami 2015
Printed in Japan
ISBN978-4-571-42057-3　定価はカバーに表示してあります。
乱丁本・落丁本はお取り替えいたします。
本書の無断複写・転載・引用等を禁じます。

福村出版◆好評図書

土井髙德 著
**神様からの贈り物
里親土井ホームの子どもたち**
●希望と回復の物語
◎1,600円　ISBN978-4-571-42016-0　C3036

親からの虐待により心に深い傷を負った子どもたちが，里親の下で生きる力を取り戻していく希望と感動の書。

土井髙德 著
**虐待・非行・発達障害
困難を抱える子どもへの理解と対応**
●土井ファミリーホームの実践の記録
◎1,800円　ISBN978-4-571-42030-6　C3036

深刻な困難を抱える子どもたちが，新たな関係性の絆を育て，生きる力を取り戻す，感動の支援・実践記録。

土井髙德 著
青少年の治療・教育的援助と自立支援
●虐待・発達障害・非行など深刻な問題を抱える青少年の治療・教育モデルと実践構造
◎4,500円　ISBN978-4-571-42022-1　C3036

長期反復の児童虐待により深刻な発達上の課題を抱える子どもたちへの，治療・教育援助の課題と指導方法。

増沢 高・青木紀久代 編著
**社会的養護における
生活臨床と心理臨床**
●多職種協働による支援と心理職の役割
◎2,400円　ISBN978-4-571-42047-4　C3036

社会的養護で働く心理職の現状と課題を踏まえ，多職種協働の中で求められる役割，あるべき方向性を提示。

増沢 高 著
**虐待を受けた子どもの
回復と育ちを支える援助**
◎1,800円　ISBN978-4-571-42025-2　C3036

虐待を受けた子どもたちの回復と育ちを願い，彼らへの理解と具体的援助のあり方を豊富な事例をもとに解説する。

S.バートン・R.ゴンザレス・P.トムリンソン 著／開原久代・下泉秀夫 他 監訳
**虐待を受けた子どもの
愛着とトラウマの治療的ケア**
●施設養護・家庭養護の包括的支援実践モデル
◎3,500円　ISBN978-4-571-42053-5　C3036

虐待・ネグレクトを受けた子どもの治療的ケアと，施設のケアラー・組織・経営・地域等支援者を含む包括的ケア論。

武藤素明 編著
**施設・里親から巣立った
子どもたちの自立**
●社会的養護の今
◎2,000円　ISBN978-4-571-42046-7　C3036

アンケート調査と当事者の経験談から日本における児童福祉及び社会的養護からの自立のあるべき姿を模索する。

◎価格は本体価格です。

福村出版◆好評図書

林 浩康 著
子どもと福祉
子ども・家族支援論〔第2版〕
◎2,300円　ISBN978-4-571-42051-1　C3036

子どもたちの自尊感情の回復を目指す制度論と実践論。子育て支援と社会的養護の架け橋となるべく大幅改訂。

堀場純矢 編著
子どもの社会的養護内容
●子ども・職員集団づくりの理論と実践
◎2,200円　ISBN978-4-571-42049-8　C3036

子ども・職員集団づくりなど本質的課題を基軸に、職員の労働条件など社会科学的な視点で社会的養護を解説。

前田研史 編著
児童福祉と心理臨床
●児童養護施設・児童相談所などにおける心理援助の実際
◎2,500円　ISBN978-4-571-42023-8　C3036

児童福祉の現場が対応に苦慮する「処遇困難」な子どもたち。現場の指導員や心理士に役立つ事例豊富な実践書。

庄司順一・鈴木 力・宮島 清 編
社会的養護シリーズ1
里親養育と里親ソーシャルワーク
◎2,400円　ISBN978-4-571-42510-3　C3336

里親制度・養育の諸領域を、里親ソーシャルワークを重要な柱と位置付けつつ、わかりやすく解説した入門書。

庄司順一・鈴木 力・宮島 清 編
社会的養護シリーズ2
施設養護実践とその内容
◎2,400円　ISBN978-4-571-42511-0　C3336

施設における社会的養護内容について詳説し、小規模化・地域化などこれからのあり方の指標を提言する。

庄司順一・鈴木 力・宮島 清 編
社会的養護シリーズ3
子ども虐待の理解・対応・ケア
◎2,400円　ISBN978-4-571-42512-7　C3336

増加の一途をたどる子ども虐待と最前線でたたかう各執筆者の知見から、子ども虐待を乗り越える方略を考える。

庄司順一・鈴木 力・宮島 清 編
社会的養護シリーズ4
子ども家庭支援とソーシャルワーク
◎2,400円　ISBN978-4-571-42513-4　C3336

様々な課題を抱え保護を要する子どもと家族への在宅支援をどう行うか。ソーシャルワーク実践を提言する。

◎価格は本体価格です。

福村出版◆好評図書

津崎哲雄 監修・著訳／R. ペイジ・G. A. クラーク 原著編
養護児童の声
社会的養護とエンパワメント
◎2,500円　　ISBN978-4-571-42031-3　C3036

社会的養護を受ける子どもたちの生活の質を高める方策——エンパワメントとは何か，英国と日本の比較から学ぶ。

M. ラター 他 著／上鹿渡和宏 訳
イギリス・ルーマニア養子研究
から社会的養護への示唆
●施設から養子縁組された子どもに関する質問
◎2,000円　　ISBN978-4-571-42048-1　C3036

長期にわたる追跡調査の成果を，分かり易く，45のQ&Aにまとめた，社会的養護の実践家のための手引書。

C. バレット・K. ブラッケビィ・W. ユール・
R. ワイスマン・S. スコット 著／上鹿渡和宏 訳
子どもの問題行動への理解と対応
●里親のためのフォスタリングチェンジ・ハンドブック
◎1,600円　　ISBN978-4-571-42054-2　C3036

子どものアタッチメントを形成していくための技術や方法が具体的に書かれた，家庭養護実践マニュアル。

R. ローズ・T. フィルポット 著／才村眞理 監訳
わたしの物語　トラウマを受けた
子どもとのライフストーリーワーク
◎2,200円　　ISBN978-4-571-42045-0　C3036

施設や里親を転々とする子どもたちの過去をたどり，虐待や親の喪失によるトラウマからの回復を助ける。

K. レンチ・L. ネイラー 著／才村眞理・徳永祥子 監訳
施設・里親家庭で暮らす子どもとはじめる
クリエイティブなライフストーリーワーク
◎2,200円　　ISBN978-4-571-42056-6　C3036

先駆的な英国リーズ市のライフストーリーワーク実践を，初めてでも取り組みやすく解説したワーク集の全訳。

T. ライアン・R. ウォーカー 著／才村眞理・浅野恭子・益田啓裕 監訳
生まれた家族から離れて暮らす子どもたちのための
ライフストーリーワーク　実践ガイド
◎1,600円　　ISBN978-4-571-42033-7　C3036

養護児童の主体性の確立と自立準備に不可欠なライフストーリーワークの基礎から実践をわかりやすく解説。

才村眞理 編著
生まれた家族から離れて暮らす子どもたちのための
ライフストーリーブック
◎1,600円　　ISBN978-4-571-42024-5　C3036

子どもたちが過去から現在に向き合い，未来へと踏み出すためのワークブック。「使い方」を詳解した付録付。

◎価格は本体価格です。